Daniela Winkler

Grundrechte in der Fallprüfung

Schutzbereich – Eingriff – Verfassungsrechtliche Rechtfertigung

C.F. Müller

CFM

Dr. Daniela Winkler, akad. Rätin am Lehrstuhl für öffentliches Recht, Europarecht und auswärtige Politik (Prof. Dr. Nettesheim), Eberhard-Karls-Universität Tübingen.

Bibliografische Information der Deutschen Nationalbibliothek

Die Deutsche Nationalbibliothek verzeichnet diese Publikation in der Deutschen Nationalbibliografie; detaillierte bibliografische Daten sind im Internet über <http://dnb.d-nb.de> abrufbar.

Bei der Herstellung des Werkes haben wir uns zukunftsbewusst für umweltverträgliche und wiederverwertbare Materialien entschieden. Der Inhalt ist auf elementar chlorfreies Papier gedruckt.

ISBN 978-3-8114-9781-8

E-Mail: kundenbetreuung@hjr-verlag.de

Telefon: +49 89/2183-7928
Telefax: +49 89/2183-7620

www.cfmueller-campus.de
www.hjr-verlag.de

Satz: Gottemeyer, Rot
Druck: Beltz Druckpartner, Hemsbach

Daniela Winkler

Grundrechte in der Fallprüfung

Vorwort

Die Konzeption der Grundrechte als subjektive (Abwehr-, Leistungs-, Teilhabe- oder Gleichbehandlungs-)Rechte des Einzelnen gegen den Staat ermöglichen es, an alle Grundrechte „die gleichen – oder vergleichbare – Fragen"[1] zu stellen. Es geht in erster Linie um die Errichtung einer Verhältnisordnung von Staat und Gesellschaft, welche durch die Beschreibung von staatsfernen Schutzbereichen, staatlichen Eingriffen und den Möglichkeiten ihrer verfassungsrechtlichen Rechtfertigung konkretisiert wird.

Die Grundrechtsprüfung gerät hierdurch zur dogmatischen Umsetzung eines (unausgesprochenen) staatstheoretischen Vorverständnisses. In diesem Sinne spiegeln eine Vielzahl von Fragen und Streitigkeiten im Rahmen einzelner Grundrechte allgemeine Probleme und Uneinigkeiten über Grundrechtsfunktionen und -dimensionen ebenso wie ein allgemeines Grundrechts(vor-)verständnis wider.

Beispielhaft sind die Auseinandersetzungen um die Interpretation des Meinungs-, Religions- oder Kunstbegriffs letzten Endes nichts anderes als Ausformungen der Frage nach einer weiten oder engen Schutzbereichsinterpretation und damit nach einem liberalen oder etatistischen Grundrechtsverständnis.

Die Herausarbeitung dieses Vorverständnisses, und damit einhergehend der Gemeinsamkeiten der Grundrechtsprüfung soll Aufgabe dieses Lehrbuchs sein. Der „Blick hinter die Kulisse" vermag das Verständnis des Lesers für die Grundrechte und ihre Bedeutung im Staat-Gesellschafts-Gefüge zu schärfen und zugleich durch diesen Blick für das Ganze deren praktische Handhabbarkeit zu erhöhen.

Tübingen, im März 2010 *Daniela Winkler*

1 *Ipsen*, StaatsR II, 12. Aufl. 2009, Rn. 2.

Inhaltsverzeichnis

Literatur (Auswahl)

Kommentierungen (zum Grundgesetz):

Denninger/Hoffmann-Riem/Schneider/Stein (Hrsg.), Kommentar zum Grundgesetz für die Bundesrepublik Deutschland, Reihe Alternativkommentare, 3. Aufl., Neuwied 2001.
Dolzer/Waldhoff/Graßhof (Hrsg.), Bonner Kommentar zum Grundgesetz, Band 1-4, 140. Lfg., Heidelberg 2009.
Dreier (Hrsg.), Grundgesetz-Kommentar, Band I: Präambel, Artikel 1-19, 2. Aufl., Tübingen 2004.
Epping/Hillgruber (Hrsg.), Grundgesetz, Beck'scher Online-Kommentar, 3. Aufl. 2009, München.
Friauf/Höfling (Hrsg.), Berliner Kommentar zum Grundgesetz, 27. Lfg., Berlin 2009.
Hömig (Hrsg.), Grundgesetz für die Bundesrepublik Deutschland, 8. Aufl., Baden-Baden 2007.
Jarass/Pieroth (Hrsg.), Grundgesetz für die Bundesrepublik Deutschland, 10. Auflage, München 2009.
von Mangoldt/Klein/Starck (Hrsg.), Kommentar zum Grundgesetz, Band 1: Präambel – Art. 1-19, 5. Aufl., München 2005.
Maunz/Dürig (Hrsg.), Grundgesetz-Kommentar, Band I-III, 55. Lfg., München 2009.
von Münch/Kunig (Hrsg.), Grundgesetz-Kommentar, Band 1: Präambel. Art. 1-19, 5. Aufl., München 2000.
Sachs (Hrsg.), Grundgesetz Kommentar, 5. Auflage, München 2009.
Schmidt-Bleibtreu/Hofmann/Hopfauf (Hrsg.), Kommentar zum Grundgesetz, 11. Aufl., Köln/München 2008.
Sodan (Hrsg.), Grundgesetz, Beck'scher Kompakt-Kommentar, München 2009.
Umbach/Clemens (Hrsg.), Grundgesetz – Mitarbeiterkommentar und Handbuch –, Band I: Art. 1-37 GG, Heidelberg 2002.

Handbücher und Entscheidungssammlungen:

Benda/Maihofer/Vogel, Handbuch des Verfassungsrechts, 2. Aufl., Berlin/New York 1994.
Isensee/Kirchhof (Hrsg.), Handbuch des Staatsrechts, Band V: Allgemeine Grundrechtslehren, 2. Aufl., Heidelberg 2000; Band VI: Freiheitsrechte, 2. Aufl., Heidelberg 2001.
Grimm/Kirchhof/Eichberger (Hrsg.), Entscheidungen des Bundesverfassungsgerichts, Studienauswahl, 2 Bände, 3. Aufl., Tübingen 2007.
Merten/Papier (Hrsg.), Handbuch der Grundrechte in Deutschland und Europa, Band II: Allgemeine Lehren I, Heidelberg 2006; Band III: Allgemeine Lehren II, Heidelberg 2009.
Stern, Das Staatsrecht der Bundesrepublik Deutschland, Band 3: Allgemeine Lehren der Grundrechte, 1. Halbband, München 1988; 2. Halbband, München 1994; Band 4: Die einzelnen Grundrechte, 1. Halbband, München 2006.

Lehrbücher und Fallbearbeitungen:

Badura, Staatsrecht, 3. Aufl., München 2003.
Battis/Gusy, Einführung in das Staatsrecht, 4. Aufl., Heidelberg 1999.
Berg, Staatsrecht – Grundriß des Staatsorganisationsrechts und der Grundrechte –, 5. Aufl., Stuttgart 2007.
Bleckmann, Staatsrecht II – Die Grundrechte, 4. Aufl., Köln 1997.
Brinktrine/Sarcevic, Fallsammlung zum Staatsrecht, Berlin u.a. 2003.

Degenhart, Klausurenkurs im Staatsrecht II, 5. Aufl., Heidelberg 2009.
Epping, Grundrechte, 4. Aufl., Berlin/New York 2009.
Frenz, Öffentliches Recht, 3. Aufl., Köln u.a. 2007.
Hebeler, 40 Probleme aus dem Staatsrecht, 2. Aufl., München 2008.
Hesse, Grundzüge des Verfassungsrechts der Bundesrepublik Deutschland, 20. Aufl., Heidelberg 1995.
Höfling, Fälle zu den Grundrechten, München 2009.
Hufen, Staatsrecht II – Grundrechte, 2. Aufl., München 2009.
Ipsen, Staatsrecht II – Grundrechte , 12. Aufl., Köln/München 2009.
Katz, Staatsrecht – Grundkurs im öffentlichen Recht, 17. Aufl., Heidelberg 2007.
Kloepfer, Verfassungsrecht II – Grundrechte, München 2010.
Manssen, Staatsrecht II, 6. Aufl., München 2009.
Michael/Morlok, Grundrechte, Baden-Baden 2008.
Pieroth (Hrsg.), Hausarbeit im Staatsrecht, Heidelberg 2008.
Pieroth/Schlink, Grundrechte – Staatsrecht II, 25. Aufl., Heidelberg 2009.
Sachs, Verfassungsrecht II – Grundrechte, 2. Aufl., Heidelberg 2003.
Sodan/Ziekow, Grundkurs Öffentliches Recht, 3. Aufl., München 2008.
Stein/Frank, Staatsrecht, 20. Aufl., Tübingen 2007.
Winkler, Staatsorganisationsrecht, München 2008.
Zippelius/Würtenberger, Deutsches Staatsrecht, 32. Aufl., München 2008.
Schmidt-Jortzig/Schliesky, 40 Klausuren aus dem Staats- und Völkerrecht, 6. Aufl., Köln 2002.

Bücher zum Verfassungsprozessrecht:

Benda/Klein, Lehrbuch des Verfassungsprozeßrechts, 2. Aufl., Heidelberg 2001.
Hillgruber/Goos, Verfassungsprozessrecht, 2. Aufl., Heidelberg 2006.
Robbers, Verfassungsprozessuale Probleme in der öffentlich-rechtlichen Arbeit, 2. Aufl., München 2005.
Sachs, Verfassungsprozessrecht, 2. Aufl., Heidelberg 2007.
Schlaich/Korioth, Das Bundesverfassungsgericht – Stellung, Verfahren, Entscheidungen –, 7. Aufl., München 2007.

Abkürzungsverzeichnis

a.A.	andere Ansicht
Abs.	Absatz
AK	Alternativkommentar; hrsg. von Erhard Denninger, Wolfgang Hoffmann-Riem, Hans-Peter Schneider und Ekkehart Stein, Neuwied
AktG	Aktiengesetz (Schönfelder, Nr. 51)
AllgVerwR	Allgemeines Verwaltungsrecht
Alt.	Alternative
Anm.	Anmerkung
AöR	Archiv des öffentlichen Rechts
Art.	Artikel
AsylVerfG	Asylverfahrensgesetz (Sartorius I, Nr. 567)
Aufl.	Auflage
bspw.	beispielsweise
BK	Bonner Kommentar; hrsg. von Rudolf Dolzer, Christian Waldhoff und Karin Graßhof, Heidelberg
BerlKomm	Berliner Kommentar; hrsg. von Karl-Heinrich Friauf und Wolfram Höfling, Berlin
BerlLadÖffG	Berliner Ladenöffnungsgesetz (GVBl. 2007, S. 580)
BGB	Bürgerliches Gesetzbuch (Schönfelder, Nr. 20)
BGHZ	Amtliche Sammlung der Entscheidungen des BGH in Zivilrechtssachen
BImSchG	Bundesimmissionsschutzgesetz (Sartorius I, Nr. 296)
BVerfG	Bundesverfassungsgericht
BVerfGE	Amtliche Sammlung der Entscheidungen des Bundesverfassungsgerichts
BVerfGG	Bundesverfassungsgerichtsgesetz (Sartorius I, Nr. 40)
BVerwG	Bundesverwaltungsgericht
BVerwGE	Amtliche Sammlung der Entscheidungen des Bundesverwaltungsgerichts
bzw.	beziehungsweise
Def.	Definition
ders.	derselbe
dies.	dieselbe(n)
d.h.	dass heißt
DÖV	Die öffentliche Verwaltung
DVBl.	Deutsches Verwaltungsblatt
e.A.	eine Ansicht
EMRK	Europäische Menschenrechtskonvention (Sartorius II, Nr. 19)
EuR	Europarecht
EuZW	Europäische Zeitschrift für Wirtschaftsrecht
f.	folgende (Seite/Randnummer)
ff.	folgenden
FG	Festgabe
Fn.	Fußnote
FS	Festschrift

GenG	Genossenschaftsgesetz (Schönfelder, Nr. 53)
GenTG	Gentechnikgesetz (Sartorius I, Nr. 270)
GG	Grundgesetz (Sartorius I, Nr. 1)
GmbH	Gesellschaft mit beschränkter Haftung
GmbHG	Gesetz betreffend die Gesellschaften mit beschränkter Haftung (Schönfelder, Nr. 52)
GRC	Charta der Grundrechte (Sartorius II, Nr. 146)
grds.	grundsätzlich
GVwR I	Grundlagen des Verwaltungsrechts, Band 1: Methoden, Maßstäbe, Aufgaben, Organisation, hrsg. von Wolfgang Hoffman-Riem, Eberhard Schmidt-Aßmann und Andreas Voßkuhle, München
GWB	Gesetz gegen Wettbewerbsbeschränkungen (Schönfelder, Nr. 74)
HGB	Handelsgesetzbuch (Schönfelder, Nr. 50)
HGrdR	Handbuch der Grundrechte in Deutschland und Europa, hrsg. von Detlef Merten und Hans-Jürgen Papier, Heidelberg
HGrG	Haushaltsgrundsätzegesetz (Sartorius I, Nr. 699)
h.M.	herrschende Meinung
Hrsg.	Herausgeber
Hs.	Halbsatz
HStR	Handbuch des Staatsrechts der Bundesrepublik Deutschland, hrsg. von Josef Isensee und Paul Kirchhof, Heidelberg
insbes.	insbesondere
i.V.m.	in Verbindung mit
JA	Juristische Arbeitsblätter
JAR FCL	Bestimmungen über die Lizenzierung von Piloten von Flugzeugen
Jura	Juristische Ausbildung
JuS	Juristische Schulung
JZ	Juristenzeitung
Kap.	Kapitel
KG	Kommanditgesellschaft
krit.	kritisch
Ls.	Leitsatz
LuftSiG	Luftsicherheitsgesetz (Sartorius I Ergänzungsband, Nr. 922)
LuftVG	Luftverkehrsgesetz (Sartorius I Ergänzungsband, Nr. 975)
LuftVZO	Luftverkehrszulassungsverordnung (Kloepfer, Nr. 802)
M.M.	Mindermeinung
m.w.N.	mit weiteren Nachweisen
NJW	Neue Juristische Wochenzeitung
OHG	Offene Handelsgesellschaft
OVG	Oberverwaltungsgericht
PartG	Parteiengesetz (Sartorius I, Nr. 58)
PartGG	Partnerschaftsgesellschaftsgesetz (Schönfelder, Nr. 50b)
RelKErzG	Gesetz über die religiöse Kindererziehung (RGBl. 1921, S. 939)
Rn.	Randnummer

Rspr.	Rechtsprechung
RVO	Rechtsverordnung
s.	siehe
S.	Satz, Seite
SGB I	Sozialgesetzbuch I (Sartorius I Ergänzungsband, Nr. 401)
sog.	so genannte(r/s)
StaatsOrgR	Staatsorganisationsrecht
StaatsR	Staatsrecht
StGB	Strafgesetzbuch (Schönfelder, Nr. 85)
str.	strittig
TEHG	Treibhausgas-Emissionshandelsgesetz (BGBl. 2004 I, S. 1578)
tlw.	teilweise
TPG	Transplantationsgesetz (BGBl. 2007 I, S. 2206)
UWG	Gesetz gegen den unlauteren Wettbewerb (Schönfelder, Nr. 73)
VAG	Versicherungsaufsichtsgesetz (BGBl. 1992, 2 NF)
VereinsG	Vereinsgesetz (Sartorius, Nr. 425)
Verf.	Verfasser(in)
VerfR	Verfassungsrecht
VersG	Versammlungsgesetz (Sartorius I, Nr. 435)
VerwArch	Verwaltungsarchiv
VG	Verwaltungsgericht
VGH	Verwaltungsgerichtshof
VVDStRL	Veröffentlichungen der Vereinigung der Deutschen Staatsrechtslehrer
WRV	Weimarer Reichsverfassung
z.B.	zum Beispiel
ZGR	Zeitschrift für Gesellschaftsrecht

Übersicht: Fälle und Lösungen

Fälle

Lösungen

Einleitung

A. Geschichte der Grundrechte

Die **Geschichte der Grundrechte** beginnt mit der Entstehung der **Freiheitsrechte** – zunächst in den Menschenrechtsgarantien in England, Amerika und später Frankreich. In Deutschland werden solche Freiheitsrechte zuerst in den Verfassungen des 19. Jahrhunderts normiert. Hier wirken sie jedoch zunächst nur politisch, nicht rechtlich verbindlich; ihre (objektiv-)rechtliche Wirkung wird erst gegen Ende des 19. Jahrhunderts anerkannt. Verknüpft ist diese Entwicklung mit dem Leitbild der **Aufklärung**, deren individualistischer Ansatz durch die Anerkennung eines autonomen, durch die Menschen- und Grundrechte gewährleisteten Freiheitsraums gekennzeichnet ist. Die von Ständezugehörigkeiten und Korporatismen geprägte mittelalterliche Welt kennt hingegen nur eine Privilegienordnung, keine Freiheitsordnung. Erst vor dem Hintergrund der neuzeitlichen **Säkularisierung** (Glaubensfreiheit!) sind erste freiheitsrechtliche Entwicklungen zu beobachten, welche allerdings noch unter dem Eindruck des frühneuzeitlichen Konzepts des **Herrschaftsvertrags** stehen, der die Freiheitsgewährleistung in das auf Wohlfahrtsstaatlichkeit ausgerichtete landesherrliche Ermessen stellt. Mit der Konzeption des **Vertragsabschlusses** durch die frühen **naturrechtlichen Lehren** (*Althusius*) verbunden ist die Erarbeitung der „theoretischen Grundlagen eines Systems angeborener [„natürlicher"] Menschenrechte",[1] der sog. ***libertas naturalis***, welche jedoch in der bestehenden Sozialordnung als durch den Staatsgründungsvertrag aufgegeben betrachtet werden. Übrig bleibt alleine (aber: immerhin) die bürgerliche Freiheit, die sog. ***libertas civilis***, also diejenige freie Entfaltung, welche keinen Staatszweck berührt.[2] Tatsächlich handelt es sich hierbei nur um einen eng begrenzten Freiheitsraum, da die hoheitliche Macht unter Berufung auf die *salus publica* mit moralisierenden und ethisierenden Regelungen bis in die ureigenste Individualsphäre vordringen kann. So sind Regelungen über „Pracht und Üppigkeit" oder das „Coffeetrinken" häufige Erscheinungen. Erst mit dem ausgangs des 18. Jahrhunderts – in der Rezeption der französischen Menschen- und Bürgerrechtserklärung von 1789 – aufkommenden **Frühliberalismus** entwickelt sich der Gedanke einer emanzipativen Rechtsposition des Einzelnen, welche auch dem Staat gegenüber geltend gemacht werden kann.[3] Mangels Verfassung leitet sich diese Rechtsposition zunächst aus dem **Naturrecht** ab, welches damit zumindest teilweise **„Verfassungsersatzfunktion"** innehat. Diese kommt insbesondere in der Anerkennung sog. „unveräußerlicher Rechte" des Menschen zum Ausdruck. Spiegelbildlich ist die **Begrenzung** des – vormals umfassenden – **Staatszwecks** auf das Ziel des Schutzes und der Effektuierung menschlicher Freiheit zu beobachten. Geistesgeschichtlich wird diese Entwicklung durch die *Kantianische* Philosophie unterstützt, welche den Menschen „von jeglichem Funktionswert und (damit)

---

1 *Merten*, in: Akyürek/Baumgartner/Jahnel/Lienbacher/Stolzlechner (Hrsg.), Staat und Recht, 2006, 485-502 (488).
2 *Suppé*, Grund- und Menschenrechte, 2004, S. 28.
3 *Würtenberger*, in: Merten/Papier (Hrsg.), HGrdR I, 2004, 49-96 (65), § 2 Rn. 27.

vom Status des Gestaltungsobjektes staatlicher Bevormundung" befreit. Mit dem aufkommenden **Liberalismus** gewähren Grundrechte dem Einzelnen eine gegenüber seinem Sozialbereich abgrenzbaren **Eigenbereich der Selbstverwirklichung**.

In Deutschland ist die Wirkung der Grundrechte zunächst nicht (nur) gegen den Staat, sondern (auch) **gegen intermediäre, partikuläre Gewalten** – wie etwa Stände oder Zünfte – bemerkenswert. Diese bis in das 19. Jahrhundert zu beobachtende Tendenz in der staatsphilosophischen Diskussion mag sich aus der lange Zeit mangelnden staatlichen Konstituierung ergeben. Ein Abwehrbedürfnis bildet sich daher im Hinblick auf Überreste der mittelalterlichen Herrschaftsstrukturen aus. Den Grundrechten wird hierdurch eine in erster Linie **staatsbegründende** Funktion zugesprochen, indem dem Einzelnen durch den Staat Sicherheit vor dem Zustand einer staatsfreien Sphäre vermittelt wird. Mit der aufkeimenden Verrechtlichung der Staatsmacht sind zugleich erste Ansätze der Ausprägung von „Gesetzesstaatlichkeit" verbunden, ohne dass die Zuerkennung von Grundrechten (im heutigen Sinne) bereits als Bestandteil dieser Entwicklung zu werten wäre.

Mit zunehmender staatlicher **Monopolisierung von Herrschaftsmacht** und zeitgleicher **Entpolitisierung der Gesellschaft** im Laufe des 19. Jahrhunderts gewinnt jedoch die **abwehrrechtliche Funktion** der Grundrechte an Bedeutung, welche zunächst noch als überstaatlich bzw. übergesetzlich – als „Menschenrechte" – interpretiert werden. Beispiele hierfür finden sich etwa bei *von Mohl*,[4] *Cucumus*[5] und *Bülau*.[6] Trotz fehlender verfassungsurkundlicher Normierung wird daher etwa bei *von Mohl* die Anerkennung des „Associations-Rechts" (d.h. der Vereinigungsfreiheit) aus „allgemeinen theoretischen Grundsätzen" abgeleitet. Die überstaatlichen Grund- und Menschenrechte verdeutlichen die ‚vernünftige' Abgrenzung staatlicher Herrschaftsmacht von der individuellen Freiheitssphäre und beschreiben damit die **vorrechtlichen Grenzen** der Staatsgewalt. Die Kompetenz zu ihrer Konkretisierung verbleibt jedoch dem Staat.

Die Transformation der – im Naturrecht vorherrschenden – **„vorstaatlichen" Menschenrechte** in **staatliche** (also: staatlicherseits gewährte) **Bürgerrechte** zeigt sich exemplarisch in den Verfassungstexten des Süddeutschen Konstitutionalismus, wonach die Freiheitsrechte vom Monarchen „gegeben",[7] daher als Selbstbeschränkungen des Monarchen von seinem Willen abhängig und gegebenenfalls (allerdings nur durch förmlich beschlossene Verfassungsänderung, an der auch die Volksvertretung beteiligt ist) abänderbar sind: „Der König ... übt (alle Rechte der Staatsgewalt) unter den von ihm *gegebenen* und in der gegenwärtigen Verfassungsurkunde festgesetzten Bestimmungen aus".

Die **Grundrechte der Paulskirchenverfassung** von 1848 zeigen eine deutliche Vermischung mit **staatsorganisationsrechtlichen** Belangen, wodurch die Grundrechte „im weiteren Sinne" zunächst ihre Funktion als „objektive Prinzipien des Staats- und

4 *Mohl*, Staatsrecht Württemberg I, 2. Aufl. 1840, S. 313 f.
5 *Cucumus*, BayStaatsrecht, 1825, S. 368.
6 *Bülau*, Verfassung und Verfassungsrecht, 1833, S. 229.
7 Titel II § 1 BayVerf 1818.

Gesellschaftsauf- und -umbaus" beibehalten. Sie sind allerdings nicht nur – wie vielfach behauptet – Programmsätze, sondern (die Exekutive wie die Judikative) bindendes Verfassungsrecht. Darüber hinaus lässt sich hierin ein neues, weil: auch **politisches**, Freiheitsverständnis erblicken. Insgesamt erscheinen die Grundrechte von 1848 als „ein das Menschenrecht übersteigendes, den gesamten Staatsorganismus umfassendes Rechtsprinzip".[8] Das Grundrecht wirkt daher nicht (nur) individualistisch, sondern ebenso genossenschaftlich und demokratisch.

Unter der gegen **Mitte bis Ende des 19. Jahrhunderts** (im „Spätkonstitutionalismus") aufkommenden positivistischen Wende charakterisieren sich Grundrechte entsprechend des Verständnisses der Gesellschaft als **staatsfreier Sphäre** durch die Abwesenheit staatsrechtlicher Beschränkungen.[9] Indem die Grundrechte diesen Zustand der Staatsferne konstituieren, setzen sie jedenfalls objektives Recht, indem sie **objektive Schranken der Staatsgewalt** formulieren. Da das Recht jedoch als Emanation des Staatswillens, d.h. als *selbst*gesetzte Grenze der Staatsgewalt, gewertet wird, sind auch die Grundrechte von der Reichweite dieses Willens abhängig; eine Vorrangstellung der Grundrechte vor dem Staat (mit anderen Worten: eine Verfassungsbindung des Gesetzgebers) ist somit undenkbar. Noch weniger sind die Grundrechte als *vor*staatliche Rechte gedacht. Die Grundrechte formulieren demnach das Prinzip der „Gesetzmäßigkeit der Verwaltung", also den Abschluss eines zu Beginn des Jahrhunderts angestoßenen Prozesses der Bildung von **Gesetzes- oder Rechtsstaatlichkeit**. So wird die materielle Schranke der Regierungsgewalt in der geltenden Verfassung und Gesetzgebung gesehen. Die Zeitgenossen dieser Entwicklung glauben daher auch, vermehrt auf einen Grundrechtskatalog in der Verfassung verzichten zu können, um an dessen Stelle die Gewährleistung grundrechtsähnlicher Garantien dem einfachen Gesetzgeber zu einem „weit wirksameren und wertvolleren Schutz der Individualsphäre" überlassen zu können.[10]

Zum Streitpunkt der Grundrechtsdogmatik des späten 19. Jahrhunderts gerät die Frage nach der **subjektiv-rechtlichen Wirkung** der Grundrechte.[11] Sie bedeutet die Ermächtigung des einzelnen, sich auf die Grundrechte zu berufen und **individuelle Rechtsverletzungen geltend** zu machen. Subjektiv-öffentliche Rechte sind Ausfluss der „grundsätzliche(n) **Distanz zwischen staatlicher und gesellschaftlicher Funktion**, zwischen verwaltungsrechtlichem Ordnungsmandat und bürgerlichem Freiheits- oder Teilhaberecht bzw. zwischen öffentlichem und privatem Interesse", zwischen „gewollte(r) Individualbegünstigung oder gesetzgeberisch ausgegrenzte(m) Privatinteresse".[12] Die (erste, aber noch heute maßgebende) Präzisierung des Begriffs des subjektiven öffentlichen Rechts findet sich bei *Otto Mayer*, der – unter dem Eindruck des etatistischen Staatsverständnisses der späten Kaiserzeit – als Voraussetzung jedes subjektiven öffentlichen Rechts die Einräumung einer **rechtlichen Willensmacht** über die öffentli-

8 *Suppé*, Grund- und Menschenrechte, 2004, S. 200.

9 Vgl. *Gerber*, Öffentliche Rechte, 1852, S. 78: „Rechte ... (als) Negationen der Staatsgewalt".

10 *Giese*, Grundrechte, 1905, S. 24.

11 *Grimm*, in: Birtsch (Hrsg.), Grund- und Freiheitsrechte von ständischer zu spätbürgerlicher Gesellschaft, 1987, 234-266 (246) spricht sogar von dem „Leitthema der zweiten Jahrhunderthälfte".

12 *Scholz*, VVDStRL (34) 1976, 145 (199).

che Gewalt an den Untertan statuiert.[13] In der Fortentwicklung dieser Prämisse unter der Ägide des freiheitlichen Verfassungsstaates versteht sich das subjektive öffentliche Recht heute wenig verändert als „die dem einzelnen kraft öffentlichen Rechts verliehene Rechtsmacht, vom Staat zur Verfolgung eigener Interessen ein bestimmtes Verhalten verlangen"[14] und dieses entsprechend Art. 19 Abs. 4 GG auch gerichtlich durchsetzen zu können. Ausgehend von einer herrschenden **etatisierten Freiheitskonzeption**, welche bürgerliche Staatsferne proklamiert, lehnen bspw. *Gerber, Laband, Seydel* eine subjektiv-rechtliche Ausrichtung der Freiheitsrechte – unter Verneinung eines staatsgerichteten Abwehranspruchs – ab. Für *Gerber* resultiert dieses Ergebnis aus der Natur des Staates, welcher sich aus dem früheren privaten Herrschaftsrecht des Fürsten zum einem publifizierten Herrschaftsorganismus entwickelt hat. Das öffentliche Recht könne daher nicht wie das Privatrecht beim Individuum ansetzen und sei daher auch nicht als System subjektiver Recht zu konstruieren.[15] Das Individuum wird somit nicht als Subjekt anerkannt, sondern auf den **Status eines herrschaftsunterworfenen Objekts** beschränkt.

In der Folge ist daher nur noch von den ***so genannten*** **Grund- oder Freiheitsrechten** die Rede, welche zu Bestandteilen eines weit verstandenen Staatsorganisationsrechts oder sogar nur noch des Staatsverwaltungsrechts degradiert werden. Der dahinter stehende Gedanke, die verfassungsrechtlichen Positionen nicht als Erweiterung der Rechtsposition des „Individuum(s) in seinem Verhältnis zur Staatsgewalt, sondern die Beschränkung der Staatsgewalt in ihrem Verhältnis zu den Einzelnen" zu begreifen, zeigt sich der „Staatswillenslehre" *Labands* verhaftet. Bei *Gerber* bedeutet dies eine Verlagerung des subjektiv-rechtlichen Abwehranspruchs von der Grundrechtsebene auf die verwaltungsrechtliche Ebene. Im Einzelfall können bei ihm also durchaus einfachgesetzliche Abwehr- oder Wiederherstellungsansprüche entstehen. Nur aus der staatsrechtlichen Stellung des Einzelnen soll kein subjektiv-öffentlicher Anspruch resultieren, wodurch die **Nachrangigkeit der individuellen Rechtsposition** zum Staatsrecht sichergestellt wird.

Die **Weimarer Reichsverfassung** ist durch das gleichberechtigte Nebeneinander von Individualgrundrechten, kulturpolitischen Zielen und sozialen Grundrechten sowie Grundpflichten gekennzeichnet: Die Verfassung wird hierdurch zum Ausdruck eines neuen einerseits von parteipolitischen und gesellschaftlichen Pluralismen geprägten, andererseits aber auch solidarischen Staatsverständnisses.[16] Dies verleitete in der Vergangenheit sogar dazu, die Weimarer Verfassung als „Staatsvertrag" zu bezeichnen, „in dem sich die einander widerstrebenden Parteien und Weltanschauungen zur Rettung Deutschlands aus schwerster Not gefunden und verständigt haben".[17] Mit dem Wegfall

---

13 Vgl. *O. Mayer*, Deutsches Verwaltungsrecht I, 1895, S. 104 ff.

14 *Maurer*, AllgVerwR, 17. Aufl. 2009, § 8 Rdn. 2; ähnlich *Schmidt-Aßmann*, Ordnungsidee, 2. Aufl. 2004, Rn. 2/69.

15 *Gerber*, Öffentliche Rechte, 1852, S. 29-36.

16 *Kleinheyer*, Grundrechte, 1977, S. 23; *Obermeyer*, in: Groh/Weinbach (Hrsg.), Genealogie des politischen Raums, 2005, 77-113 (93 f.).

17 *Beyerle*, Wesen und Entstehung der Grundrechte in der Reichsverfassung von Weimar, in: Deutsche Einheit – Deutsche Freiheit, Berlin 1929, S. 149.

der Reste staatlicher Einheit, die bislang in der Person des Monarchen verkörpert werden, ist der Weg für eine **neue staatsbegründende Funktion** der Grundrechte eröffnet.[18] Diese Grundrechte sind nicht in erster Linie Abwehrrechte gegen den Staat, sondern wirken „als verbindende Beziehung zu ihm, als Grundlage politischer Eignung“[19] (mit anderen Worten: als Teilhaberechte) und als staatliches Wertesystem. Auf der Grundlage der integrierenden Kraft der Verfassung erscheinen die Grundrechte insbesondere bei *Smend* als „ein Wert- oder Güter-, ein Kultursystem“ „als nationales, als das System gerade der Deutschen, das allgemeinere Werte national positiviert, eben dadurch aber den Angehörigen dieser Staatsnation etwas gibt, einen materialen Status, durch den sie sachlich ein Volk, untereinander und im Gegensatz gegen andere, sein sollen“.[20] *Smend* wehrt sich hierdurch gegen eine unpolitische Deutung der Grundrechte in staatsabwehrender, eine unpolitische Freiheitssphäre sichernder Funktion: Er denkt Grundrechte nicht vor- oder außerstaatlich, sondern als **bürgerliche Grundlegung** des Staates.[21] Der Weimarer Reichsverfassung sind daher auch **Grundpflichten** bekannt. Art. 109 bis Art. 165 WRV beschreiben die „Grundrechte und Grundpflichten der Deutschen“.[22] „Der individualistische Liberalismus sollte durch das neue Prinzip der sozial gebundenen Freiheit überwunden werden, um den Bedürfnissen der Zeit gerecht zu werden und den Erfolg des revolutionären Sozialismus zu verhindern. Das ist auch der wesentliche Gedanke für die Neuerung, den Grundrechten *Grundpflichten* an die Seite zu stellen. Der Staat erscheint nunmehr nicht nur als Widersacher der individuellen Freiheit in der bürgerlichen Gesellschaft, sondern als Garant materieller Freiheit in der neuen demokratischen Gesellschaftsordnung.“[23]

In der **jungen Bundesrepublik** gewinnen die Grundrechte – vor dem Hintergrund der Erfahrungen des Dritten Reichs – zunächst in erster Linie ihre **abwehrrechtliche Funktion** zurück. Die Abwehr des Staates gewinnt wieder an Wert, und sie findet Ausdruck in der herrschenden Grundrechtsdogmatik: Aus einer individualistischen Gesellschaftssicht ist Ausgangspunkt die individuelle Freiheit – dogmatisch umschrieben als Schutzbereich; der staatliche Eingriff hingegen unterliegt dem Rechtfertigungszwang. Das Grundgesetz ist dem Muster der Weimarer Reichsverfassung nicht gefolgt; an die Stelle der Grundpflichten ist das **Sozialstaatsprinzip** gerückt. Der **objektiv-rechtliche Charakter** der Grundrechte des Grundgesetzes ist in Art. 1 Abs. 3 GG, Art. 20 Abs. 3 GG ausdrücklich normiert: Der Staat ist an Gesetz und Recht und insbesondere die Grundrechte gebunden. Die weitere Anerkennung einer **subjektiv-rechtlichen Wirkung** der Grundrechte, welche etwa in Art. 19 Abs. 4 GG zum Ausdruck kommt, bedeutet die Ermächtigung des einzelnen, sich auf die Grundrechte zu berufen und **individuelle Rechtsverletzungen geltend** zu machen.

---

18 *Huber*, Deutsche Verfassungsgeschichte V, 1978, S. 1199; *Kröger*, Grundrechtsentwicklung, 1998, S. 49 f.

19 *Smend*, in: Smend (Hrsg.), Staatsrechtliche Abhandlungen, 1994, 309-325 (318); vgl. hierzu auch *Häberle*, in: Häberle (Hrsg.), Verfassung als öffentlicher Prozeß, 1998, 579-588 (579 ff.).

20 *Smend*, in: Smend (Hrsg.), Staatsrechtliche Abhandlungen, 1994, 119-276 (264).

21 *Obermeyer*, in: Groh/Weinbach (Hrsg.), Genealogie des politischen Raums, 2005, 77-113 (96).

22 Zur zeitgenössischen (Kommentar-)Literatur vgl. die Nachw. bei *Badura*, StaatsR, 3. Aufl. 2003, S. 89.

23 *Badura*, StaatsR, 3. Aufl. 2003, S. 89.

Andererseits wird die **Wertneutralität** des Positivismus vielerorts zum Grund der politischen Entartungen der Vergangenheit gemacht. Die *Smendsche* Wertintegration gewinnt daher in der jungen Bundesrepublik rasch an Wertschätzung, welche *Smend* zum „Hausgott"[24] des Bundesverfassungsgerichts avancieren lässt. In diesen Kontext ist auch die Annahme der „Gemeinschaftsgebundenheit und Gemeinschaftsbezogenheit des Individuums" zu stellen. Die Gesellschaft wird also nicht nur in Abgrenzung zum Staat, die Grundrechte nicht nur in ihrer abwehrrechtlichen Funktion begriffen; in der Emanzipation der Grundrechte zu einer objektiven Wertordnung zeichnet sich vielmehr die integrierende Verknüpfung von Staat und Gesellschaft ab. Die Bipolarität des Grundgesetzes offenbart sich in der **Multifunktionalität** der Grundrechte.

Weiterführende Literatur: *Alexy*, Theory der Grundrechte, 1985; *Isensee*, Grundrechte und Demokratie – Die polare Legitimation im grundgesetzlichen Gemeinwesen –, Der Staat 20 (1981), 161 ff.; *Maurer*, Idee und Wirklichkeit der Grundrechte, JZ 1999, 689 ff.; *Merten*, Begriff und Abgrenzung der Grundrechte, in: Merten/Papier (Hrsg.), HGrdR II, § 35; *Obermeyer*, Grundrechte als politische Rechte: Zur Bedeutung von Grundrechtsgarantien in demokratischen Gesellschaften, in: Groh/Weinbach (Hrsg.), Zur Genealogie des politischen Raums – Politische Strukturen im Wandel –, 2005, 77 ff.; *Rupp*, Vom Wandel der Grundrechte, AöR 101 (1976), 161 ff.; *ders.*, Einteilung und Gewichtung der Grundrechte, in: Merten/Papier (Hrsg.), HGrdR II, § 36; *Schmidt*, Grundrechtstheorie im Wandel der Verfassungsgeschichte, Jura 1983, 169 ff.; *Starck*, Die Grundrechte des Grundgesetzes – Zugleich ein Beitrag zu den Grenzen der Verfassungsauslegung –, JuS 1981, 237 ff.

Zur Geschichte der Grundrechte: *Bauer*, Geschichtliche Grundlagen der Lehre vom subjektiven Recht, 1986; *Dreier*, in: Dreier (Hrsg.), GG I, 2. Aufl. 2004, vor Art. 1 GG; *Hilker*, Grundrechte im deutschen Frühkonstitutionalismus, 2005; *Hufen*, Entstehung und Entwicklung der Grundrechte, NJW 1999, 1504 ff.; *Ipsen*, Staatsrecht II – Grundrechte, 12. Aufl. 2009, Rn. 5 ff.; *Kleinheyer*, Grundrechte – Zur Geschichte eines Begriffs, 1977; *Klippel*, Politische Freiheit und Freiheitsrechte im deutschen Naturrecht des 18. Jahrhunderts, 1976; *Kröger*, Grundrechtsentwicklung in Deutschland – von ihren Anfängen bis zur Gegenwart, 1998; *Link*, Naturrechtliche Grundlagen des Grundrechtsdenkens in der deutschen Staatsrechtslehre des 17. und 18. Jahrhunderts, in: Birtsch (Hrsg.), Grund- und Freiheitsrechte von der ständischen zur spätbürgerlichen Gesellschaft, 1987, 215 ff.; *Lorz*, Modernes Grund- und Menschenrechtsverständnis und die Philosophie der Freiheit, 1993; *v. Rimscha*, Die Grundrechte im süddeutschen Konstitutionalismus, 1973; *Suppé*, Die Grund- und Menschenrechte in der deutschen Staatslehre des 19. Jahrhunderts, Berlin 2004; *Stern*, Die Idee der Menschen- und Grundrechte„ in: Merten/Papier (Hrsg.), HGrdR I, § 1; *Voigt*, Geschichte der Grundrechte, 1948; *Wahl*, Rechtliche Wirkungen und Funktionen der Grundrechte im deutschen Konstitutionalismus des 19. Jahrhunderts, Der Staat 18 (1979), 321 ff.; *Würtenberger*, Von der Aufklärung zum Vormärz, in: Merten/Papier (Hrsg.), HGrdR I, § 2.

Zeitgeschichtlich: *Giese*, Die Grundrechte, 1905; *Jellinek*, System der subjektiven öffentlichen Rechte, 2. Aufl. 1905 (hierzu *Pauly*, „System der subjektiven öffentlichen Rechte", in: Paulson/Schulte (Hrsg.), Georg Jellinek – Beiträge zu Leben und Werk, 2000, 227 ff.); *Richter*, Das subjektive öffentliche Recht, AöR 8 (1925), 1 ff.

Zur Dimension der Grundpflichten: *Badura*, Grundpflichten als verfassungsrechtliche Dimension, DVBl. 1982, 861 ff.; *Götz/Hofmann*, Grundpflichten als verfassungsrechtliche Dimension, VVDStRL (41) 1983, 7 ff., 42 ff.; *Hofmann*, Grundpflichten und Grundrechte, HStR V, 1992, § 114; *Isensee,* Die verdrängten Grundpflichten des Bürgers, DÖV 1982, 609 ff.; *Klein*, Über Grundpflichten, Der Staat 14 (1975), 153 ff.; *Zippelius/Würtenberger*, Deutsches Staatsrecht, 32. Aufl. 2008, § 20.

24 *Hennis*, JZ 1999, 485 ff.

B. Funktionen der Grundrechte

In der Grundrechtsdogmatik hat sich eine Unterteilung in **objektive** und **subjektive Grundrechtsfunktionen** durchgesetzt. Konkret werden den Grundrechten (und grundrechtsgleichen Rechten) drei objektive Funktionen, in denen sie sich an den Staat wenden (als Wertentscheidungen, Garantien öffentlich-rechtlicher Institutionen und privatrechtliche Institute), und drei subjektive Funktionen, welche an den Bürger gerichtet sind (status negativus, status positivus und status activus), zugewiesen.[25] [Im Vordringen ist eine Auffassung, die diese Funktionen letztlich als Ausprägungen der Abwehr- oder der Schutzdimension begreift.[26]]

Insbesondere in ihrer subjektiven Ausprägung werden Grundrechte als „Verhältnisordnung"[27] zur Abgrenzung der Bereiche **Staat und Gesellschaft** betrachtet. Grundrechtsschutz bedeutete im 19. Jahrhundert zunächst Schutz der Gesellschaft vor den Eingriffen des monarchischen Staates. Aus der Beschränkung der entpolitisierten Gesellschaft auf den Bereich der Wirtschaft resultierte deren Anspruch, hinsichtlich dieses Bereichs in eine Sphäre der Staatsfreiheit (sog. ***status negativus***) entlassen zu werden. Neben dieser abwehrrechtlichen Funktion konnte sich seit Beginn des 20. Jahrhunderts eine leistungsrechtliche (sozialstaatliche) Funktion etablieren (sog. ***status positivus***). Der Eingriff des Staates liegt hier in einem Unterlassen. Entsprechend werden auch den Freiheitsrechten **sekundäre Leistungspflichten** und gegebenenfalls **Teilhaberechte** (an staatlichen Leistungen) entnommen.

Beispiel: Aus Art. 12 Abs. 1 GG kann sich ein Leistungsanspruch auf die Zurverfügungstellung eines Studienplatzes ableiten lassen.[28]

Primär hierauf ausgerichtet sind die sog. Leistungsgrundrechte *(z.B. Art. 6 Abs. 4 GG, Art. 7 Abs. 3 S. 2 GG (str.), Art. 17 GG, Art. 19 Abs. 4 GG, Art. 101 und Art. 103 Abs. 1 GG)*. Unter der Entwicklung eines (auch) objektiven Grundrechtsverständnisses kann sich weiter der Gedanke der staatlichen Schutzpflicht gegenüber **Dritten** (hierzu unter Kap. 2 Abschn. 2, A.I.5, S. 72 ff.) entwickeln.

Die genannten Status werden seit der **Demokratisierung** des Staates, welche eine **politische Teilnahme** der Gesellschaft am Staat erfordert, durch den ***status activus*** ergänzt *(insbes. Art. 33 Abs. 1-3, Art. 38 Abs. 1 S. 2 GG)*. Die Verknüpfung von **grundrechtlichem Abwehranspruch** und **demokratischem Teilnahmeanspruch** erfolgt durch die (auch) politischen Grundrechte, wie insbesondere das Recht zur (politischen) Meinungskundgabe (Art. 5 Abs. 1 S. 1 1. Hs. GG) oder das Recht zur (politischen) Versammlung (Art. 9 Abs. 1 GG).

---

25 Vgl. *Pieroth/Schlink*, Grundrechte, 25. Aufl. 2009, Rn. 57 ff.

26 *Cremer*, Freiheitsgrundrechte, 2003, S. 504 ff.; *Enders*, in: Friauf/Höfling (Hrsg.), BerlKomm, C vor Art. 1 GG (2000) Rn. 62 ff.

27 *Di Fabio*, VVDStRL (56) 1997, 235 (253).

28 BVerfGE 33, 308 ff. – numerus clausus; *Jarass*, in: Jarass/Pieroth (Hrsg.), GG, 10. Aufl. 2009, Art. 12 Rn. 84 ff.; *Jarass*, AöR 120 (1995), 350 f.

Dieser unter der Ägide des demokratischen Verfassungsstaats eröffnete Öffentlichkeitsbezug der vormals genuin unpolitischen Grundrechte findet seine Fortentwicklung in einem gemeinwohlverhafteten Grundrechtsverständnis:

> „Grundrechtliche Freiheit ist kein rechtlich eingefaßtes Normvakuum. Sie ist nicht selbstzweckhafte Abwehr von Ordnung, nicht negativ anarchische Emanzipation. Vielmehr ist grundrechtliche Freiheit sittliche Autonomie und Selbstverantwortung im sozialen Handeln. Die Erfüllung der Grundrechtsfreiheit ist in der republikanischen Tradition die Bürgertugend. Die Grundrechte ermöglichen die allseitige freie dezentrale Arbeit am Gemeinwohl – das Gegenteil der staatsautoritär verfügten, zentral geplanten Ordnung des Gemeinwesens."[29]

Die **wichtigste Bedeutung** wird jedoch weiterhin in der **Abwehrfunktion** der Grundrechte erblickt.[30] Dies bedeutet auch eine Präferenz im unaufhebbaren Spannungsverhältnis von Individualinteresse und Gemeinwohl.

Heutzutage ist die subjektiv-rechtliche Stellung der Grundrechte im Grundgesetz selbst vorausgesetzt.[31] Ein **subjektives (öffentliches) Recht** wird durch die dem Einzelnen eingeräumte (klagbare) Rechtsmacht charakterisiert, von einem anderen ein Tun oder Unterlassen verlangen zu können.[32] Hieraus resultiert eine **dreigliedrige Struktur**, welche aus dem **Träger** (Grundrechtsfähigkeit), dem **Adressaten** (Grundrechtsverpflichtetheit) und dem **Inhalt** des Rechts (Abwehr, Leistung oder Teilhabe) gebildet wird.

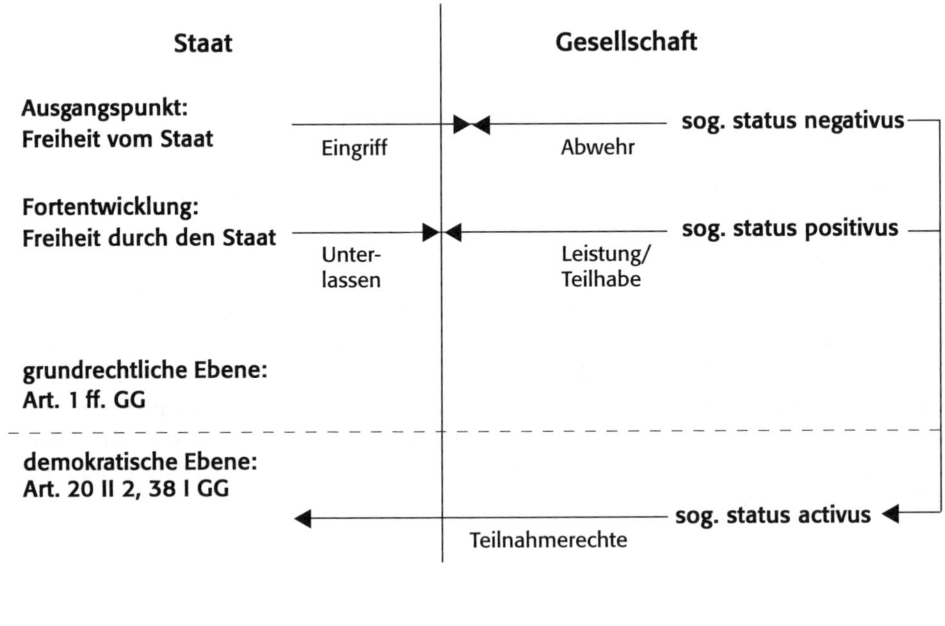

29 *Isensee*, DÖV 1982, 609 (615).
30 So etwa *Ipsen*, JZ 1997, 473 ff.; *Katz*, StaatsR, 17. Aufl. 2007, Rn. 546; *Ladeur*, DÖV 2007, 1 ff.
31 Vgl. *Stern*, StaatsR III/1, 1988, S. 530 ff.
32 *Röhl/Röhl*, Allgemeine Rechtslehre, 3. Aufl. 2008, S. 328.

Entsprechend wurden Grundrechte zunächst als **Freiheitsrechte** entwickelt. Die Bindung des Gesetzgebers an den **Gleichheitssatz** mit daraus resultierendem richterlichen Prüfungsrecht (*Leibholz*)[33] wird noch unter den Staatsrechtslehrern der Weimarer Republik mehrheitlich als „Waffe gegen eine vom parlamentarischen Gesetzgeber herbeigeführte oder sanktionierte Veränderung der gesellschaftlichen Macht- und Einflussverteilung" begriffen. Allgemein anerkannt gilt der Gleichheitssatz zu dieser Zeit dementsprechend nur gegenüber der **Exekutive**; seine Wirkung geht daher über deren Bindung an den **Grundsatz der Gesetzmäßigkeit** nicht hinaus. Art. 3 Abs. 1 GG wird demgegenüber nicht nur als Gewährleistung der Gleichheit „vor dem Gesetz", sondern auch als Pflicht zur Gleichheit „durch das Gesetz" begriffen. Entsprechend der freiheitsrechtlichen Dogmatik sind Gleichheitsrechte als subjektive **Abwehrrechte**[34] **oder Leistungsansprüche gegenüber verbotenen Ungleichbehandlungen** konstruiert.

Bereits zur Zeit der Weimarer Republik wird darüber hinaus die heute **allgemein anerkannte** Wirkung der Grundrechte als **objektive Wertordnung** entdeckt, aus der sich die Drittwirkungs- und Schutzpflichtendogmatik entwickeln konnten (hierzu ***Fall 7*** sowie unter Kap. 2 Abschn. 2, A.I.5, S. 72 ff.).

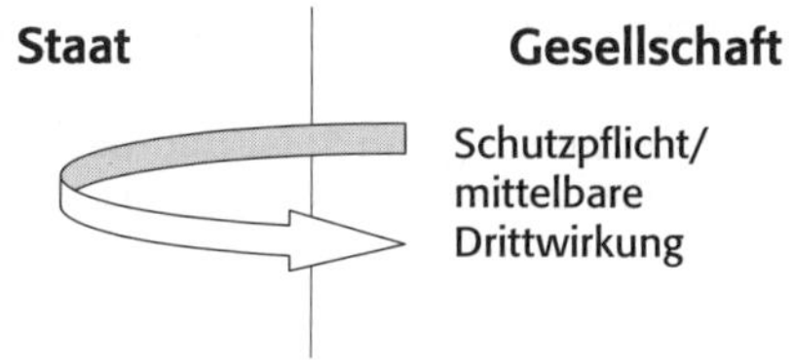

Als objektive Grundrechtsdimensionen sind weiterhin die (öffentlich-rechtlichen) **Einrichtungsgarantien** und die (privatrechtlichen) **Institutsgarantien** zu nennen. Sie dienen dem Schutz öffentlicher Einrichtungen oder wesentlicher, freiheitlich gestalteter privater Lebensbereiche. *Beispielhaft für ersteres sind die kommunale Selbstverwaltung (Art. 28 Abs. 2 GG) oder das Berufsbeamtentum (Art. 33 V GG), ggf. die Universitäten (Art. 5 Abs. 3 GG) und der staatliche Rundfunk zu nennen.* Hingegen beschreiben die privatrechtlichen **Institutsgarantien** Freiheitsrechte, die nur als normativ konstruierte denkbar sind.[35] *Solche sind beispielsweise das Eigentum, die Ehe, das Erbrecht, die Privatautonomie.*

In der Fallgestaltung stehen gesetzliche Regelung und Grundrecht hier in einem Wechselwirkungsverhältnis. Das Gesetz stellt einerseits eine Konkretisierung der grundrechtlichen Freiheit dar, ist andererseits aber auch an den Vorgaben des Grundrechts zu messen; hierzu unter Kap. 2 Abschn. 1, B.I.3, S. 55.

Zur Funktion der Grundrechte: *Abelein,* Die Grundrechte als Teilhaberechte, in: Abelein, Kimminich (Hrsg.), FS Raschhofer, 1976, 11 ff.; *Alexy*, Grundrechte als subjektive Rechte und als objektive Nor-

33 *Leibholz*, Die Gleichheit vor dem Gesetz, 1925, insbes. S. 34 ff. sowie die krit. Kommentierung bei *Anschütz*, Verfassung des deutschen Reichs, 14. Aufl. 1933, Anm. 1 ff. zu Art. 109 (S. 521 ff.) m. umf. Nachw.; ferner *Raiser*, ZHR 111 (1948), 75 ff., 76 f.
34 Vgl. *Katz*, StaatsR, 17. Aufl. 2007, S. 296 (Schaubild).
35 Hierzu ausf. *Kloepfer*, in: Merten/Papier (Hrsg.), HdGR II, 2006, 921-961 (947 ff.), § 43 Rn. 64 ff.; *Mager*, Einrichtungsgarantien, 2003.

men, Der Staat 29 (1990), 49 ff.; *Dolderer*, Objektive Grundrechtsgehalte, 2000; *Isensee*, Das Grundrecht als Abwehrrecht und als staatliche Schutzpflicht, in: Isensee/Kirchhof (Hrsg.), HStR V, 2. Aufl. 2000, § 111; *Jarass*, Funktionen und Dimensionen der Grundrechte, in: Merten/Papier (Hrsg.), HdGrR II, § 38; *Jarass*, Die Grundrechte: Abwehrrechte und objektive Grundsatznormen, in: FS 50 Jahre BVerfG II, 2001, 35 ff.; *Jeand'Heur*, Grundrechte im Spannungsverhältnis zwischen subjektiven Freiheitsgarantien und objektiven Grundsatznormen – Zur Erweiterung der Grundrechtsfunktionen und deren Auswirkungen auf die Grundrechtsdogmatik –, JZ 1995, 161 ff.; *Jellinek*, System der subjektiven öffentlichen Rechte, 2. Auflage 1905; *Martens/Häberle*, Grundrechte im Leistungsstaat, VVDStRL 30 (1972), 7 ff., 43 ff.; *Murswiek*, Grundrechte als Teilhaberechte, soziale Grundrechte, in: Isensee/Kirchhof (Hrsg.), HStR V, 2. Aufl. 2000, § 112; *Ramsauer*, Die Rolle der Grundrechte im System der subjektiven öffentlichen Rechte, AöR (111) 1986, 501 ff.; *Rüfner*, Leistungsrechte, in: Merten/Papier (Hrsg.), HdGrR II, § 40; *Sachs*, Abwehrrechte, in: Merten/Papier (Hrsg.), HGrdR II, § 39; *Scherzberg*, Grundlagen und Typologie des subjektiven-öffentlichen Rechts, DVBl. 1988, 129 ff.; *Starck*, Teilnahmerechte, in: Merten/Papier (Hrsg.), HGrdR II, § 41; *Zuleeg*, Hat das subjektive öffentliche Recht noch eine Daseinsberechtigung?, DVBl. 1976, 509 ff.

Zur demokratischen Dimension der Grundrechte: *Höfling*, Demokratische Grundrechte – Zu Bedeutungsgehalt und Erklärungswert einer dogmatischen Kategorie, Der Staat 33 (1994), 493 ff.; *Schuppert*, Grundrechte und Demokratie, EuGRZ 1985, 525 ff.

Zur Verfahrens- und Organisationsdimension der Grundrechte: *Britz*, Prozedurale Lösung von Grundrechtskollisionen durch „grundrechtliches Vorverfahren", Der Staat (42) 2003, 35 ff. *Kahl*, Grundrechtsschutz durch Verfahren in Deutschland und in der EU, VerwArch (95) 2004, 1 ff.; *Schmidt-Aßmann*, Grundrechte als Organisations- und Verfahrensgarantien, in: Merten/Papier (Hrsg.), HGrdR II, § 45.

Zur Ideengeschichte der Unterscheidung von Staat und Gesellschaft: *Böckenförde*, Die Bedeutung der Unterscheidung von Staat und Gesellschaft, in: Böckenförde (Hrsg.), Recht, Staat, Freiheit, 1991, 209 ff.; *Rupp*, Die Unterscheidung von Staat und Gesellschaft, HStR II, 3. Aufl. 2004, § 31.

C. Systematik der Grundrechtsprüfung

Obwohl das Grundgesetz zwischen verschiedenartigsten Grundrechten – Bürger- und Menschenrechten, wirtschaftlichen und politischen Rechten, Freiheits- und Gleichheitsrechten – differenziert, erscheint es sinnvoll, ja geradezu notwendig, die Parallelität der Grundrechtsprüfungen anhand eines allgemeinen Schemas zu verdeutlichen und darzulegen. Der folgende Beitrag legt daher ein besonderes Augenmerk auf immer wiederkehrende Fragen und Probleme des Prüfungsaufbaus.

Prüfungsschema

A. Vorprüfung (Anwendbarkeit des Grundrechts; vgl. *I.*)
B. Verletzung des Grundrechts (vgl. *II.* und *III.*)

I. Vorprüfung: Anwendbarkeit des Grundrechts

Eine Grundrechtsprüfung muss (zumindest inzident) mit der Frage beginnen, inwieweit das ins Auge gefasste Grundrecht überhaupt anwendbar ist und nicht vielmehr durch konkurrierende Grundrechte verdrängt wird. Es handelt sich hierbei um eine Frage, die häufig unterschätzt wird.

▶ **Klausurhinweis:** Vor Erörterung der Konkurrenzfragen ist zu erwägen, inwieweit **verschiedene Beeinträchtigungsakte** vorliegen, die im Rahmen einer Sachverhaltszerlegung auseinanderzudividieren sind.[36] Erst bei Anwendbarkeit mehrerer Grundrechte auf einen so herausdifferenzierten Lebenssachverhalt stellt sich die Konkurrenzfrage.

II. Prüfung der Verletzung eines Freiheitsgrundrechts

Die Prüfung eines Freiheitsgrundrechts setzt sich aus drei Schritten zusammen:

An **erster Stelle** ist die Reichweite des **Schutzbereichs** festzustellen. Der **Schutzbereich** muss in persönlicher und sachlicher Hinsicht für den konkreten Fall einschlägig sein und wird daher auch innerhalb der Prüfung in eine persönliche und eine sachliche Komponente aufgespalten. Der sog. *persönliche Schutzbereich* umfasst die Frage nach der Grundrechtsträgerschaft bzw. Grundrechtsfähigkeit desjenigen, der ein Grundrecht geltend macht (Wer wird geschützt?). Der sog. *sachliche Schutzbereich* kennzeichnet den Bereich der Lebenssachverhalte, die von einem Grundrecht geschützt werden (Was wird geschützt?).

An **zweiter Stelle** ist zu prüfen, ob ein staatlicher **Eingriff** vorliegt. Nach einem *weiten* (den ursprünglichen *klassischen*) Begriff ersetzenden Verständnis ist **Eingriff** jedes (zurechenbare) staatliche Handeln, das dem Einzelnen ein Verhalten, das in den Schutzbereich eines Grundrechts fällt, unmöglich macht oder erschwert, gleichgültig ob diese Wirkung unmittelbar oder mittelbar, individuell oder generell, absichtlich oder unabsichtlich, rechtlich oder faktisch, mit oder ohne Befehl und Zwang erfolgt.

An **dritter Stelle** ist die **verfassungsrechtliche Rechtfertigung** des Eingriffs zu prüfen. Voraussetzung der **verfassungsrechtlichen Rechtfertigung** ist die **Einschränkbarkeit** des Grundrechts, welche sich aus einem Gesetzesvorbehalt oder aus kollidierendem Verfassungsrecht ergeben kann. Der Eingriff darf dann nur durch oder aufgrund eines Gesetzes erfolgen (sog. grundrechtlicher Gesetzesvorbehalt) und ist durch die sog. **Schranken-Schranken** beschränkt.

Prüfungsschema

1. Eröffnung des Schutzbereichs
2. Eingriff
3. Keine verfassungsrechtliche Rechtfertigung
   a) Einschränkbarkeit des Grundrechts [durch Gesetz]
   b) Verfassungsgemäße Konkretisierung durch Gesetz
   c) (Ggf.) Übereinstimmung von Schranke und konkretisierender Einzelmaßnahme

36 *Nolte/Tams*, JuS 2004, 199 (201).

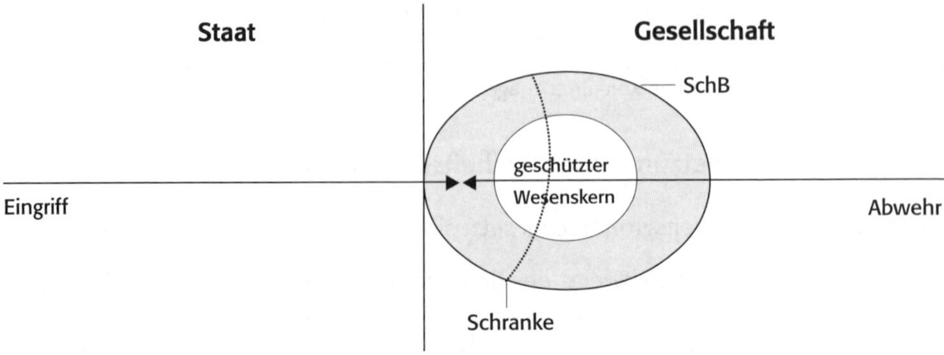

Weiterführende Literatur: *Graf von Kielmansegg*, JuS 2009, 19 ff., 118 ff., 216 ff.; *Höfling*, Grundrechtstatbestand – Grundrechtsschranken – Grundrechtsschrankenschranken, Jura 1994, 169 ff.

III. Prüfung der Verletzung eines Gleichheitsgrundrechts

Die Prüfung der Verletzung eines Gleichheitsgrundrechts erfolgt nach demselben Prinzip: Eröffnung des Anwendungsbereichs, Beeinträchtigung (durch Ungleichbehandlung), keine verfassungsrechtliche Rechtfertigung. Dass dennoch in den meisten Lehrbüchern von einem zweistufigen Prüfungsaufbau gesprochen wird, liegt daran, dass der Anwendungsbereich zumeist keine eigenständigen Anforderungen aufstellt.

Eine Ausnahme stellt beispielsweise der Deutschenvorbehalt in Art. 33 Abs. 1-3 GG dar.

Eine Beeinträchtigung – im Anwendungsbereich des Gleichheitsrechts – stellt die (benachteiligende) Ungleichbehandlung vergleichbarer Sachverhalte dar. Ihre verfassungsrechtliche Rechtfertigung bemisst sich an den Maßstäben des Willkürverbots oder der sog. Neuen Formel.

Prüfungsschema

1. Eröffnung des Anwendungsbereichs
2. Beeinträchtigung: (Benachteiligende) Ungleichbehandlung vergleichbarer Sachverhalte
3. Keine verfassungsrechtliche Rechtfertigung: Sachlicher Grund?

Weiterführende Literatur: *Bryde/Kleindiek*, Der allgemeine Gleichheitssatz, Jura 1999, 36 ff.

Kapitel 1

Vorprüfung

Fälle

Fall 1

Treibhausgasemissionsgesetz – nach BVerfGE 118, 79 ff.

– Umsetzung eines EU-Akts durch deutsches Organ; Reichweite der Geltung der deutschen Grundrechte; Grundrechtshierarchie –

Zur Umsetzung des Kyoto-Protokolls erging die europäische Richtlinie 2003/87/EG über ein System für den Handel mit Treibhausgasemissionszertifikaten in der Europäischen Gemeinschaft. Das hierin verankerte Emissionshandels-System bietet eine wirtschaftliche Basis, um den Ausstoß klimaschädlicher Gase (sog. Treibhausgase) zu reduzieren. Auf diesem Weg wird eine absolute Obergrenze der Gesamtemissionen in der Gemeinschaft festgelegt, die schrittweise abgesenkt wird. Innerhalb der aktuellen Handelsperiode (2009–2013) werden den Emittenten aus dem industriellen Sektor Emissionsberechtigungen zugeteilt. 90 % der Zertifikate sind kostenfrei. Die kostenlose Zuteilung von Emissionsrechten beruht auf früheren Emissionsdaten der Unternehmen. Die Mitgliedstaaten haben einen nationalen Zuteilungsplan zu erstellen, aus dem hervorgeht, wie viele Zertifikate sie insgesamt für einen bestimmten Zeitraum zuzuteilen beabsichtigen und wie sie die Zertifikate zuzuteilen gedenken. Die Umsetzung der Richtlinie erfolgt in Deutschland durch das Treibhausgas-Emissionshandelsgesetz (TEHG), welches den rechtlichen Rahmen für den Handel mit Berechtigungen sowie Regelungen zur Genehmigung und Überwachung der Treibhausgasemissionen und zum Verfahren der Zuteilung enthält. Am Emissionshandel nehmen in Deutschland rund 1.200 Unternehmen der Energiewirtschaft und der energieintensiven Industrie teil. Bei überhöhtem Kohlendioxidausstoß können Berechtigungsscheine von anderen Unternehmen erworben werden, welche das eigene Kontingent nicht ausnutzen. Die Implementation des Emissionshandels in das nationale Ordnungsrecht erfolgt gemäß § 4 Abs. 7 S. 1 TEHG. Hierdurch wird die Innehabung ausreichender Emissionszertifikate zum Bestandteil der immissionsschutzrechtlichen Genehmigung (§ 5 Abs. 1 S. 2 i.V.m. § 5 Abs. 1 S. 1 Nr. 2 BImSchG).

A, der Inhaber eines eisenmetallverarbeitenden – vom Anwendungsbereich der Richtlinie erfassten – Betriebs ist, fühlt sich durch den Richtlinienerlass und deren nationale Umsetzung in seinem Recht verletzt. Insbesondere wendet er sich gegen die Regelung des – in Umsetzung des TEHG erlassenen – Zuteilungsgesetzes 2009 (ZuG 2009), welches in § 12 von der durch das europäische Recht eingeräumten Möglichkeit Gebrauch macht, eine Sonderregelung für Anlagenbetreiber zu normieren, die frühzeitige Maßnahmen zur Emissionsminderung durchgeführt haben. Diese werden insoweit bevorteilt, als ihnen ab 2009 Zertifikate nicht nur in Höhe von 90 %, sondern in Höhe von 95 % ihres gegenwärtigen Verbrauchs zugeteilt werden. A, der nicht in den Anwendungsbereich der Vorschrift fällt, fühlt sich überdurchschnittlich stark belastet und in seinem Grundrecht aus Art. 3 Abs. 1 GG verletzt.

Fällt die Regelung des § 12 ZulG 2009 in den Anwendungsbereich des Art. 3 Abs. 1 GG?

Fall 2

Theater T-GmbH

– Zusammentreffen von Versammlung und Meinungsäußerung; Grundrechtskonkurrenz –

Das private Theater T-GmbH der Stadt A sieht sich durch zunehmende Subventionsstreichungen in seiner Existenz gefährdet. Um auf diese Problematik hinzuweisen, beschließt die Gruppe, sich mit Spruchbändern vor dem Rathaus aufzustellen. Zugleich erhofft man sich hierdurch, in unmittelbaren Kontakt mit dem Bürgermeister treten zu können. Die T-GmbH ist der Auffassung, sich in dem vorliegenden Zusammenhang nicht nur auf ihre Versammlungs-, sondern auch auf ihre Meinungsfreiheit berufen zu können.

Ist der T-GmbH in ihrer Einschätzung zuzustimmen?

Eine Grundrechtsprüfung muss (zumindest inzident) mit der – in ihrer Bedeutung häufig unterschätzten[37] – Frage beginnen, ob das ins Auge gefasste Grundrecht überhaupt anwendbar ist und insbesondere nicht durch konkurrierende Grundrechte verdrängt wird.

▶ **Klausurhinweis:** Soweit die Anwendbarkeit des Grundrechts unproblematisch ist, ist über das Folgende allerdings stillschweigend (!) hinwegzugehen.

A. Grundrechtshierarchien

Im Rahmen einer „Vorprüfung" ist daher zunächst die Anwendbarkeit der richtigen Verfassung festzustellen. In dem bestehenden europäischen Mehrebenensystem sind grundsätzlich Europäische Grundrechte ebenso anwendbar wie Grundrechte der Bundes- und Landesverfassungen.

I. Grundgesetz – Landesverfassung

Die Problematik des Verhältnisses von grundgesetzlichen und landesverfassungsrechtlichen Grundrechten wird nur im Hinblick auf **Landesrecht** relevant.

Bundesrecht wird in erster Linie an den Vorgaben des Grundgesetzes gemessen (hierzu BVerfGE 1, 264 (280 f.) – Bezirksschornsteinfeger). Grundrechte einer Landesverfassung können durch ein Bun-

37 *Nolte/Tams*, JuS 2004, 199 (201).

desgesetz nicht verletzt werden. Entsprechend Art. 142 GG sind diese nur insoweit aufrechtzuerhalten, als sie mit den Grundrechten des Grundgesetzes übereinstimmen. Die Feststellung, dass kein Verstoß gegen ein Bundesgrundrecht vorliegt, erstreckt sich auch auf sie. Gehen sie über die Bundesgrundrechte hinaus, so könne sie einer sonst zulässigen bundesrechtlichen Regelung nicht entgegenstehen (Art. 31 GG → Grundsatz der Normenhierarchie; hierzu *Winkler*, StaatsOrgR, Rn. 1/5).

Art. 1 Abs. 3 GG ist keine Kompetenznorm. Zur Wahrung der Grundrechte sind Bund und Länder nach Maßgabe ihrer durch das Grundgesetz abgegrenzten Zuständigkeiten berufen.

Beispiel: Für die Gewährleistung der Rundfunkfreiheit sind beispielsweise die Länder zuständig. Mit Übergang zahlreicher Gesetzgebungsmaterien auf die Kompetenz der Länder durch die Föderalismusreform 2006 wächst daher auch der potenzielle Anwendungsbereich der Landesgrundrechte.[38]

Die Grundrechte des Grundgesetzes gelten daher auch beim Handeln der Länder. Die Bedeutung der Grundrechte der Landesverfassungen ist marginal und beschränkt sich auf Fälle, in denen Landesgrundrechte einen weitergehenden Schutz verbürgen als die Garantien des GG.

Fallbeispiel: *Degenhart*, Klausurenkurs im Staatsrecht, 5. Aufl. 2009, Fall 14; *Nolte/Tams*, JuS 2004, 294 (295 f.).

Weiterführende Literatur: *Böckenförde/Grawert*, Kollisionsfälle und Geltungsprobleme im Verhältnis von Bundesrecht und Landesverfassung, DÖV 1971, 119 ff.; *Gallwas*, Konkurrenz von Bundes- und Landesgrundrechten, JA 1981, 536 ff.; *Sachs*, Die Grundrechte im Grundgesetz und in den Landesverfassungen – Zur Voraussetzung des Normwiderspruchs im Bereich des Art. 31 und 142 GG –, DÖV 1985, 469 ff.; *Wermeckes*, Der erweiterte Grundrechtsschutz in den Landesverfassungen, 2000.

II. Grundgesetz – Europäische Grund- und Menschenrechte

1. Europäischer Grundrechtsschutz

Europäischer Grundrechtsschutz wird durch die **Europäische Menschenrechtskonvention** und das **Europäische Gemeinschaftsrecht** (in Form allgemeiner Rechtsgrundsätze und der Europäischen Grundrechtecharta) gewährleistet. Gegenwärtig wird der bestehende deutsche Grundrechtsschutz durch diesen europäischen Grundrechtsschutz **ergänzt bzw. erweitert**. In diesem Sinne hat das BVerfG in der Vergangenheit beispielsweise festgestellt, dass Entscheidungen des EGMR durch deutsche Gerichte zu berücksichtigen sind:

> „Zur Bindung an Gesetz und Recht (Art. 20 Abs. 3 GG) gehört die Berücksichtigung der Gewährleistungen der Konvention zum Schutz der Menschenrechte und Grundfreiheiten und der Entscheidungen des Europäischen Gerichtshofs für Menschenrechte im Rahmen methodisch vertretbarer Gesetzesauslegung."[39]

Die – 1950 unterzeichnete und am 3. September 1953 in Kraft getretene – **Europäische Menschenrechtskonvention (EMRK)** ist ein internationaler – zwischenstaat-

38 *Huber*, in: Sachs (Hrsg.), GG, 5. Aufl. 2009, Art. 142 GG Rn. 6.
39 BVerfGE 111, 307 (Ls.) – Görgülü.

licher – Vertrag. In Deutschland gilt die EMRK nur im Rang eines **einfachen Gesetzes.**[40] Als Konventionsstaat ist Deutschland jedoch verpflichtet, die Entscheidungen des Gerichts zu befolgen.

Beispiel: Das in Art. 8 EMRK verankerte Recht auf Achtung des Privatlebens ist daher ein allgemeines Gesetz i.S.d. Art. 5 Abs. 2 GG.[41]

Darüber hinaus kann die EMRK im Rahmen einer **völkerrechtsfreundlichen Auslegung** auf deutsche Grundrechte Einfluss nehmen.

Beispiel: Im Streit um den Schutz des eingerichteten und ausgeübten Gewerbetriebs durch Art. 14 Abs. 1 GG kann das 1. Zusatzprotokoll zur EMRK Bedeutung erlangen

Weiterführende Rechtsprechung: BVerfGE 111, 307 ff. – Görgülü.

Weiterführende Literatur: *Starck,* Das Caroline-Urteil des Europäischen Gerichtshofs für Menschenrechte und seine rechtlichen Konsequenzen, JZ 2006, 76 ff.

Die Gründungsverträge der Europäischen Gemeinschaft haben eine **supranationale – überstaatliche – Organisation** geschaffen. Deren ursprünglicher ‚Grundrechtsmangel' wurde von Seiten des EuGH im Wege der **Rechtsfortbildung** durch Entwicklung eines Grundrechtsschutzes beseitigt, der sich aus den Verfassungen der Mitgliedstaaten und der EMRK speist. In diesem Sinne achtet die Union gemäß Art. 6 Abs. 2 EUV die Grundrechte, die in der EMRK gewährleistet sind und „wie sie sich aus den gemeinsamen Verfassungsüberlieferungen der Mitgliedstaaten als allgemeine Grundsätze des Gemeinschaftsrechts ergeben". Hinzu tritt in neuerer Zeit die **„Europäische Grundrechtecharta"**, die unter Vorsitz von *Roman Herzog* ausgearbeitet und am 7. Dezember 2000 in Nizza feierlich proklamiert worden ist. Die Grundrechtecharta ist **Bestandteil** des am 13. Dezember 2007 in Lissabon unterzeichneten Reformvertrags (**Vertrag von Lissabon**). Mit dem Inkrafttreten dieses Vertrages wird bei der Durchführung des Rechts der Union gemäß Art. 51 Abs. 1 GRC in allen Mitgliedstaaten ein entsprechender Vorbehalt gelten; Ausnahmen bestehen nur für Großbritannien und Polen.

Anders als die EMRK binden die **Grundrechte der Europäischen Union** Akte **supranationaler Hoheitsgewalt**. Die Konkurrenz von europäischem und deutschem Grundrechtsschutz wird daher insbesondere bei der nationalen Umsetzung von Gemeinschaftsrecht virulent.

Literatur zum Grundrechtsschutz in Europa: *Ehlers (Hrsg.)*, Europäische Grundrechte und Grundfreiheiten, 2. Aufl. 2005; *Ehlers*, Die Grundrechte des europäischen Gemeinschaftsrechts, Jura 2002, 468 ff.; *Frowein/Peukert (Hrsg.)*, Europäische Menschenrechtskonvention, EMRK-Kommentar, 2. Aufl. 1996; *Grabenwarter*, Europäische Menschenrechtskonvention, 2. Aufl. 2005; *Grote/Marauhn* (Hrsg.), EMRK/GG, Konkordanzkommentar, 2006; *Heselhaus/Nowak (Hrsg.)*, Handbuch der Europäischen Grundrechte, 2006; *Jarass*, EU-Grundrechte, 2005; *Meyer (Hrsg.)*, Charta der Grundrechte der Europäischen Union, 2. Aufl. 2006; *Meyer-Laedwig*, Europäische Menschenrechtskonvention, Handkommentar, 2. Aufl. 2006; *Rengeling/Szczekalla*, Grundrechte in der europäischen Union, 2004; *Ruffert*, Schlüsselfragen der Europäischen Verfassung der Zukunft: Grundrechte – Institutionen – Kompetenzen – Ratifizierung, EuR 2004, 165 (173 ff.); *Schwartmann*, Europäischer Grundrechtsschutz nach

40 So BVerfGE 74, 358 (370) – Unschuldvermutung I; BVerfGE 82, 106 (114) – Unschuldvermutung II; BVerfGE 111, 307 (315 f.) – Görgülü.

41 BVerfGE 120, 180 (200) – Caroline von Monaco III.

dem Verfassungsvertrag, AVR 43 (2005), 129 ff.; *Tettinger*, Die Charta der Grundrechte der Europäischen Union, NJW 2001, 1010 ff.; *Tettinger/Stern*, Europäische Grundrechte-Charta, 2006; *Vedder/Heintschel von Heinegg*, Europäischer Verfassungsvertrag, Handkommentar, 2007.

2. Konkurrenzverhältnis

Durch den Abschluss einer Reihe völkerrechtlicher Verträge (vor allem die Gründungsverträge für die Europäischen Gemeinschaften, Verträge von Maastricht, Amsterdam, Nizza, zuletzt Lissabon) hat die Bundesrepublik Deutschland – auf der Grundlage von Art. 23 Abs. 1 GG – an der Entwicklung der **Europäischen Union** als einer „autonomen Föderation mit einer durch eigene Organe einschließlich einer europäischen Gerichtsbarkeit ausgeübten nichtstaatlichen öffentlichen Gewalt" mitgewirkt, deren „Rechtsakte auf deutschem Staatsgebiet und gegenüber deutschen Rechtspersonen **wirksam** sind, ohne an die Grundrechte des Grundgesetzes gebunden zu sein".[42] Die organgeschaffenen **Akte der Europäischen Gemeinschaft** werden an den Maßstäben des europäischen Grundrechtsschutzes gemessen. Nach der jetzigen Rechtsprechung des BVerfG gilt hier die **Bindung** der deutschen Grundrechte grundsätzlich **nicht**.

Diese Rechtsprechung ist allerdings Endpunkt einer längerwährenden Entwicklung. Zunächst hat das BVerfG in der **Solange I-Entscheidung** die verfassungsrechtliche Überprüfung einer unmittelbar geltenden europäischen Verordnung im Rahmen einer konkreten Normenkontrolle (Art. 100 Abs. 1 GG) zugelassen. Es wurde zwar vom Bundesverfassungsgericht ausgeführt, dass es nicht über die Gültigkeit oder Ungültigkeit sekundären Gemeinschaftsrecht entscheiden könne, denn diese Befugnis habe allein der EuGH. Es könne aber entscheiden, ob ein Gemeinschaftsrechtsakt von den deutschen Behörden und Gerichten nicht angewendet werden dürfe und im deutschen Rechtsraum keine Wirkung entfalte, soweit er mit deutschen Grundrechten kollidiert (Anwendungs-, jedoch kein Geltungsvorrang). Voraussetzung ist aber eine zuvorige Vorlage an den EuGH nach Art. 267 AEUV.[43]

In seiner **Solange II**-Entscheidung aus dem Jahre 1986 stellte das BVerfG dann fest, dass sich der Einzelne gegenüber der abgeleiteten Gemeinschaftsgewalt auf die Grundrechte nur berufen kann, wenn und soweit ihm das Gemeinschaftsrecht selbst nicht eine Grundrechtsgeltung gewährleistet, die nach Inhalt und Wirksamkeit dem Grundrechtsschutz, wie er nach dem Grundgesetz unabdingbar ist, im wesentlichen gleichkommt.[44]

> „**Solange** (aber) die Europäischen Gemeinschaften ... einen wirksamen Schutz der Grundrechte gegenüber der Hoheitsgewalt der Gemeinschaften generell gewährleisten, der dem von Grundgesetz als unabdingbar gebotenen Grundrechtsschutz im wesentlichen gleichzuachten ist, zumal den Wesensgehalt der Grundrechte generell verbürgt, wird (daher) das Bundesverfassungsgericht seine Gerichtsbarkeit über die Anwendbarkeit von abgeleitetem Gemeinschaftsrecht ... nicht mehr ausüben und dieses Recht mithin nicht mehr am Maßstab der Grundrechte des Grundgesetzes überprüfen."[45]

42 *Badura*, in: Merten/Papier (Hrsg.), HdGR II, 2006, 1059-1078 (1063), § 47 Rn. 10.
43 BVerfGE 37, 271 ff. – Solange I.
44 BVerfGE 73, 339 (375 f.) – Solange II.
45 BVerfGE 73, 339 (387) – Solange II.

Mangels eines „kodifizierten Grundrechtskatalogs, dessen Inhalt ebenso zuverlässig und für die Zukunft unzweideutig feststeht wie der des Grundgesetzes und deshalb einen Vergleich und eine Entscheidung gestattet, ob derzeit der in der Gemeinschaft allgemein verbindliche Grundrechtsstandard des Gemeinschaftsrechts auf die Dauer dem Grundrechtsstandard des Grundgesetzes ... adäquat ist", entscheidet sich **1974 (Solange I)** der mögliche Konfliktfall von Gemeinschaftsrecht und nationalem Verfassungsrecht, insbesondere den grundgesetzlichen Grundrechtsgarantien, grundsätzlich noch zugunsten der grundrechtlichen Verfassungsbestimmungen.[46]

In der **Maastricht-Entscheidung** hat das BVerfG die Auffassung geäußert, dass angesichts des erreichten Integrationszustandes der Union die **Ausübung von Gemeinschaftsgewalt** auf deutschem Territorium als solche an den Grundrechten des Grundgesetzes zu **messen** sein muss. Mit der Annahme eines Kooperationsverhältnisses zum EuGH beschränkt das BVerfG in derselben Entscheidung seine Funktion jedoch auf eine „generelle Gewährleistung der unabdingbaren Grundrechtsstandards", während der EuGH „den Grundrechtsschutz in jedem Einzelfall für das gesamte Gebiet der Europäischen Gemeinschaften garantiert".[47] Entsprechend der **Bananenmarkt**-Entscheidung sind daher Verfassungsbeschwerden, „die eine Verletzung in Grundrechten des Grundgesetzes durch sekundäres Gemeinschaftsrecht geltend machen , ... von vornherein unzulässig, wenn ihre Begründung nicht darlegt, dass die europäische Rechtsentwicklung einschließlich der Rechtsprechung des Europäischen Gerichtshofs nach Ergehen der Solange II-Entscheidung ... unter den erforderlichen Grundrechtsstandard abgesunken sei".[48] Wie die Entscheidung des BVerfG in der Sache **Treibhausgas-Emissionsberechtigungen** dargelegt hat, gilt dies auch für die **innerstaatliche Umsetzung** von gemeinschaftsrechtlichen Richtlinien, die den Mitgliedstaaten keinen Umsetzungsspielraum belassen, sondern zwingende Vorgaben machen.[49]

▶ **Klausurhinweis:** Die Nichtanwendung des deutschen Grundrechtsschutzes (auch) auf gebundene innerstaatliche Hoheitsakte kann als gefestigte Rechtsprechung betrachtet werden. In der Klausur ist daher die Reichweite der europäischen/deutschen Grundrechte im Einzelfall (mitgliedstaatliches Ermessen? formalgesetzliche Umsetzung?) entscheidend; hierzu **Fall 1.**

Rechtsprechung: BVerfGE 37, 271 ff. – Solange I; BVerfGE 73, 339 ff. – Solange II; BVerfGE 89, 155 ff. – Maastricht; BVerfGE 102, 147 ff. – Bananenmarkt (hierzu *Lecheler*, Zum Bananenmarkt-Beschluss des BVerfG, NJW 2000, 3124 -, JuS 2001, 120 ff.; *Nettesheim*, Die Bananenmarkt-Entscheidung des BVerfG: Europarecht und nationaler Mindestgrundrechtsschutz, Jura 2001, 686 ff.); BVerfGE 113, 273 ff. – Europäischer Haftbefehl; BVerfGE 118, 79 ff. – Treibhausgas-Emissionsberechtigungen.

Weiterführende Literatur: *Badura*, Der räumliche Geltungsbereich der Grundrechte, in: Merten/Papier (Hrsg.), HGrdR II, § 47 Rn. 10 ff.; *Huber*, Das Kooperationsverhältnis zwischen BVerfG und EuGH in Grundrechtsfragen, EuZW 1997, 517 ff.; *Michael/Morlok*, Grundrechte, Rn. 61 ff.; *Kube*, Verfassungsbeschwerde gegen Gemeinschaftsrecht und Vorlagepflicht des BVerwG nach Art. 234 III EGV – BVerfG, NJW 2001, 1267 –, JuS 2001, 858 ff.; *Limbach*, Das Bundesverfassungsgericht und der Grundrechtsschutz in Europa, NJW 2001, 2913 ff.

46 BVerfGE 37, 271 (280 f.) – Solange I.
47 BVerfGE 89, 155 (175) – Maastricht.
48 BVerfGE 102, 147 (Ls.) – Bananenmarktordnung.
49 BVerfGE 118, 79 (Ls.) – Treibhausgas-Emissionsberechtigungen.

B. Grundrechtskonkurrenzen

Ist die anwendbare Verfassung ermittelt, so sind des Weiteren die anwendbaren Grundrechte zu bestimmen. Probleme entstehen hier in Fällen sog. **Grundrechtskonkurrenz**, in denen mehrere Grundrechtsbestimmungen einer Verfassung auf denselben Lebenssachverhalt Anwendung finden.[50]

I. Echte Grundrechtskonkurrenz

Weitgehend unproblematisch ist die sog. **echte Grundrechtskonkurrenz**, bei welcher auf das Verhalten eines Grundrechtsträgers mehrere **gleichrangig nebeneinander stehende Grundrechte** Anwendung finden. Eine solche echte Grundrechtskonkurrenz besteht regelmäßig zwischen Freiheits- und Gleichheitsrechte, da diese unterschiedliche Blickwinkel einnehmen.[51]

Ausnahmsweise wird jedoch eine verdrängende Konkurrenz von Art. 4 Abs. 1, 2 GG und Art. 3 Abs. 3 S. 1 GG (Benachteiligung wegen des Glaubens) diskutiert.[52] In der Tendenz ist diese jedoch abzulehnen, da der Anwendungsbereich des Art. 3 Abs. 3 S. 1 GG dann fraglich wäre.

II. Unechte Grundrechtskonkurrenz

Im Fall der sog. **unechten Grundrechtskonkurrenz** fällt das Verhalten eines Grundrechtsträgers in den Schutzbereich mehrerer **zueinander spezieller Grundrechte** (lex specialis), wobei nur das speziellere Grundrecht anwendbar ist.

▶ **Klausurhinweis:** Die Prüfung beginnt mit dem verdrängenden Grundrecht.

1. Abstrakte Spezialität

Zumeist handelt es sich hierbei um Fälle **abstrakter Spezialität**, in denen der Schutzbereich eines Grundrechts den Schutzbereich eines anderen **einschließt**. Dies ist etwa der Fall im Verhältnis **mehrerer Gleichheitsrechte** zueinander. Hier tritt Art. 3 Abs. 1 GG etwa hinter Abs. 2 S. 1, Abs. 3 derselben Vorschrift bzw. Art. 33 Abs. 1-3 GG zurück. Innerhalb der Freiheitsrechte besteht, soweit der Schutzbereich eines speziellen Grundrechts eröffnet ist, ein solches Spezialitätsverhältnis insbesondere im Hinblick auf **Art. 2 Abs. 1 GG** (sog. normative Spezialität).[53] **Art. 4 Abs. 3 GG** benennt mit dem Recht auf Kriegsdienstverweigerung einen speziellen Fall der Gewissensfreiheit nach

---

50 *Sachs*, Verfassungsrecht II, 2. Aufl. 2003, A 11 Rn. 1.

51 Vgl. aber BVerfGE 64, 229 – Sparkasse, wo Art. 2 Abs. 1 GG Art. 3 Abs. 1 GG aufgrund der „größeren Sachnähe" verdrängt.

52 BVerfGE 108, 282 (299 ff.) – Kopftuch; allg. eine Verdrängung des Art. 3 Abs. 3 GG durch die Freiheitsrechte bejahend BVerfGE 39, 334 (368) – Extremistenbeschluss; krit. hierzu *Ipsen*, StaatsR II, 12. Aufl. 2009, Rn. 853; *Jarass*, in: Jarass/Pieroth (Hrsg.), GG, 10. Aufl. 2009, Art. 3 GG Rn. 116; explizit für eine Parallelanwendung *Sacksofsky*, in: Umbach/Clemens (Hrsg.), GG I, Art. 3 II, III 1 Rn. 330.

53 Vgl. diese Bezeichnung bei *Nolte/Tams*, JuS 2004, 199 (201).

Art. 4 Abs. 1 GG. Art. 10 GG benennt mit dem Fernmeldegeheimnis einen Sonderfall des Rechts auf informationelle Selbstbestimmung (**Art. 2 Abs. 1 i.V.m. Art. 1 Abs. 1 GG**).[54] Hier verdrängt das speziellere das allgemeinere Grundrecht. Im Hinblick auf die **religiöse Vereinigungsfreiheit** wird daher auch Art. 9 Abs. 1 GG nach h.M. durch die Vorschriften über die Religionsfreiheit (Art. 140 GG i.V.m. Art. 137 Abs. 2 S. 1 WRV oder Art. 4 Abs. 1, 2 GG) verdrängt.

Häufig überschneiden sich die Schutzbereiche mehrerer Grundrechte allerdings nur partiell. Hieraus resultiert etwa die Frage, ob **Art. 5 Abs. 1 S. 1 1. Hs. GG** bei einem Zusammentreffen mit **Art. 8 Abs. 1 GG** hinter letzterer Vorschrift zurücktritt (hierzu ***Fall 2***). Nach h.M. wird die **Meinungsäußerung in der Presse** durch die Meinungsfreiheit, nicht die Pressefreiheit geschützt; vgl. hierzu noch ***Fall 5***.[55]

Weiterführende Hinweise: Zum Verhältnis von Art. 5 Abs. 3 GG (Kunstfreiheit) zu Art. 5 Abs. 1 S. 1 1. Alt. GG (Meinungsfreiheit) siehe *Nolte/Tams*, Grundfälle zu Art. 5 I 1 GG (Teil 2), JuS 2004, 202 ff.

Fraglich ist des Weiteren die Anwendbarkeit des Auffanggrundrechts der **Allgemeinen Handlungsfreiheit** (Art. 2 Abs. 1 GG), sofern das in den Blick genommene Handeln **nur in den Regelungsbereich** eines anderen Grundrechts (also den von diesem beschriebenen natürlichen Lebensbereich) fällt. Ein Auseinanderfallen von Schutzbereich und Regelungsbereich setzt die tatbestandsimmanente Beschränkung des Grundrechts voraus. Auf den **sachlichen Schutzbereich** bezogen bestehen Anwendungsfälle der Problematik bei **ausdrücklichen Tatbestandseingrenzungen** (vgl. etwa Art. 8 Abs. 1 GG: *unfriedliche* Versammlungen; Art. 16a Abs. 2, 3 GG: Asylbewerber *aus sicheren Drittstaaten oder sicheren Herkunftsländern*) sowie bei Einschränkungen über die **Schutzrichtung** des Grundrechts in Fällen informalen Staatshandelns. Hier scheidet ein Rückgriff auf Art. 2 Abs. 1 GG nach **h.M.** aus,[56] da andernfalls die Schutzbegrenzung durch das speziellere Grundrecht umgangen würde. Die **entgegenstehende Auffassung**[57] verweist darauf, dass auch hier „rechtfertigungs- und legitimierungsbedürftige Eingriffe in den als zunächst unbegrenzt zu denkenden Freiheitsraum der Individuen vorgenommen werden".[58] Dann stellt sich die **Folgefrage**, wie es in Fällen eines fehlenden – weil insbesondere eng verstandenen – **Eingriffs** steht. Wichtigster Anwendungsbereich ist wohl **Art. 12 Abs. 1 GG**, bei dem ein engerer – finaler oder zumindest objektiv berufsregelnder – Eingriffsbegriff zugrunde gelegt wird.[59] Auch hier die Anwendbarkeit des Art. 2 Abs. 1 GG zu bejahen, entspricht dem Konzept eines lückenlosen Grundrechtsschutzes.[60]

54 BVerfGE 100, 313 (358) – BND-Abhörbefugnisse.
55 BVerfGE 85, 1 – Bayer-Aktionäre.
56 *Kahl*, Schutzergänzungsfunktion, 2000, S. 19 f.; *Starck*, in: Mangoldt/Klein/Starck (Hrsg.), GG I, 5. Aufl. 2005, Art. 2 I GG Rn. 49, 71; *Erichsen*, Jura 1987, 367 (368); *Schwarz*, JZ 2000, 126 (130).
57 In diesem Sinne *Epping*, Grundrechte, 4. Aufl. 2009, Rn. 560; *Di Fabio*, in: Maunz/Dürig (Hrsg.), GG I, 55. Lfg. 2009, Art. 2 Abs. 1 GG (2001), Rn. 26 f.; *Jarass*, in: Jarass/Pieroth (Hrsg.), GG, 10. Aufl. 2009, Art. 2 GG Rn. 2; *Pieroth/Schlink*, Grundrechte, 25. Aufl. 2009, Rn. 341 f.
58 *Dreier*, in: Dreier (Hrsg.), GG I, 2. Aufl. 2004, Art. 2 I GG Rn. 93.
59 Hierzu unter Kap. 2 Abschn. 2, A., S. 68 f.
60 So *Epping*, Grundrechte, 4. Aufl. 2009, Rn. 564; *Murswiek*, in: Sachs (Hrsg.), GG, 5. Aufl. 2009, Art. 2 GG Rn. 137. In diesem Sinne auch die Rechtsprechung: BVerfGE 37, 1 (17 f.) – Weinwirtschaftsabgabe; BVerfGE 95, 267 (302 f.) – Altschulden.

Eine Begrenzung bezogen auf den **persönlichen Schutzbereich** findet sich in Fällen sog. **Deutschengrundrechte** (vgl. Art. 8 Abs. 1 GG, Art. 9 Abs. 1 GG, Art. 11 GG, Art. 12 Abs. 1 GG). Insoweit ist fraglich, ob dem betroffenen Ausländer, der sich nicht auf das speziellere Grundrecht berufen kann, zumindest der Rückgriff auf Art. 2 Abs. 1 GG offen steht.[61] Eine Umgehung der ausdrücklichen Entscheidung des Grundgesetzes, die Deutschengrundrechte nur deutschen Staatsangehörigen zu gewähren, kann hierin aufgrund des verminderten Schutzes des Art. 2 Abs. 1 GG wohl nicht gesehen werden. Die Befürchtung, der Schutz des Ausländers über Art. 2 Abs. 1 GG könnte im Einzelfall stärker als der spezialgesetzliche Grundrechtsschutz sein,[62] wird durch die umfassenden Schranken des Art. 2 Abs. 1 GG widerlegt.

Lehnt man die Anwendung des Art. 2 Abs. 1 GG auf Nicht-Deutsche grundsätzlich ab, so ist dennoch zumindest der von der EMRK gewährte Menschenrechtsschutz über Art. 2 Abs. 1 GG zu schützen. Maßgeblich werden hier insbesondere Art. 11 EMRK und Art. 2 Abs. 3 und 4 des 4. Zusatzprotokolls zur EMRK.

Einen **Sonderfall** stellt die Problematik der Anwendung von Deutschengrundrechte auf EU-Ausländer dar; hierzu Näheres unten Kap. 2 Abschn. 1, A.IV.1, S. 46.

Weiterführende Literatur: *Isensee*, Die staatsrechtliche Stellung der Ausländer in der Bundesrepublik Deutschland, VVDStRL 32 (1974), 77 ff.; *Kahl*, Die Schutzergänzungsfunktion von Art. 2 Abs. 1 Grundgesetz, 2000; *Rüppel*, Der Grundrechtsschutz der Ausländer im deutschen Verfassungsrecht, 1968, S. 54 ff., 198 ff. und passim.

2. Konkrete Spezialität

Darüber hinaus gibt es auch Fälle *konkreter* Spezialität, in denen zwei grundsätzlich in einem Verhältnis idealer Konkurrenz stehende Grundrechte im Einzelfall in ein Spezialitätsverhältnis zueinander treten. Hier ist entscheidend, welches Grundrecht „nach seinem Sinngehalt die stärkere sachliche Beziehung zu dem zu prüfenden Sachverhalt" aufweist.[63] *Jarass* spricht insofern von „situationsbezogene(r) Subsidiarität".[64]

Beispiel

Wird etwa ein Journalist in seiner Berichtserstattung eingeschränkt, geht die Pressefreiheit der Berufsfreiheit vor; wird dem muslimischen Metzger das Schächten verboten, verdrängt die Berufsfreiheit (bzw. mangels deutscher Staatsangehörigkeit des Beschwerdeführers die allgemeine Handlungsfreiheit) die Glaubensfreiheit.[65]

Allerdings sind im Rahmen des Verhältnismäßigkeitsprinzips und der Wesensgehaltsgarantie, die durch den Sachverhalt angesprochenen Werte zu kumulieren (sog.

61 Bejahend BVerfGE 35, 382 (399) – Palästinenserbeschluss; BVerfGE 78, 179 (196 f.) – Heilpraktikergesetz; BVerfG (K), NVwZ 2000, 1281 – Kurdistan-Komitee; *Bauer/Kahl*, JZ 1995, 1077 (1082 f.); *Jarass*, in: Jarass/Pieroth (Hrsg.), GG, 10. Aufl. 2009, Art. 2 GG Rn. 10; *Murswiek*, in: Sachs (Hrsg.), GG, 5. Aufl. 2009, Art. 2 GG Rn. 139 f.; verneinend *Erichsen*, in: Isensee/Kirchhof (Hrsg.), HStR VI, 2001, 1185-1220 (1205 ff.), § 152 Rn. 47 ff.; *Scholz*, AöR 100 (1975), 80 ff., 118 f.; *Starck*, in: Mangoldt/Klein/Starck (Hrsg.), GG I, 5. Aufl. 2005, Art. 1 Abs. 3 GG Rn. 207; Art. 2 Abs. 1 GG Rn. 44 ff.

62 So *Starck*, in: Mangoldt/Klein/Starck (Hrsg.), GG I, 5. Aufl. 2005, Art. 2 Abs. 1 GG Rn. 44.

63 BVerfGE 64, 229 (238 f.) – Sparkasse; BVerfGE 65, 104 (112 f.) – Mutterschaftsgeld; BVerfGE 67, 186 (195) – Arbeitslosenhilfe.

64 *Jarass*, in: Jarass/Pieroth (Hrsg.), GG, 10. Aufl. 2009, Vorb. vor Art. 1 GG Rn. 18.

65 Vgl. BVerfGE 104, 337 (345 f.) – Schächtverbot.

Schutzbereichsverstärkungen).[66] In der Rechtsprechung des BVerfG wird das jeweils primär betroffene Grundrechte „i.Vm." dem sekundär betroffenen Grundrecht zitiert.

Weiterführende Literatur: *Augsberg/Augsberg*; Kombinationsgrundrechte - Die Verkoppelung von Grundrechtstatbeständen als Herausforderung für die Grundrechtsdogmatik, AöR (133) 2007, 539 ff.; *Bleckmann/Wiethoff*, Zur Grundrechtskonkurrenz, DÖV 1991, 722 ff.; *Spielmann*, Konkurrenz von Grundrechtsnormen, 2008; *Stern*, Staatsrecht III/2, S. 1365 ff.; *Heß*, Grundrechtskonkurrenzen – Zugleich ein Beitrag zur Normstruktur der Freiheitsrechte, 2000; *Hofmann*, Grundrechtskonkurrenz oder Schutzbereichsverstärkung? Die Rechtsprechung des Bundesverfassungsgerichts zum „additiven" Grundrechtseingriff, AöR (133) 2008, 523 ff.; *Michael/Morlok*, Grundrechte, Rn. 56 ff.

Lösungen

Fall 1 [Treibhausgasemissionsgesetz – nach BVerfGE 118, 79 ff.]

Die gerügten Maßnahmen fallen nur dann in den Anwendungsbereich des Art. 3 Abs. 1 GG, wenn sie an den Maßstäben der deutschen Grundrechte zu messen sind. Mit der **Maastricht-Entscheidung** hat das BVerfG entschieden, dass auch die **Ausübung von Gemeinschaftsgewalt** auf deutschem Territorium an den Grundrechten des Grundgesetzes zu messen ist.[67] Allerdings bedarf es hierzu des Nachweises, dass der europäische Grundrechtsschutz unter den erforderlichen Grundrechtsstandard **abgesunken** ist. Dies ist vorliegend nicht ersichtlich. Auch die innerstaatliche Umsetzung von zwingenden Vorgaben gemeinschaftsrechtlicher Richtlinien unterfällt nur dem europäischen Grundrechtsschutz. Soweit der deutsche Gesetzgeber die europarechtlichen Richtlinien jedoch **ausfüllt**, ist er an die Grundrechte des Grundgesetzes gebunden.

Vorliegend beruhen die Einführung des Emissionshandelssystems, das grundsätzliche Erfordernis der quantitativen Begrenzung und sukzessiven Minderung der Emissionen sowie die Genehmigungspflichtigkeit der Emissionen auf europäischem Gemeinschaftsrecht und den sie umsetzenden nationalen Bestimmungen des TEHG und des ZuG. Derlei freiheitsverkürzende Maßnahmen, die unmittelbar auf Gemeinschaftsrecht zurückzuführen sind, können für sich genommen nur am **Maßstab der Gemeinschaftsgrundrechte** gemessen werden.

Hingegen ist die Anerkennung frühzeitiger Emissionsminderungen (entsprechend § 12 ZuG 2009) ausdrücklich in das Gestaltungsermessen der Mitgliedstaaten gestellt. Nach Ziff. 7 des Anhangs III der RL 2003/87/EG kann der nationale Zuteilungsplan, der Grundlage des jeweiligen Zuteilungsgesetzes ist, Vorleistungen berücksichtigen. [Diese Option geht vor allem auf Bemühungen Deutschlands zurück, das sicherstellen wollte, dass die erheblichen Vorleistungen bei der Sanierung der Industrie und Energiewirt-

66 BVerfGE 104, 337 (346) – Schächtverbot; *Bleckmann/Wiethoff*, DÖV 1991, 722 (729).
67 Vgl. aber BVerfGE 118, 79 (95) – Treibhausgasemissionsberechtigungen.

schaft in den neuen Ländern jedenfalls teilweise bei der Zuteilung berücksichtigt werden können.][68]

Die Regelung des § 12 ZuG fällt daher in den Anwendungsbereich des Art. 3 Abs. 1 GG.

Weiterführende Rechtsprechung: BVerfGE 118, 79 ff. – Treibhausgasemissionsberechtigungen; BVerwGE 124, 47 ff. (hierzu *Maslaton/Hauk*, Einführung des Teribhausgasemissionshandels zur CO_2-Reduzierung rechtmäßig, NVwZ 2005, 1150 ff.).

Weiterführende Literatur: *Dorf*, Der Emissionshandel: Eine grundrechtsdogmatische Analyse, DÖV 2005, 950 ff.; *Frenz*, Freiwillige Unternehmensleistung und spätere Inpflichtnahme – Gemeinschaftsrechtliche Grenzen eines Emissionshandels und nationale Umsetzungsspielräume –, VerwArch (94) 2003, 345 (354 ff.); *Rengeling*, Handel mit Treibhausgasemissionen, DVBl. 2000, 1725 (1731 f.).

Fall 2 [Theater T-GmbH]

Hier stellt sich die Frage der Anwendbarkeit von Art. 5 Abs. 1 S. 1, 1. Hs. GG. Diese wäre gegeben, wenn die Vorschrift nicht subsidiär hinter Art. 8 Abs. 1 GG zurücktritt. Zu entscheiden ist hiermit die klassische Streitfrage nach dem Verhältnis von Art. 5 Abs. 1 S. 1, 1. Hs. GG zu Art. 8 Abs. 1 GG. Nach **einer Mindermeinung** gewinnt Art. 8 Abs. 1 GG als spezielleres Grundrecht Vorrang vor Art. 5 Abs. 1 S. 1, 1. Hs. GG. In der dargestellten Fallkonstellation käme es daher zu einer Verdrängung des Art. 5 Abs. 1 S. 1, 1. Hs. GG. **Dagegen** spricht, dass diese Auffassung durch die Einstufung des Art. 8 GG als kollektive Variante von Art. 5 Abs. 1 S. 1, 1. Hs. GG die Meinungsfreiheit tendenziell entwertet. Nach einer **weiteren Mindermeinung** sind Art. 8 Abs. 1 GG i.V.m. Art. 5 Abs. 1 S. 1, 1. Hs. GG als „Kombinationsgrundrecht" zu verstehen. Danach ist Art. 5 Abs. 1 S. 1, 1. Hs. GG nicht mehr separat zu prüfen, wenn der Eingriff im Schwerpunkt nicht „meinungsspezifisch", sondern „versammlungsspezifisch" ist. Beide Grundrechte sind auf Schutzbereichsebene zu einem Kombinationsgrundrecht zusammenzuziehen. Die Prüfung des Eingriffs und der Rechtfertigung richtet sich aber allein nach Art. 8 GG, da hier der Schwerpunkt liegt. In der dargestellten Fallkonstellation ist der Eingriff „versammlungsspezifischer" Natur, sodass Art. 5 Abs. 1 S. 1, 1. Hs. GG nicht mehr separat zu prüfen wäre. **Dagegen** spricht, dass diese Auffassung – wie alle Schwerpunkttheorien – zu Abgrenzungsschwierigkeiten und zur Gefahr einer Entwertung entweder von Art. 5 Abs. 1 S. 1, 1. Hs. GG oder von Art. 8 Abs. 1 GG führt. Nach **h.M.** besteht dagegen zwischen den beiden Grundrechten sog. Idealkonkurrenz.[69] Dies bedeutet, dass Art. 5 Abs. 1 S. 1, 1. Hs. GG grundsätzlich selbstständig neben Art. 8 Abs. 1 GG zur Anwendung kommt. Für diese Auffassung sprechen die folgenden Argumente: Versammlungsspezifische Tätigkeiten des Art. 8 GG sind zwar praktisch häufig, aber nicht zwingend auf den Zweck der Meinungsbildung und -kundgabe gerichtet. Zusätz-

68 BVerfGE 118, 79 (98) – Treibhausgasemissionsberechtigungen.
69 BVerfGE 90, 241 (246, 250 f.) – Auschwitzlüge; BVerfG (K), NJW 2001, 2069 (2070); BVerfG f(K), NJW 2001, 2072 (2073 f.); aus der Literatur: *Gusy*, in: Mangoldt/Klein/Starck (Hrsg.), GG I, 5. Aufl. 2005, Art. 8 GG Rn. 87; *Jarass*, in: Jarass/Pieroth (Hrsg.), GG, 10. Aufl. 2009, Art. 8 GG Rn. 2; *Murswiek*, in: Sachs (Hrsg.), GG, 5. Aufl. 2009, Art. 8 GG Rn. 73; *Schulze-Fielitz*, in: Dreier (Hrsg.), GG I, 2. Aufl. 2004, Art. 8 GG Rn. 125.

lich umfasst Art. 8 Abs. 1 GG auch die bloße Anwesenheit, die Art des Auftretens und des Umgangs miteinander oder die Wahl des Ortes und somit die Umstände, in denen für sich genommen bereits eine Standpunktbezeugung liegen kann. Während Art. 5 Abs. 1 S. 1, 1. Hs. GG primär den Inhalt der öffentlich geäußerten Meinung gegen staatliche Eingriffe schützt, gewährleistet Art. 8 Abs. 1 GG vor allem die Form bzw. die Art und Weise der Meinungsäußerung in physischer Präsenz gemeinsam mit anderen. Da vorliegend aufgrund der dargelegten Argumente der h.M. zu folgen ist, kommt Art. 5 Abs. 1 S. 1, 1. Hs. GG neben Art. 8 Abs. 1 GG zur Anwendung.

A ist in ihrer Einschätzung zuzustimmen.

Fallbeispiel: *Kahl*, (Original-)Referendarexamensklausur – Öffentliches Recht: Versammlungsrecht, JuS 2004, 894 ff.

Weiterführende Rechtsprechung: BVerfGE 90, 241 ff. – „Auschwitz-Lüge".

Kapitel 2

Freiheitsrechte

Prüfungsschema: Verletzung eines Freiheitsgrundrechts

A. Eröffnung des Schutzbereichs

I. Persönlicher Schutzbereich
II. Sachlicher Schutzbereich

B. Eingriff

C. Verfassungsrechtliche Rechtfertigung

I. Einschränkbarkeit des Grundrechts, d.h. Schrankenvorbehalt oder kollidierendes Verfassungsrecht

II. Verfassungsgemäße Konkretisierung durch Gesetz
1. Verfassungsmäßigkeit bzw. Rechtmäßigkeit des Gesetzes
2. (bei Schrankenvorbehalt) Vereinbarkeit des Gesetzes mit Vorgaben des Grundrechts
3. Spezielle Schranken-Schranken
4. Allgemeinheitsgrundsatz (Art. 19 Abs. 1 S. 1 GG)
5. Zitiergebot (Art. 19 Abs. 1 S. 2 GG)
6. Wesensgehaltsgarantie (Art. 19 Abs. 2 GG)
7. Verhältnismäßigkeit des Gesetzes

III. (bei Eingriff aufgrund eines Gesetzes)
1. Vereinbarkeit der Maßnahme mit gesetzlichen Vorgaben
2. Verhältnismäßigkeit der Einzelmaßnahme

Abschnitt 1

Schutzbereich

Fälle

Fall 3

Forschung auf dem Gentechnik-Feld

– Wissenschaftsfreiheit; persönlicher Schutzbereich einer Körperschaft des öffentlichen Rechts –

Prof. X ist seit kurzem Lehrstuhlinhaber an der Fakultät für Biologie der Universität Tübingen (U). Er beschäftigt sich mit der Erforschung und Entwicklung gentechnisch veränderter Lebensmittel. Gegenwärtig untersucht er eine gentechnisch veränderte Weizensorte, die einen besonders hohen Folsäuregehalt aufweisen soll. Nachdem er die erforderlichen Laboruntersuchungen durchgeführt hat, plant er, die Erprobung der Weizenpflanzen im Rahmen einer ersten Freisetzung fortzuführen. Zu diesem Zweck begehrt U die für solche Freilandversuche gem. § 14 Abs. 1 S. 1 Nr. 1 GenTG erforderliche Freisetzungsgenehmigung für die Versuchsperiode März bis September auf dem zwei Hektar großen Versuchsgrundstück G. Diese Genehmigung wird der U mit dem Hinweis auf die weitgehende Unerfahrenheit des X mit derartigen Freilandversuchen verweigert; es fehle ihm daher an der gemäß § 11 Abs. 1 Nr. 2 i.V.m. § 16 Abs. 1 Nr. 1 GenTG erforderlichen Sachkunde. X selbst ist der Auffassung, dass die Behörde die Sachkunde-Anforderungen unverhältnismäßig hoch ansetze.

Kann sich U auf ihre Wissenschaftsfreiheit berufen?

Fall 4

„Sprayer von Zürich"

– Kunstfreiheit; verfassungsimmanente Reduktion des sachlichen Schutzbereichs –

Der Schweizer Harald N. hat sich in der Vergangenheit als „Sprayer von Zürich" einen ‚Namen gemacht'. Dort hat er seine charakteristischen Strichfiguren auf Hauswänden und Betonmauern im Stadtzentrum angebracht. Nachdem die Schweizer Behörden versuchen, diesem Treiben ein Ende zu machen, siedelt Harald N. nach Düsseldorf in die künstlerische Gemeinschaft zu Joseph Beuys um. Seine Strichfiguren zieren nun zunehmend die Hauswände dieser Stadt. Die deutschen Behörden strengen daher ein Strafverfahren wegen Sachbeschädigung nach § 303 StGB gegen Harald N. an. Dieser wird zu einer Geldstrafe verurteilt. Harald N. glaubt sich hierdurch in seiner Kunstfreiheit verletzt.

Ist der Schutzbereich eröffnet?

Fall 5

Werbeverbot für Energieversorgungsunternehmen

– Meinungsfreiheit; Werbung; gemischtwirtschaftliches Unternehmen –

Der Deutsche Bundestag beschließt ein Gesetz zur Ablösung des Energiewirtschaftsgesetzes. Ziel des Gesetzes ist es vor allem, einen Beitrag zum Klimaschutz und zur Ressourcenschonung zu leisten. Daher untersagt das Gesetz u.a. Energieunternehmen jede im Zusammenhang mit ihrer Versorgungstätigkeit stehende Form der Werbung, insbesondere auch in Presse und Rundfunk. Nach Inkrafttreten des Gesetzes rügt die gemischtwirtschaftliche K-AG, deren Gesellschaftsanteile zu jeweils 34 % die kreisfreie Stadt S und der Landkreis K halten, an der des Weiteren aber noch mehr als 8000 private Anteilseigner beteiligt sind, die Verletzung ihres Grundrechte auf Meinungsfreiheit aus Art. 5 Abs. 1 S. 1 1. Hs. GG.

Ist der Schutzbereich eröffnet?

Fall 6

Osho-Bewegung – nach BVerfGE 105, 279 ff.

– Religionsfreiheit; privater Verein; staatliche Warnung; neue Grundrechtsdogmatik –

Die sog. „Osho"-Bewegung ist seit den sechziger Jahren in der Bundesrepublik Deutschland bekannt und bereits damals wegen ihrer nach eigenem Verständnis überwiegend religiös oder weltanschaulich geprägten Zielsetzungen, ihrer inneren Struktur und ihren Praktiken im Umgang mit Mitgliedern und Anhängern Gegenstand kritischer öffentlicher Auseinandersetzung. Vorgeworfen wird ihr vor allem, dass sie ihre Mitglieder von der Außenwelt abschotte, den eigenen Familien entfremde, psychisch manipuliere und finanziell ausbeute. Dies könne vor allem bei Jugendlichen zu schweren seelischen Schädigungen führen. Das Phänomen dieser und ähnlicher Gruppierungen beschäftigt daher seit längerem Bund und Länder. 1996 wird in diesem Zusammenhang durch den Bundestag die Einsetzung einer Enquete-Kommission „So genannte Sekten und Psychogruppen" beschlossen. Die hierin gewonnenen Ergebnisse werden nach Abschluss der Kommissionsarbeit innerhalb einer Pressekonferenz der Öffentlichkeit zur Verfügung gestellt. Hierin wird neben anderen die Osho-Bewegung zu den „neueren Religions- und Weltanschauungsgemeinschaften" gezählt, welche die Bundesregierung als „so genannte" „Jugendsekten" oder „pseudoreligiöse" bzw. „destruktive" „Psycho-Gruppen" bezeichnet. Von der Möglichkeit schädlicher Einflussnahme, welche von solchen Sekten ausgehen könne, wird in der Konferenz ausdrücklich gewarnt. Zudem wird ausgeführt, dass die Mitglieder dieser Gruppierungen unter Ausschluss der Öffentlichkeit in ihrem Verhalten manipuliert würden.

Hierdurch fühlt sich eine als eingetragener Verein organisierte Meditationsgruppe der „Osho"-Bewegung in ihren Grundrechten beeinträchtigt. Es handelt sich nach dem

Selbstverständnis der Gruppe um einen Religions- und Meditationsverein, der sich durch das Abhalten von Meditationen sowie durch öffentliche Vorträge, das Begehen religiöser Feiern, den Verkauf von Büchern, Tonbändern und Video-Mitschnitten mit der Verbreitung der Lehren Oshos befasst. Die Bezeichnungen „Jugendsekte" und „Psychogruppe" wertet sie als diskriminierend. Die angemahnten Äußerungen seien geeignet, das Bild der Gruppe in der Öffentlichkeit negativ zu beeinflussen und dadurch auch das Interesse und die Offenheit der Bürger, auf welche die Gruppierung bei Verbreitung ihrer Glaubensinhalte angewiesen sei, zu verringern.

Fällt die Warnung der Bundesregierung in den Schutzbereich der Glaubensfreiheit der Meditationsgruppe „Osho e.V."?

Der **Schutzbereich** eines Grundrechts muss in persönlicher und sachlicher Hinsicht für den konkreten Fall einschlägig sein und wird daher auch innerhalb der Prüfung in eine persönliche und eine sachliche Komponente aufgespalten. Der sog. *persönliche Schutzbereich* (im Folgenden unter A.) umfasst die Frage nach der Grundrechtsträgerschaft bzw. Grundrechtsfähigkeit desjenigen, der ein Grundrecht geltend macht (Wer wird geschützt?). Der sog. *sachliche Schutzbereich* (im Folgenden unter B.) kennzeichnet den Bereich der Lebenssachverhalte, die von einem Grundrecht geschützt werden (Was wird geschützt?).

A. Persönlicher Schutzbereich

I. Vorbemerkung: Die Abgrenzung von Grundrechtsberechtigung und Grundrechtsverpflichtetheit

Als **Verhältnisordnung** von Staat und Gesellschaft unterscheiden die Grundrechte die freiheitliche und die gemeinwohlgebundene Seite des Gemeinwesens, in der Sprache der Grundrechtsdogmatik: die **Grundrechtsberechtigung** und die **Grundrechtsverpflichtetheit**. Beide sind im Einzelfall überschneidungsfrei voneinander abgrenzbar.

> **Beispiel:** Ist die Universität Teil des grundrechtsverpflichteten Staates oder ist sie Hort der gesellschaftlichen Wissenschaftsfreiheit? Sind Parteien Orte der gesellschaftlichen Politisierung oder bereits Bestandteil eines ‚Parteienstaates'?

Entscheidend für die Bestimmung der Grundrechtsfähigkeit – wie spiegelbildlich der Grundrechtsverpflichtetheit – erscheint die Ausfüllung der staatstheoretischen wie grundrechtsdogmatischen „Schleusenbegriffe" Staat und Gesellschaft. Der Wortlaut des Art. 1 Abs. 3 GG deutet auf eine **organisatorisch-formale** Bestimmung des Grundrechtsverhältnisses hin: Grundrechtsverpflichtet wären dementsprechend alle natürlichen oder juristischen Personen, die dem Staat organisatorisch-formal zuzurechnen sind. Grundrechtsberechtigt wären hingegen solche Personen, die in den Staat nicht in der beschriebenen Form eingebunden sind. Ein solches Verständnis, welches auf der (überholten) Annahme der überschneidungslosen Trennbarkeit von Staat und Gesellschaft beruht, konnte in der Vergangenheit der differenzierten Wirklichkeit nicht gerecht werden, welche durch zahlreiche Verflechtungen und Verschiebungen zwischen Staat und Gesellschaft geprägt ist.

Vorzugswürdig erscheint daher eine **funktionale Abgrenzung** der Bereiche Staat und Gesellschaft, wobei auf die Zuordnung zum Staat oder zur Gesellschaft „als solcher" abgestellt wird.[70] Zu prüfen bleibt, ob der vermeintliche Grundrechtsträger als **Privater**, der vermeintliche Grundrechtsadressat als **Hoheitsträger** tätig geworden ist. In Zweifelsfällen stellt sich daher die Frage, ob man die ‚Klaviatur' der Freiheit oder der Gemeinwohlgebundenheit gespielt sehen möchte.

Beispiel Verdeutlichen kann diese Differenzierung das Beispiel des Mandatsträgers, der in Ausübung seines Mandats grundrechtsgebunden, außerhalb dessen in seinem privaten Bereich jedoch grundrechtsberechtigt ist (hierzu Geis, Zum Recht des Gemeinderatsmitglieds auf freie Meinungsäußerung in der Gemeinderatssitzung, BayVBl. 1992, 41 *ff.).*

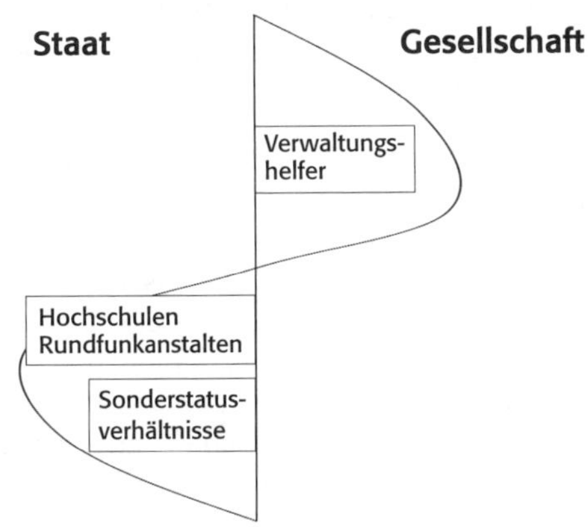

Die Grundrechtsberechtigung einer Person steht daher unter dem Vorbehalt ihrer (funktionalen) Zugehörigkeit zur Gesellschaft, mithin: ihrer Stellung als **Privater.** Ausnahmsweise können Private nämlich in den Bereich des Staates integriert sein und hierdurch ihre Grundrechtsberechtigung verlieren. Exemplarisch seien **Beliehene** genannt, also natürliche oder juristische Personen (des Privatrechts), die kraft staatlichen Hoheitsakts (durch Gesetz oder aufgrund eines Gesetzes) einzelne hoheitliche Aufgaben im eigenen Namen wahrnehmen.

Beispiel: TÜV, Deutsche FlugsicherungsGmbH.[71]

Da sie nicht in gesellschaftlicher Freiheitsbetätigung, sondern in staatlicher Gemeinwohlverantwortung (sozusagen als staatliche Werkzeuge) tätig sind, ist ihnen die Grundrechtsfähigkeit abzusprechen. – Nicht ausreichend zur Aberkennung der Grundrechtsfähigkeit erscheint es hingegen, dass juristische Personen des Privatrechts (in privater Hand) öffentliche Aufgaben erfüllen.[72]

70 In diesem Sinne *Graf Vitzthum*, in: Merten/Papier (Hrsg.), HdGR II, 2006, 1079-1127 (1088 f.), § 48 Rn. 19 ff.
71 VG Frankfurt, NVwZ 1995, 410 (410).
72 *Schoch*, Jura 2001, 201 (206); so aber BVerfG (K), NJW 1987, 2502.

Herausforderungen erfährt diese Konzeption in jüngerer Zeit durch die zunehmende Ununterscheidbarkeit von Staat und Gesellschaft.

Weiterführende Literatur: *Graf Vitzthum*, Der funktionale Anwendungsbereich der Grundrechte, in: Merten/Papier (Hrsg.), HGrdR II, § 48.

II. Die Differenzierung von Grundrechtsfähigkeit und (konkreter) Grundrechtsträgerschaft

Die Eröffnung des persönlichen Schutzbereichs setzt gedanklich zum einen die **Grundrechtsfähigkeit** (mithin die Fähigkeit, generell Träger von Grundrechten zu sein), zum anderen die **Grundrechtsträgerschaft** (mithin die Fähigkeit, Träger eines konkreten Grundrechts zu sein) voraus. Dies entspricht nach richtiger Auffassung der verfassungsprozessualen Differenzierung zwischen Beschwerdefähigkeit (= Grundrechtsfähigkeit) und Beschwerdebefugnis (= Möglichkeit der Geltendmachung eines konkreten Grundrechts; setzt Grundrechtsträgerschaft voraus).

Da die **Grundrechtsfähigkeit** der allgemeinen Rechtsfähigkeit (vgl. § 1 BGB) entspricht, kommt diese **jeder natürlichen Person** zu. Beschränkungen gibt es nicht, allenfalls **Erweiterungen** über Lebensbeginn und -ende hinaus bzw. gemäß Art. 19 Abs. 3 GG auf juristische Personen (unter III.). Der individualistischen Struktur der Grundrechte entspricht die natürliche Person als „idealtypische(r) und eigentliche(r)" Grundrechtsträger.[73] Die Erweiterung des Grundrechtschutzes auf juristische Personen i.S.d. Art. 19 Abs. 3 GG bedarf daher der Rechtfertigung aus den grundrechtlichen Interessen der natürlichen Personen. Die **Grundrechtsträgerschaft** entspricht in ihrer Reichweite grundsätzlich der Grundrechtsfähigkeit, sie kann jedoch im Einzelfall **eingeschränkt** sein (unter IV.). Dies gilt insbesondere für sog. Bürgerrechte, auf die sich nur Deutsche berufen können.

▶ **Klausurhinweis:** Im Rahmen der Verfassungsbeschwerde ist die Grundrechtsberechtigung bei der **Beschwerdefähigkeit** (natürliche oder juristische Person = „jedermann" i.S.d. Art. 93 Abs. 1 Nr. 4a GG, § 90 GG) und der **Beschwerdebefugnis** (sonstige Qualifikationsmerkmale zur Bejahung der Grundrechtsträgerschaft: bspw. deutsche Staatsangehörigkeit, wesensmäßige Anwendbarkeit i. S. d. Art. 19 Abs. 3 GG) zu erörtern. Die Beschwerdefähigkeit ist eine von dem konkreten Verfassungsbeschwerdeverfahren abgelöste, abstrakte Voraussetzung. Sie ist schon dann erfüllt, wenn der Beschwerdeführer überhaupt grundrechtsfähig ist (!).[74]

Um die Prüfung nicht zu „kopflastig" zu machen, kann hier gegebenenfalls darauf verwiesen werden, dass jedenfalls die Möglichkeit der Verletzung in einem von mehreren geltend gemachten Grundrechten besteht.

Beispiel

Ein EG-Ausländer beruft sich auf seine Meinungsfreiheit und auf seine Versammlungsfreiheit, da ihm untersagt wird, gegen die Neuregelung des Zuwanderungsgesetzes zu demonstrieren. Hier erscheint es jedenfalls möglich, dass er in seinem Recht auf freie Meinungsäußerung verletzt ist. Die Frage der Anwendbarkeit des Art. 8 Abs. 1 GG ist dann erst in der Begründetheitsprüfung zu diskutieren.

---

73 *Huber*, in: Merten/Papier (Hrsg.), HdGR II, 2006, 1129-1162 (1131), § 49 Rn. 4.

74 *Sachs*, VerfassungsprozessR, 2. Aufl. 2007, Rn. 447. Vgl. noch Fn. 450.

III. Erweiterungen der Grundrechtsfähigkeit

1. Grundrechtsfähigkeit vor der Geburt und nach dem Tod

Grundsätzlich kommt Grundrechtsfähigkeit nur der **lebenden natürlichen Person** zu. Dies ergibt sich zumeist bereits aus der Struktur der Grundrechte, die eine reale Ausübungsberechtigung beinhalten (*z.B. die Meinungsfreiheit, die Versammlungsfreiheit, die Berufsfreiheit*), welche nur eine lebende Person nutzen kann. Der Grundrechtsschutz beginnt also mit der **Geburt** und endet mit dem **Tod**, welcher als irreversible Ausschaltung aller Gehirnfunktionen begriffen wird (vgl. auch § 3 Abs. 2 Nr. 2 TPG).[75]

Eine Ausnahme stellt die **Menschenwürde** gemäß Art. 1 Abs. 1 GG dar, die auch dem ungeborenen Leben (*P!* Stammzellenforschung) sowie dem bereits Verstorbenen (*P!* Organentnahmen bei Leichen) zumindest in eingeschränktem Maße zugesprochen wird. Relevant wird dies auch hinsichtlich des verfassungsrechtlichen Schutzes der Ehre und des Ansehens **Verstorbener**. Allerdings versagt das BVerfG in seiner „Mephisto"-Entscheidung dem Einzelnen nach seinem Tod den Schutz des allgemeinen Persönlichkeitsrechts gemäß Art. 2 Abs. 1 GG i.V.m. Art. 1 Abs. 1 GG. Es führt hierzu aus:

> „Das Grundrecht aus Art. 2 Abs. 1 GG setzt die Existenz einer wenigstens potentiell oder zukünftig handlungsfähigen Person als unabdingbar voraus. ... Die Versagung eines Persönlichkeitsschutzes nach dem Tode stellt keinen Eingriff dar, der die in Art. 2 Abs. 1 gewährleistete Handlungs- und Entscheidungsfreiheit [zu Lebzeiten; Anm. der Verf.] beeinträchtigt."[76]

Nahe liegender erscheint es daher auch mit *P. M. Huber* nicht die Würde der Toten, sondern die Beeinträchtigungen der Hinterbliebenen zum Ausgangspunkt zu nehmen. An die Stelle eines abnehmenden Grundrechtsschutzes des Toten tritt dann der schwindende persönliche Bezug zu dem Verstorbenen.[77] Schwierigkeiten wirft hier allerdings die Frage des in Anspruch zu nehmenden Grundrechts auf. In Betracht kämen Persönlichkeitsrechte, (psychische) Gesundheit, Religionsfreiheit der Hinterbliebenen oder der verfassungsrechtlich garantierte Schutz von Ehe und Familie.

Darüber hinaus ist fraglich, inwieweit dem ungeborenen Leben **Lebensschutz** gemäß Art. 2 Abs. 2 S. 1 GG zukommt. Diese Frage stellt sich insbesondere im Zusammenhang mit der Strafbarkeit von Abtreibungen und der gentechnischen Veränderung oder Nutzung von Embryonen. Als Beginn des Lebensschutzes wird zumeist die Befruchtung des Eies durch die Samenzelle[78] – problematisch ist allerdings die Rechtsstellung des „in vitro" gezeugten Embryonen – oder die Nidation des befruchteten Eies in der Gebärmutter[79] genannt. Ungeklärt bleibt dann aber weiterhin, ob der Nasciturus selbst Grundrechtsträger ist oder ob er mangels Grundrechtsfähigkeit „nur" von der staatlichen Schutzpflicht erfasst wird.[80] Im Ergebnis ist dieser Streit jedoch vornehmlich theo-

75 Vgl. nur *Jarass*, in: Jarass/Pieroth (Hrsg.), GG, 10. Aufl. 2009, Art. 1 GG Rn. 10.
76 BVerfGE 30, 173 (194) – Mephisto.
77 *Huber*, in: Merten/Papier (Hrsg.), HdGR II, 2006, 1129-1162 (1142), § 49 Rn. 24.
78 Statt vieler *Höfling*, Reprogenetik und Verfassungsrecht, 2001, 20 ff.
79 So BVerfGE 88, 203 (251) – Schwangerschaftsabbruch II.
80 BVerfGE 39, 1 (41 f.) – Schwangerschaftsabbruch I. Vgl. hierzu *Huber*, in: Merten/Papier (Hrsg.), HdGR II, 2006, 1129-1162 (1135 f.), § 49 Rn. 11: Grundrechtsträgerschaft ab Nidation.

retischer Natur, da auch bei Vorliegen der zweiten Alternative der Staat verpflichtet ist, „sich schützend und fördernd vor das (sich entwickelnde) Leben zu stellen."[81]

Fallbeispiel: *v. Münch*, Der praktische Fall – Öffentliches Recht: Das Baby von Erlangen, JuS 1997, 248 ff.

Weiterführende Rechtsprechung und Literatur: Zum pränatalen Lebens- und Würdeschutz *Dreier,* Menschenwürdegarantie und Schwangerschaftsabbruch, DÖV 1995, 1036 ff.; *Enders*, Würde- und Lebensschutz im Konfliktfeld von Biotechnologie und Fortpflanzungsmedizin, Jura 2003, 666 ff.; *Fink*, Der Schutz des menschlichen Lebens im Grundgesetz – zugleich ein Beitrag des Lebensrechts zur Menschenwürdegarantie, Jura 2000, 210 ff.; *Harks*, Der Schutz der Menschenwürde bei der Entnahme fötalen Gewebes, NJW 2002, 716 ff.; *Hilgendorf*, Scheinargumente in der Abtreibungsdiskussion – am Beispiel des Erlanger Schwangerschaftsfalls, NJW 1996, 758 ff.; *Weiß*, Mensch – ein „hochgradiger unbestimmter Ausdruck?", NJW 1996, 3064 ff.; im Speziellen zur Stellung des „in vitro" erzeugten Embryonen *Ipsen,* Der „verfassungsrechtliche Status" des Embryos in vitro, JZ 2001, 989 ff. Zum **postmortalen** Persönlichkeits- und Würdeschutz **aus der Rechtsprechung** BVerfGE 30, 173 ff. – Mephisto (hierzu Hager, Jura 2000, 186 ff.); **aus der Literatur** *Seewald*, Ein Organtransplantationsgesetz im pluralistischen Verfassungsstaat, VerwArch (88) 1997, 199 ff.

2. Grundrechtsfähigkeit juristischer Personen

Art. 19 Abs. 3 GG erweitert den Grundrechtsschutz über die natürlichen Personen hinaus auf „inländische juristische Personen, soweit sie [die Grundrechte] ihrem Wesen nach auf diese anwendbar sind".[82] Anerkannt wird hiermit eine **eigene Grundrechtssubjektivität** der juristischen Person, nicht lediglich deren Treuhänderschaft für ihre Mitglieder.[83] Sie kann daher den Grundrechtsschutz im eigenen Namen geltend machen. Dennoch dient sie materiell dem Schutz der Grundrechte ihrer Mitglieder.

Eines **Rückgriffs** auf diese Vorschrift bedarf es allerdings nur, soweit sich der kollektive Schutz nicht bereits **aus anderen Gründen** ergibt.[84] So wird etwa im Hinblick auf Religionsgemeinschaften die Auffassung vertreten, dass es aufgrund der Regelung des **Art. 140 GG i.V.m. Art. 137 Abs. 3 WRV** zur Geltendmachung des Grundrechts aus Art. 4 Abs. 1, 2 GG nicht des Rückgriffs auf Art. 19 Abs. 3 GG bedürfe, da der Grundrechtsschutz den Religionsgemeinschaften hierdurch unmittelbar zugeteilt werde.[85] Ähnliches ließe sich für Vereinigungen und Koalitionen im Sinne des **Art. 9 Abs. 1, 3 GG,**[86] für Rundfunkanstalten im Sinne des **Art. 5 Abs. 1 S. 2 GG** und Universitäten im Sinne des **Art. 5 Abs. 3 GG** vertreten. Nach Auffassung der Rechtsprechung erfassen die genannten Grundrechte grundsätzlich auch die Gründung, Existenz und Betätigung der zu ihrer Verwirklichung errichteten juristischen Personen. Diese These von den

81 BVerfGE 39, 1 (1. Ls.) – Schwangerschaftsabbruch I.
82 Umfassend zur Entstehungsgeschichte der Norm *Dreier*, in: Dreier (Hrsg.), GG I, 2. Aufl. 2004, Art. 19 III GG Rn. 1 ff.
83 *Dreier*, in: Dreier (Hrsg.), GG I, 2. Aufl. 2004, Art. 19 III GG Rn. 28; *Huber*, in: Mangoldt/Klein/Starck (Hrsg.), GG I, 5. Aufl. 2005, Art. 19 Abs. 3 GG Rn. 235; *Schoch*, Jura 2001, 201 (202).
84 In diesem Sinne *Bleckmann*, StaatsR II, 4. Aufl. 1997, § 9 Rn. 62 f.
85 *Morlok*, in: Dreier (Hrsg.), GG I, 2. Aufl. 2004, Art. 4 GG Rn. 100; *Listl*, Handbuch StKirchR I, 461.
86 So BVerfGE 92, 365 (393 f.) – § 116 AFG; *Rüfner*, in: Isensee/Kirchhof (Hrsg.), HStR V, 2000, 485-524 (500 f.), § 116 Rn. 30.

„Doppelgrundrechten" wird von Seiten der Literatur kritisch gewürdigt.[87] Man befürchtet eine Umgehung der (strengeren) Voraussetzungen des Art. 19 Abs. 3 GG und spricht daher den genannten Grundrechten nur den Schutz der kollektiven Grundrechtsausübung der Einzelnen, nicht des (dann grundrechtsfähigen) Kollektivs zu. Jedenfalls wäre die Anwendung dieser Doppelgrundrechte unter dem Gedanken der Einheit der Verfassung auf *inländische* juristische Personen zu beschränken.[88]

Im Speziellen im Hinblick auf die Vereinigungsfreiheit ist eine solche Interpretation mit Zurückhaltung zu betrachten. Jedenfalls ist von Art. 9 Abs. 1 GG nicht *jede* Vereinstätigkeit nach außen geschützt,[89] sondern allenfalls ein Kernbereich der Vereinstätigkeit (etwa Namensführung).[90] Das „vereinszweckrealisierende Außenwirken"[91] unterfällt hingegen ausschließlich dem Schutz der speziellen Vorschriften (etwa Art. 8 Abs. 1 GG).[92] Art. 19 Abs. 3 GG i.V.m. dem entsprechenden Grundrecht sind insoweit als speziellere Vorschriften zu begreifen.[93]

Hinsichtlich der **Prozessgrundrechte** des Art. 101 Abs. 1 S. 2 und Art. 103 Abs. 1 GG wird hingegen die Anwendbarkeit auf **jedermann**, d.h. auch auf *ausländische* juristische Personen und juristische Personen des *öffentlichen* Rechts, bejaht.[94] Der Grund hierfür liegt in der Sicherstellung prozeduraler Gerechtigkeit und Waffengleichheit. Darüber hinaus wird ein **allgemeines Willkürverbot** angenommen, das sich in den Fällen der Unanwendbarkeit der Grundrechte aus dem Rechtsstaatsprinzip bzw. dem Grundgedanken des Gleichheitsgebots herleiten lässt.[95] Den ausländischen juristischen Personen wird teilweise zudem die Berufung auf Art. 19 Abs. 4 GG ermöglicht.[96]

In allen übrigen Fällen gewährt Art. 19 Abs. 3 GG Grundrechtsschutz, wenn es sich um eine
- **inländische**
- **juristische Person handelt,**
- **auf welche das in Rede stehende Grundrecht seinem Wesen nach anwendbar ist.**

---

87 Vgl. etwa *Huber*, in: Mangoldt/Klein/Starck (Hrsg.), GG I, 5. Aufl. 2005, Art. 19 Abs. 3 GG Rn. 237; *v. Mutius*, Jura 1983, 30 (33).

88 *Huber*, in: Mangoldt/Klein/Starck (Hrsg.), GG I, 5. Aufl. 2005, Art. 19 Abs. 3 GG Rn. 298. Vgl. BVerfG (K), NVwZ 2008, 670.

89 *Murswiek*, JuS 1992, 116, (117); *Nolte/Planker*, Jura 1993, 635 (635 ff.); so aber *v. Mutius*, Jura 1984, 193 (196); *Stein/Frank*, StaatsR, 20. Aufl. 2007, S. 334: externe Vereinsbetätigungsfreiheit.

90 BVerfGE 84, 372 (378) – Lohnsteuerhilfeverein.

91 *Höfling*, in: Sachs (Hrsg.), GG, 5. Aufl. 2009, Art. 9 GG Rn. 20.

92 *Jarass*, in: Jarass/Pieroth (Hrsg.), GG, 10. Aufl. 2009, Art. 9 GG Rn. 9.

93 *Huber*, in: Mangoldt/Klein/Starck (Hrsg.), GG I, 5. Aufl. 2005, Art. 19 Abs. 3 GG Rn. 238.

94 Allg. Meinung; vgl. exemplarisch *Dürig*, in: Maunz/Dürig (Hrsg.), GG III, 55. Lfg 2009, Art. 19 Abs. 3 GG (1977) Rn. 30; *Jarass*, in: Jarass/Pieroth (Hrsg.), GG, 10. Aufl. 2009, Art. 19 GG Rn. 20 m. Nachw. aus der Rspr. Krit. hingegen *Huber*, in: Mangoldt/Klein/Starck (Hrsg.), GG I, 5. Aufl. 2005, Art. 19 Abs. 3 GG Rn. 329.

95 BVerfGE 21, 362 (372) – Sozialversicherungsträger; BVerfGE 35, 263 (272) – Nachbarklage; BVerfGE 75, 192 (200 f.) – Sparkassen; BVerfGE 76, 130 (139) – Pauschgebührenregelung; BVerfGE 89, 132 (141) – Konkursausfallgeldversicherung.

96 Bejahend *Jarass*, in: Jarass/Pieroth (Hrsg.), GG, 10. Aufl. 2009, Art. 19 GG Rn. 20, 48; *v. Mutius*, Jura 1983, 30 (36); verneinend *Huber*, in: Mangoldt/Klein/Starck (Hrsg.), GG I, 5. Aufl. 2005, Art. 19 Abs. 3 GG Rn. 328; *Sachs*, in: Sachs (Hrsg.), GG, 5. Aufl. 2009, Art. 19 GG Rn. 50.

a) Juristische Person

Als juristische Personen i.S.d. Art. 19 Abs. 3 GG gelten zunächst **vollrechtsfähige** Organisationseinheiten, denen **unbeschränkte Rechtsfähigkeit** zukommt. Hierunter zählen im Wesentlichen der rechtsfähige Verein (§ 21 BGB), die Aktiengesellschaft (§ 1 Abs. 1 S. 1 AktG), die Kommanditgesellschaft auf Aktien (§ 278 AktG), die GmbH (§ 13 Abs. 1 GmbHG), die eingetragene Genossenschaft (§ 17 GenG), der Versicherungsverein auf Gegenseitigkeit (§ 15 VAG) sowie die Stiftung Bürgerlichen Rechts (§ 80 BGB). Hinsichtlich der Begründung überindividueller Rechtspositionen nimmt das Grundgesetz insoweit auf das einfache Gesetzesrecht Bezug.[97]

Teilrechtsfähige Personenvereinigungen werden nach einfachem Gesetzesrecht nicht unter den Begriff der juristischen Person gefasst. Das Verfassungsrecht unterstellt hier jedoch ein **weites Begriffsverständnis**[98] und spricht auch diesen Personenvereinigungen Grundrechtsfähigkeit zu, soweit sie die Fähigkeit zur eigenständigen Willensbildung und zu eigenem Handeln besitzen. Hierunter fallen die sog. **Gesamthandsgemeinschaften**: die BGB-Gesellschaft (§§ 705 ff. BGB),[99] die eheliche Gütergemeinschaft (§§ 1415 ff. BGB), die Erbengemeinschaft (§§ 2032 ff. BGB), die OHG (§ 124 Abs. 1 HGB), die KG (§ 161 Abs. 2 HGB), die Partnerschaftsgesellschaft (§ 1 PartGG), die Reederei (§§ 489 ff. HGB) und juristische Personen im Gründungsstadium sowie der **nicht-rechtsfähige Verein** (§ 54 BGB) – insbesondere Gewerkschaften und **politische Parteien** [soweit sie nicht als Verfassungsorgane betroffen sind!].[100]

Über die **Begründung** dieser Tatbestandserweiterung herrscht jedoch Uneinigkeit. Einen ersten Hinweis auf die Grundrechtsfähigkeit bietet **Art. 9 Abs. 1 GG**, der von „Vereinigungen" in einem allgemeinen, mithin nicht auf rechtsfähige Personenverbände beschränkten Sinne spricht. **Teilweise** wird auf die weniger weitgehende Verselbständigung im Vergleich zu vollrechtsfähigen Organisationen verwiesen.[101] Die stärker personal strukturierten teilrechtsfähigen Personenvereinigungen müssten daher **erst recht** grundrechtsfähig sein. Allerdings will Art. 19 Abs. 3 GG bei einer juristischen Person im engeren Sinne die gerade auf Grund ihrer rechtlichen Verselbständigung eintretende Lücke des Grundrechtsschutzes verhindern. Dieser Schutzzweck wird im Falle der unvollständigen rechtlichen Ablösung eines Zusammenschlusses verfehlt, da in diesem Fall den Mitgliedern die Möglichkeit verbleibt, ihre Grundrechtsinteressen

97 *Schoch*, Jura 2001, 201 (202).
98 *v. Mutius*, Jura 1983, 30 (35); *Schoch*, Jura 2001, 201 (202).
99 Jedenfalls nach der Grundsatzentscheidung BGHZ 146, 341 ff., welche der BGB-Gesellschaft (Teil-)Rechtsfähigkeit zuspricht; vgl. auch BGH, NJW 2002, 1207. Hinsichtlich der Beschwerdefähigkeit im Verfassungsprozess explizit BVerfG (K), NJW 2002, 3533 mit krit. Anm. *Stürner*, JZ 2003, 44 f.
100 BVerfGE 84, 290 (298 f.) – Treuhandanstalt. Krit. zu dieser Einschränkung *Graf Vitzthum*, in: Merten/Papier (Hrsg.), HdGR II, 2006, 1079-1127 (1105), § 48 Rn. 51. Restriktiv hingegen *Dürig*, in: Maunz/Dürig (Hrsg.), GG III, 55. Lfg 2009, Art. 19 Abs. 3 GG (1977) Rn. 52; *Huber*, in: Mangoldt/Klein/Starck (Hrsg.), GG I, 5. Aufl. 2005, Art. 19 Abs. 3 GG Rn. 249: Beschränkung der Parteien auf Art. 21 GG.
101 *Dürig*, in: Maunz/Dürig (Hrsg.), GG III, 55. Lfg 2009, Art. 19 Abs. 3 GG (1977) Rn. 8, 29; dem folgend *Stern*, StaatsR III/1, 1988, S. 1131, 1134; *Huber*, in: Mangoldt/Klein/Starck (Hrsg.), GG I, 5. Aufl. 2005, Art. 19 Abs. 3 GG Rn. 246.

selbst wahrzunehmen. Nach **zutreffender Ansicht** begründet sich daher die Grundrechtsträgerschaft aus dem Umstand, dass die durch die Teilrechtsfähigkeit im Rahmen der allgemeinen Rechtsordnung begründeten Erleichterungen der Rechtswahrnehmung für die so zusammengeschlossenen Personen konsequenterweise auch auf den Grundrechtsbereich auszudehnen sind.[102] Im Ergebnis ist teilrechtsfähigen Personengemeinschaften daher **Teilgrundrechtsfähigkeit** zuzusprechen, welche jeweils soweit reicht wie ihre Rechtsfähigkeit.

Beispiel: Der Idealverein kann sich nicht auf das Grundrecht der Berufsfreiheit berufen.

Keine Grundrechtsfähigkeit kommt **bloßen Personenmehrheiten oder Sachwertgesamtheiten** zu.

Beispiel: Betriebsbelegschaft, Fußballmannschaft, Kegelclub, Skatrunden, Organe von juristischen Personen.

Die Grenze verläuft dort, wo diese Mehrheiten sich zu einer BGB-Gesellschaft zusammenschließen. Jüngst hat das BVerfG für die Versammlungsfreiheit die Grundrechtsfähigkeit an die Voraussetzung geknüpft, dass die Personenvereinigung eine festgefügte Struktur hat und auf gewisse Dauer angelegt ist.[103]

Soweit juristische Personen des Privatrechts jedoch in der Wahrnehmung gesetzlich zugewiesener und geregelter **öffentlicher Aufgaben** tätig sind, verneint das BVerfG die Grundrechtsfähigkeit.[104] Diese Rechtsprechung wird von Seiten der Literatur kritisiert, da sie eine Grenzziehung auf „einer gleitenden Skala von rein staatlich-hoheitlichen bis hin zu eindeutig privaten Agenden"[105] erforderlich macht. Zur Gewährleistung größerer Rechtssicherheit und Abgrenzungsschärfe wird daher die Beleihung als entscheidende Grenze zwischen gesellschaftlicher Freiheitsbetätigung und staatlicher Gemeinwohlverantwortung gefordert.[106]

b) Inländische juristische Person

Art. 19 Abs. 3 GG beschränkt die Erweiterung des Grundrechtsschutzes ausdrücklich auf *inländische* juristische Personen. Zur Geltung der grundrechtsgleichen Rechte aus Art. 101 Abs. 1 S. 2 und Art. 103 Abs. 1 GG vgl. oben Kap. 2 Abschn. 1, III.2, S. 33.[107] Die Qualifikation der juristischen Person als in- oder ausländisch richtet sich nach **h.M.** nach ihrem **effektiven Sitz**, d.h. ihrem tatsächlichen Aktionszentrum, nicht nach der satzungsmäßigen Bestimmung des Sitzes.[108] Entsprechend wird auf die Staatsangehörigkeit der juristischen Person als solcher abgestellt. Die entgegenstehende **Kontrolltheorie** verweist maßgeblich auf die Staatsangehörigkeit der *Mitglieder* der juristischen Person. Dies bedeutet, dass eine juristische Person die sog. Deutschengrundrechte nur ausüben könnte, wenn mindestens eines ihrer Mitglieder Deutscher i.S.d. Art. 116 GG ist.

102 *Sachs*, in: Sachs (Hrsg.), GG, 5. Aufl. 2009, Art. 19 GG Rn. 62 f.
103 BVerfG, NJW 2009, 1481 (1. Ls.) – BayVersG.
104 BVerfG (K), NJW 1987, 2501 (2502); NJW 1996, 584. Krit. *v. Mutius*, Jura 1983, 30 (41).
105 *Dreier*, in: Dreier (Hrsg.), GG I, 2. Aufl. 2004, Art. 19 III GG Rn. 53.
106 *Dreier*, in: Dreier (Hrsg.), GG I, 2. Aufl. 2004, Art. 19 III GG Rn. 53; *Jarass*, in: Jarass/Pieroth (Hrsg.), GG, 10. Aufl. 2009, Art. 19 GG Rn. 18.
107 BVerfGE 64, 1 (11) – National Iranian Oil Company.
108 BVerfGE 21, 207 (208) – Flächentransistor.

Nach einer **Mindermeinung** folgt aus ersterer Interpretation jedoch ein unzureichender Schutz derjenigen Deutschen, die im Ausland eine Gesellschaft gegründet haben. Dieser Einwand legt eine Interpretation nahe, die dem Begriff der *inländischen juristischen Person* einen Beschreibungsinhalt nicht hinsichtlich der Grundrechtsträgerschaft der juristischen Person, sondern nur hinsichtlich des Anwendungsbereichs der Grundrechte zuweist. *Inländisch* ist eine juristische Person dann immer, wenn sie Grundrechte gegenüber der deutschen Hoheitsgewalt geltend macht. Abweichend von der herrschenden Lehre ist dies auch dann der Fall, wenn eine selbst ausländische juristische Person im Inland handelt.[109]

Fraglich ist, ob juristische Personen mit Sitz im **EU-Ausland** über Art. 12 EGV Grundrechtsschutz erlangen. Die Einschränkung „inländisch" wird nach h.M. so verstanden, dass auch juristische Personen mit Sitz im EU-Gebiet erfasst werden.[110] Abzulehnen ist hingegen eine Auffassung, welche die Union selbst als juristische Person i.S.d. Art. 19 Abs. 3 GG versteht.[111]

Obwohl die Staatsangehörigkeit der Mitglieder zur Qualifikation als inländische Person unerheblich ist, wird verschiedentlich die Frage aufgeworfen, ob die sog. **Deutschengrundrechte** auf inländische juristische Personen mit mehrheitlich oder ausschließlich ausländischen Mitgliedern anwendbar sind. Eine **bejahende Auffassung**[112] verweist darauf, dass der Grundrechtsschutz in Art. 19 Abs. 3 GG zu Gunsten der juristischen Personen als solcher verselbstständigt und eigenen Voraussetzungen unterworfen ist, sodass ein Rückgriff auf die dahinter stehenden Personen aus Gründen der Systemkonformität ausscheidet.[113] Die **Gegenauffassung**[114] verweist auf die personalistische Struktur der Grundrechte, welcher Art. 19 Abs. 3 GG letztlich allein zu dienen bestimmt sei.[115] Tatsächlich würde die erstgenannte Auffassung zu dem widersprüchlichen Ergebnis kommen, dass kollektiv handelnden Ausländern mehr Grundrechte zukommen als individuell handelnden.

Anknüpfungspunkt für die Nationalitätenprüfung könnte das „Wesen der Grundrechte" in Art. 19 Abs. 3 GG sein, sofern man den Deutschenvorbehalt als zum Wesen des Grundrechts zugehörig versteht (so *Isensee*, in: Isensee/Kirchhof, HStR V, 2. Aufl. 2000, § 118 Rn. 50).

Andererseits liegt in Art. 19 Abs. 3 GG die Verselbständigung des Grundrechtsschutzes juristischer Personen, nicht lediglich die Normierung einer Treuhänderposition begründet.

109 So *Bleckmann/Helm*, DVBl. 1992, 9 (13).
110 *Dreier*, in: Dreier (Hrsg.), GG I, 2. Aufl. 2004, Art. 19 III GG Rn. 79; *Huber*, in: Mangoldt/Klein/Starck (Hrsg.), GG I, 5. Aufl. 2005, Art. 19 Abs. 3 GG Rn. 310; *Jarass*, in: Jarass/Pieroth (Hrsg.), GG, 10. Aufl. 2009, Art. 19 GG Rn. 21; *Kotzur*, DÖV 2001, 192 ff. A.A. *Krebs*, in: Münch/Kunig (Hrsg.), GG I, 5. Aufl. 2000, Art. 19 GG Rn. 33b, 33c; *Störmer*, AöR 123 (1998), 541 ff.
111 So *Simma/Vedder*, in: Grabitz/Hilf, EUV/EGV, Art. 282 (1999) Rn. 17 noch zur EG; wie hier *Dreier*, in: Dreier (Hrsg.), GG I, 2. Aufl. 2004, Art. 19 III GG Rn. 22.
112 In diesem Sinne auch *Dreier*, in: Dreier (Hrsg.), GG I, 2. Aufl. 2004, Art. 19 III GG Rn. 21; *Schoch*, Jura 2001, 201 (203).
113 *Sachs*, in: Sachs (Hrsg.), GG, 5. Aufl. 2009, Art. 19 GG Rn. 56.
114 In diesem Sinne *Isensee*, in: Isensee/Kirchhof (Hrsg.), HStR V, 2000, 563-615 (596 f.), § 118 Rn. 50; *Jarass*, in: Jarass/Pieroth (Hrsg.), GG, 10. Aufl. 2009, Art. 19 GG Rn. 20; *Quaritsch*, in: Isensee/Kirchhof (Hrsg.), HStR V, 2000, 663-737 (689 ff.), § 120 Rn. 54 ff.; offen BVerfG (K), NJW 2002, 1485.
115 *Huber*, in: Mangoldt/Klein/Starck (Hrsg.), GG I, 5. Aufl. 2005, Art. 19 Abs. 3 GG Rn. 303.

c) Wesensmäßige Anwendbarkeit

Art. 19 Abs. 3 GG beschränkt den Grundrechtsschutz juristischer Personen schließlich durch die Formulierung des 2. Hs. („*soweit* sie [die Grundrechte] **ihrem Wesen nach** auf diese [jur. Pers.] anwendbar sind"). Diese Formulierung lässt zwei Deutungsmöglichkeiten zu: Das „Wesen" der Grundrechte i.S.d. Vorschrift kann deren **Wesen in der Rechtsordnung** schlechthin oder das **spezifische Wesen des einzelnen Grundrechts** meinen.[116] Nur im Hinblick auf den ersten Aspekt ist die allgemeine Grundrechtsfähigkeit angesprochen.

Soweit das „Wesen" der Grundrechte deren Wesen in der Rechtsordnung schlechthin meint, setzt die Auslegung an der Art der juristischen Person an und damit an der Frage, ob speziell dieser juristischen Person Grundrechtsschutz zukommen kann. Diese Frage beantwortet zum einen die sog. **Durchgriffsthese**, wonach die Beeinträchtigung einer juristischen Person jedenfalls möglicherweise auf die dahinter stehenden natürlichen Personen (**„personales Substrat"**) durchgreifen muss (so etwa das **BVerfG**).[117] Dieser Auffassung wird entgegengehalten, dass sie die **eigene** Grundrechtsfähigkeit der juristischen Person nicht hinreichend deutlich macht, vielmehr eine Treuhänderschaft, die von Art. 19 Abs. 3 GG gerade nicht gewollt sei, vermuten lasse. Daher erachten weite Teile der **Literatur** nicht den personellen Bezug, sondern die **„grundrechtstypische Gefährdungslage"** der juristischen Person als maßgeblich.[118] Art. 19 Abs. 3 GG soll hiernach die juristische Person um ihrer selbst willen schützen, da andernfalls der Vorschrift kein eigener Sinn zukomme.

Die sog. **Durchgriffsthese** ist jedoch nicht in dem Sinne zu verstehen, dass sie eigentlich den hinter der juristischen Personen stehenden Menschen Grundrechtsschutz gewährt.[119] Ein solcher Individualschutz könnte nicht erklären, warum etwa auch Kapitalgesellschaften, international verflochtenen Konzernen, Holdinggesellschaften oder Stiftungen (auch nach der Rechtsprechung des BVerfG) grundsätzlich Grundrechtsschutz zukommen soll. Hinter der Durchgriffsthese steht vielmehr der Gedanke eines „schutzgutspezifischen Mehrwerts", wonach „mit der organisatorischen Verselbständigung zusätzliche, schutzwürdige Interessenlagen geschaffen werden, die durch Grundrechte der hinter ihnen stehenden natürlichen Personen nicht bereits abgedeckt sind".[120] Ähnlich stellt es *Dürig* in seiner Kommentierung dar: „Handeln ‚in Gemeinschaft' (ist) eben **nicht bloß die addierte Summe** isolierter Einzelhandlungen …

116 Zu diesen Deutungsmöglichkeiten BVerfGE 21, 362 (369 ff.) – Sozialversicherungsträger.

117 BVerfGE 21, 362 (369) – Sozialversicherungsträger; BVerfGE 61, 82 (101) – Sasbach; BVerfGE 68, 193 (205 f.) – Innungen; BVerfGE 75, 192 (196) – Sparkassen. Aus der Literatur *Badura*, DÖV 1990, 353 (354); *Dürig*, BayVBl. 1959, 201 (202); *Storr*, Staat als Unternehmer, 2001, 205 ff. sowie *Huber*, in: Mangoldt/Klein/Starck (Hrsg.), GG I, 5. Aufl. 2005, Art. 19 Abs. 3 GG Rn. 217: „Diese Durchgriffsthese ist der *zentrale Leitgedanke* des Art. 19 Abs. 3." (Hervorhebung durch Verf.).

118 Vgl. etwa *Dreier*, in: Dreier (Hrsg.), GG I, 2. Aufl. 2004, Art. 19 III GG Rn. 33; *v. Mutius*, Jura 1983, 30 (40 f.); *Stern*, StaatsR III/2, 1994, S. 1077 ff., insbes. S. 1088.

119 *Schoch*, Jura 2001, 201 (205).

120 *Huber*, in: Mangoldt/Klein/Starck (Hrsg.), GG I, 5. Aufl. 2005, Art. 19 Abs. 3 GG Rn. 227.

Ganzheiten sind ein aliud im Verhältnis zur Summe ihrer Teile."[121] Darüber hinaus kann eine Beeinträchtigung der juristischen Person die dahinter stehenden natürlichen Personen erst sehr viel später oder nur mittelbar treffen. Hiernach ist darauf abzustellen, inwieweit die „Bildung und Betätigung [juristischer Personen (des Privatrechts)] Ausdruck der freien Entfaltung der natürlichen Personen ist, die hinter ihnen stehen, und inwieweit durch ihre organisatorische Verselbstständigung grundrechtliche Schutzbedürfnisse entstehen, also Gefährdungslagen, denen mit dem Schutz der Mitglieder allein nicht Rechnung getragen werden kann".[122] Selbst bei privatrechtlichen Stiftungen soll sich im Stiftungszweck – als Zielrichtung des privatautonomen Gestaltungsaktes des Stifters – ein Rudiment von personellem Substrat finden.[123]

Fraglich ist insbesondere, ob die Grundrechte *ihrem Wesen nach* auf juristische Personen des **öffentlichen Rechts** anwendbar sind, da diesen die nötige Distanz zum grundrechtsverpflichteten Staat fehlen könnte, um eine „grundrechtsspezifische Gefährdungslage" zu bejahen. (hierzu unten e), S. 40 ff.).

d) Sonderfall (1): Öffentliche und gemischt-wirtschaftliche Unternehmen

Öffentliche Unternehmen sind organisatorisch selbständige, wirtschaftlich handelnde Akteure, die entweder vom Staat getrennte Rechtspersönlichkeit besitzen oder in die staatliche Verwaltung eingegliedert sein können, auf die aber „die öffentliche Hand aufgrund Eigentums, finanzieller Beteiligung, Satzung oder sonstiger Bestimmungen, die die Tätigkeit des Unternehmens regeln, unmittelbar oder mittelbar einen beherrschenden Einfluß ausüben kann".[124] Als „Hand des Staates" ist ihnen Grundrechtsschutz abzusprechen. Problematisch erscheint dies allenfalls, wenn die Beteiligung Privater im Raum steht. Zum **Sonderfall** der **gemischtwirtschaftlichen Unternehmen** vgl. ***Fall 5***.

Eine **Ausnahme** besteht nur bei solchen Unternehmen der öffentlichen Hand, welche entsprechend grundgesetzlicher Anordnung im liberalisierten Raum als gleichsam „private" Wirtschaftsunternehmen auftreten.

Beispielsweise ordnet Art. 87e Abs. 3 GG – in Umsetzung der in Art. 4, 5 Abs. 1 der RL 91/440/EWG zum Ausdruck kommenden Forderung nach Verbesserung von Leistungsfähigkeit und Wettbewerbsfähigkeit des Eisenbahnverkehrs – an, dass Eisenbahnen des Bundes „als Wirtschaftunternehmen in privatrechtlicher Form geführt" werden.[125] Die bis dahin „staatlich dominierten, gemeinnützigen Eisenbahnen (werden hierdurch) in vom Staat unabhängige, erwerbswirtschaftlich handelnde Eisenbahnunternehmen mit eigenständiger Geschäftsleitung und

121 *Dürig*, in: Maunz/Dürig (Hrsg.), GG III, 55. Lfg 2009, Art. 19 Abs. 3 GG (1977) Rn. 3 (Hervorhebung im Original).
122 *Huber*, in: Mangoldt/Klein/Starck (Hrsg.), GG I, 5. Aufl. 2005, Art. 19 Abs. 3 GG Rn. 231.
123 *Huber*, in: Mangoldt/Klein/Starck (Hrsg.), GG I, 5. Aufl. 2005, Art. 19 Abs. 3 GG Rn. 245.
124 So die Def. in Art. 2 lit. b) der Richtlinie 2006/111/EG .
125 Str. ist, ob hiermit nur eine Möglichkeit eröffnet oder eine Pflicht begründet wird. Im ersteren Sinne die h.M., welche Art. 87e Abs. 3 S. 1 GG nur eine Liberalisierungsoption zuspricht; vgl. etwa *Brosius-Gersdorf*, DÖV 2002, 275 (279); *Windthorst*, in: Sachs (Hrsg.), GG, 5. Aufl. 2009, Art. 87e GG Rn. 10, 37.

Rechnungsführung umgewandelt".[126] Die Privatwirtschaftlichkeit setzt eine an kaufmännischen Leitprinzipien – also in erster Linie einer gewinnorientierten Entscheidungsrationalität – ausgerichtete Unternehmensführung voraus.[127] Entsprechend enthält Art. 87f GG die Verpflichtung, Dienstleistungen des Postwesens und der Telekommunikation „als privatwirtschaftliche Tätigkeiten durch die aus dem Sondervermögen Deutsche Bundespost hervorgegangenen Unternehmen und durch andere private Anbieter" zu erbringen.

Unter Rückgriff auf Art. 19 Abs. 3 GG und den Verweis auf das Bestehen einer grundrechtstypischen Gefährdungslage – aufgrund der expliziten Zuweisung der Infrastrukturleistungen in den privatwirtschaftlichen Bereich – wird diesen Unternehmen die Grundrechtsfähigkeit zugesprochen.[128] Die argumentative Untermauerung erfolgt unter Verweis auf die verfassungsrechtlich vorgegebene Trennung unternehmerischer von hoheitlichen Aufgaben, welche die ehemaligen Staatsunternehmen Deutsche Post AG, Deutsche Telekom AG und Deutsche Bahn AG in ein Verhältnis der Gleichordnung zu anderen Wirtschaftsunternehmen setzt. Sie werden durch die Verfassung aus der (funktional gedachten) verfassten Staatlichkeit ausgegrenzt.

Insofern unterscheidet sich diese Entwicklung von dem formalen Staatsverständnis des liberalen Rechtsstaats des 19. Jahrhunderts, welches sich noch in der Auffassung von der „Bindungsfreiheit" fiskalischen Staatshandelns widerspiegelt. „Sofern (hier) die Exekutive Rechtsformen des Privatrechts benutzte, verlor sie ihren Charakter als Träger öffentlicher Verwaltung und wurde zum Privatmann; sie streifte damit zugleich die verwaltungsrechtlichen Bindungen ab und gewann die Freiheit der Privatautonomie."[129] Als privatrechtlich handelnder Fiskus wurde sie nicht mehr dem Staat im organisatorisch-formalen Sinne zugerechnet. „Für (die liberale Verwaltungsrechtswissenschaft; Anm. der Verf.) war die Beteiligung des Staates am Wirtschaftsverkehr ... privatwirtschaftliches Handeln außerhalb des verwaltungsrechtlich Faßbaren. Die wirtschaftende Verwaltung ist hier Unternehmer, nicht Staat: Verwalten und Wirtschaften sind Gegensätze, das eine ist Sache des Staates, das andere Sache der Gesellschaft."[130]

Dementsprechend liegt nicht nur eine Liberalisierung, sondern auch eine Aufgabenprivatisierung vor, sodass die öffentlichen Unternehmen als „Private" – mit entsprechend wirtschaftlicher, nicht mehr gemeinwohlbezogener Entscheidungsrationalität – tätig werden.

Weiterführende Literatur: *v. Arnaud,* Grundrechtsfragen im Bereich von Postwesen und Telekommunikation - Ein Beitrag zur Geltung der Grundrechte für und gegen gemischtwirtschaftliche Unternehmen und staatliche Eigengesellschaften-, DÖV 1998, 437 ff.; *Jochum*, Die Grundrechtsbindung der Deutschen Bahn, NVwZ 2005, 779 ff.; *Ruffert,* Regulierung im System des Verwaltungsrechts – Grundstrukturen des Privatisierungsfolgerechts der Post und Telekommunikation –, AöR (124) 1999, 237 ff.; *Ruge*, Diskriminierungsfreier Netzzugang im liberalisierten Eisenbahnmarkt in Deutschland, AöR (131) 2004, 1 ff.; *Storr*, Der Staat als Unternehmer, S. 203 ff.

126 *Windthorst*, in: Sachs (Hrsg.), GG, 5. Aufl. 2009, Art. 87e GG Rn. 3.

127 *Brosius-Gersdorf*, DÖV 2002, 275 (280); *Ruge*, AöR (131) 2004, 1 (12).

128 Vgl. nur *Ruge*, AöR (131) 2004, 1 (15 f.).; im Speziellen für *Eisenbahnverkehrsunternehmen* und *Infrastrukturunternehmen* der Eisenbahn *Windthorst*, in: Sachs (Hrsg.), GG, 5. Aufl. 2009, Art. 87e GG Rn. 49; für die *Deutsche Telekom AG (und die Deutsche Post AG) Ruffert*, AöR (124) 1999, 237 (270); *Windthorst*, VerwArch (95) 2004, 398 (388 ff.); für die *Deutsche Post AG* verneinend hingegen *Jarass*, DÖV 2002, 489 (491); temporär eingeschränkt BVerwG, NVwZ 1998, 1083, 1084; *Badura*, Staatsrecht, Rn. C 42 (S. 120); sektoral eingeschränkt *Möstl*, Grundrechtsbindung, S. 173; demgegenüber eine Grundrechtsverpflichtung bejahend *Arnaud*, DÖV 1998, 437 (443 f.); *Müller-Dehn*, DÖV 1996, 863 (865).

129 *Badura*, DÖV 1966, 624 (626).

130 *Badura*, DÖV 1966, 624 (626).

e) Sonderfall (2): Juristische Personen des öffentlichen Rechts

Für juristische Personen des öffentlichen Rechts gelten nach Auffassung des BVerfG die Grundrechte grundsätzlich nicht.[131] Es handelt sich hierbei um:

- **Körperschaften** des öffentlichen Rechts, d.h.: durch staatlichen Hoheitsakt ins Leben gerufene, mitgliedschaftlich verfasste, aber vom Wechsel der Mitglieder unabhängige Rechtsträger zur Erfüllung hoheitlicher Aufgaben.

  Beispiel: Sog. Gebietskörperschaften sind Bund, Länder, Gemeinden; sog. Personalkörperschaften sind Hochschulen (§ 58 Abs. 1 HRG), öffentlich-rechtlich organisierte Religionsgesellschaften (Art. 140 GG i.V.m. Art. 137 Abs. 5 WRV).

- Öffentliche **Anstalten**, d.h. die Zusammenfassung personeller und sächlicher Mittel in der Hand eines Trägers öffentlicher Verwaltung, die einem besonderen öffentlichen Zweck dauernd zu dienen bestimmt ist.

  Beispiel: Öffentliche Sparkassen; öffentlich-rechtliche Rundfunkanstalten.

- **Stiftungen** des öffentlichen Rechts; d.h. organisatorisch verselbstständigte rechtsfähige Institutionen mit dem Zweck der Verwaltung eines Bestandes an öffentlichem Vermögen.

  Beispiel: Stiftung Preußischer Kulturbesitz.

Unerheblich ist dabei, ob die juristische Person des öffentlichen Rechts in Erfüllung öffentlicher Aufgaben außerhalb des Bereichs hoheitlicher Aufgabenerfüllung tätig wird.[132] Auch einer juristischen Person des öffentlichen Rechts, welche sich zur Wahrnehmung öffentlicher Aufgaben privatrechtlicher Organisationsformen (z.B. öffentliche Unternehmen) bedient, ist die Berufung auf den Grundrechtsschutz verwehrt.[133] Hierdurch sollen Umgehungsmöglichkeiten ausgeschlossen werden.

Die Ablehnung der Grundrechtsfähigkeit juristischer Personen des öffentlichen Rechts resultiert nicht zwingend aus dem Wortlaut des Grundgesetzes (vgl. Art. 1 Abs. 3 GG, Art. 19 Abs. 3 GG), sondern vielmehr aus einer **funktionsbezogenen Betrachtungsweise,**[134] welche die differierenden Systemrationalitäten von Staat und Gesellschaft gewahrt sehen möchte. Insbesondere früher wurde darauf verwiesen, dass hinter juristischen Personen des öffentlichen Rechts keine natürlichen Personen, sondern der (grundrechtsverpflichtete) Staat stehen. Dieser würde zugleich zum Grundrechtsberechtigten und Grundrechtsverpflichteten (sog. **Konfusionsargument**).[135] Dieses – einem anstaltlichen Staatsverständnis verhaftete – Argument setzt sich jedoch der Erwi-

---

131 Statt vieler *Sachs*, in: Sachs (Hrsg.), GG, 5. Aufl. 2009, Art. 19 GG Rn. 90. Einschränkend *v. Mutius*, Jura 1983, 30 (39 ff.), der darauf abstellt, ob eine rechtlich verselbständigte Untergliederung zum Staat in eine Außenrechtsbeziehung tritt (mit Bsp.); ähnlich *Hufen*, StaatsR II, 2. Aufl. 2009, § 6 Rn. 40.

132 Grundlegend BVerfGE 61, 82 (105) – Sasbach.

133 *Jarass*, in: Jarass/Pieroth (Hrsg.), GG, 10. Aufl. 2009, Art. 19 GG Rn. 18.

134 Vgl. explizit *Herdegen*, in: Maunz/Dürig (Hrsg.), GG I, 55. Lfg. 2009, Art. 1 Abs. 3 GG (2005), Rn. 51: „*funktional* zu versagende(r) Grundrechtsschutz" (Hervorhebung durch Verf.).

135 BVerfGE 21, 362 (369 ff.) – Sozialversicherungsträger. So immer noch *Huber*, in: Mangoldt/Klein/Starck (Hrsg.), GG I, 5. Aufl. 2005, Art. 19 Abs. 3 GG Rn. 251.

derung aus, dass der Staat **kein monolithischer, impermeabler Block** ist und juristische Personen des öffentlichen Rechts in unterschiedlichen Rechtsbeziehungen Träger von Rechten *und* Pflichten sein können.[136] Daher verweist die heute überwiegende Auffassung, die eine Grundrechtsträgerschaft der juristischen Personen des öffentlichen Rechts grundsätzlich ablehnt, darauf, dass diese typischerweise aufgrund gesetzlicher Zuständigkeit und nicht in Wahrnehmung von Freiheiten handeln, sodass es sich bei dem Übergriff durch ein anderes Staatsorgan der Sache nach um einen **Kompetenzkonflikt**, nicht um einen Eingriff in subjektive (Grund-)Rechte handelt.[137] Dogmatisch wird diese Eingrenzung der Grundrechtsfähigkeit über das Erfordernis der „wesensmäßigen Anwendbarkeit" begründet. Es fehlt den juristischen Personen des öffentlichen Rechts an einer „grundrechtstypischen Gefährdungslage".[138]

Ausnahmsweise besteht eine Grundrechtsfähigkeit daher auch dort, wo eine juristische Person sich in einer vom Staat unabhängigen Stellung, die Raum für individuelle Freiheitsentfaltung bietet, also in einer **grundrechtstypischen Gefährdungslage** befindet. Als klassische **Ausnahmetrias**[139] werden durch das BVerfG Rundfunkanstalten (Art. 5 Abs. 1 S. 2 GG) und Hochschulen bzw. Fakultäten (Art. 5 Abs. 3 S. 1 GG) sowie Kirchen (Art. 4 Abs. 1, 2 GG) anerkannt.

Hinter dieser Ausnahmetrias steht auch der Gedanke des personalen Substrats, da letztendlich der Schutz der Wissenschaftler, Religionsangehörigen und Rundfunkteilnehmer gewährt wird.

- **Rundfunkanstalten** und **Hochschulen bzw. Fakultäten** sind verselbstständigte staatliche Institutionen, denen eine solche **Eigenständigkeit** zukommt, dass sie dem Bereich **mittelbarer Staatsverwaltung** entnommen sind. Sie nehmen einen Status der **Selbstverwaltung** ein, welcher unter anderem in einem eigenständigen **Satzungsrecht** zum Ausdruck kommt. Damit verbunden ist eine nur begrenzte Zuordnung von Hoheitsrechten. Dies erklärt sich daraus, dass die Funktion der genannten Institutionen nicht in der primären oder wesensmäßigen Erfüllung staatlicher Aufgaben besteht. Vielmehr ist Zentrum ihrer Tätigkeit die Verfolgung **eigener (privater) Interessen**, etwa in Form der Durchsetzung und Gewährleistung der von ihnen geltend gemachten Grundrechte. So ist Aufgabe der Universitäten die Hege und Pflege der Wissenschaft (vgl. auch § 2 Abs. 1 S. 1 HRG), die im Gravitationsfeld akademischer Grundrechtsfreiheit angesiedelt ist.[140] Die Rundfunkanstalten sind Garanten eines pluralistischen und integrativen Rundfunks.[141] Zusammenfassend ver-

136 Statt vieler *Schoch*, Jura 2001, 201 (204) mit weiteren Nachw. in Fn. 71.

137 BVerfGE 61, 82 (103 f.) – Sasbach; BVerfGE 68, 193 (205) – Innungen; BVerfGE 75, 192 (196) – Sparkassen; BVerfG (K), NJW 1996, 1588 – Kassenärztliche Vereinigung; BVerfG (K), DVBl. 2001, 63 – Berufsgenossenschaft; *Sachs*, in: Sachs (Hrsg.), GG, 5. Aufl. 2009, Art. 19 GG Rn. 91 f.; *Schoch*, Jura 2001, 201 (204); a.A. (d.h. weitergehende Grundrechtssubjektivität juristischer Personen des öffentlichen Rechts) *Ladeur*, in: Denninger (u.a.), AK, 3. Aufl. 2001, Art. 19 Abs. 3 Rn. 60; *v. Mutius*, in: Dolzer/Waldhoff/Graßhof (Hrsg.), GG IV, 140. Lfg. 2009, Art. 19 Abs. 3 GG (1975), Rn. 87 ff.

138 *Sachs*, in: Sachs (Hrsg.), GG, 5. Aufl. 2009, Art. 19 GG Rn. 89.

139 Allg. Ansicht; vgl. nur *Jarass*, in: Jarass/Pieroth (Hrsg.), GG, 10. Aufl. 2009, Art. 19 GG Rn. 25 ff. Krit. *Schnapp*, in: Merten/Papier (Hrsg.), HdGR II, 2006, 1235-1254 (1250 f.), § 52 Rn. 30 f.

140 *Bethge*, in: Sachs (Hrsg.), GG, 5. Aufl. 2009, Art. 5 GG Rn. 210.

141 *Bethge*, in: Sachs (Hrsg.), GG, 5. Aufl. 2009, Art. 5 GG Rn. 96.

treten die genannten Institutionen **Freiheitspositionen**, welche gegen den Staat abzuschirmen sind.

- Auch **öffentlich-rechtliche Religionsgemeinschaften** können eine Grundrechtsberechtigung für sich in Anspruch nehmen. Hinsichtlich der Begründung ist diese Fallkonstellation jedoch von der obigen zu unterscheiden: Die Kirchen sind ungeachtet ihrer Anerkennung als Körperschaften des öffentlichen Rechts dem Staat **in keiner Weise inkorporiert**, also auch nicht im weitesten Sinne „staatsmittelbare" Organisationen und Verwaltungseinrichtungen. Sie leiten ihre Aufgaben und Befugnisse nicht vom Staat ab und können daher unbeschadet ihrer besonderen Qualität eigene Rechte *gegen* den Staat geltend machen.[142] Insbesondere dient die Verleihung des Status der juristischen Person des öffentlichen Rechts nicht dazu, den Religionsgemeinschaften ihren Grundrechtsstatus zu entziehen, sondern vielmehr ihre Rechtsstellung zu verbessern, indem sie ihnen eine Reihe **öffentlich-rechtlicher Befugnisse** und sonstige **Privilegien** vermittelt.[143]

  Rundfunkanstalten und Hochschulen ist damit ein grundrechtlich geschützter Wirkbereich zugeordnet, ohne dass sie sich – wie Kirchen – von vornherein in einem staatsfernen Lebensbereich bewegen. Anders als Kirchen, denen eine uneingeschränkte Grundrechtsberechtigung zusteht,[144] können daher Rundfunkanstalten und Hochschulen nur diejenigen Grundrechte geltend machen, deren Verteidigung ihnen **unmittelbar zugeordnet** ist.[145] **Erweiternd** nunmehr ein Senatsbeschluss des BVerfG, in welchem die Grundrechtsträgerschaft auch auf solche Grundrechte erstreckt wird, welche „ein die Ausübung der Rundfunkfreiheit **unterstützendes** Verhalten" schützen (in dem genannten Fall: Art. 10 GG) (BVerfGE 107, 299 – Handy-Überwachung).

- In jüngerer Zeit wird verschiedentlich diskutiert, ob die genannte Ausnahmentrias um weitere Anwendungsfälle zu ergänzen ist. In Betracht gezogen werden etwa
  - verselbständigte Einrichtungen des Kulturlebens;[146]

    Beispiele: Theater, Museen, Kunst- und Musikhochschulen.
  - Sozialversicherungsträger;[147]

    Beispiele: Allgemeine Ortskrankenkassen (AOK).

142 BVerfGE 42, 312 (321 f.) – Kirchliches Amt.

143 BVerfGE 102, 370 (371) – Zeugen Jehovas.

144 Nach ganz überwiegender Auffassung wird öffentlich-rechtlich organisierten Religionsgemeinschaften die *generelle* Grundrechtsfähigkeit zugesprochen; vgl. nur *Dürig*, in: Maunz/Dürig (Hrsg.), GG III, 55. Lfg 2009, Art. 19 Abs. 3 GG (1977) Rn. 41; *Graf Vitzthum*, in: Merten/Papier (Hrsg.), HdGR II, 2006, 1079-1127 (1094), § 48 Rn. 31; *Jarass*, in: Jarass/Pieroth (Hrsg.), GG, 10. Aufl. 2009, Art. 19 GG Rn. 27; *Krebs*, in: Münch/Kunig (Hrsg.), GG I, 5. Aufl. 2000, Art. 19 Rn. 40, 44; *Sachs*, in: Sachs (Hrsg.), GG, 5. Aufl. 2009, Art. 19 GG Rn. 94; *Rüfner*, in: Isensee/Kirchhof (Hrsg.), HStR V, 2000, 485-524 (519), § 116 Rn. 73. Einschränkend wird diesen tlw. nur ein Rückgriff auf Art. 4 Abs. 1, 2 GG gewährt; vgl. *Huber*, in: Mangoldt/Klein/Starck (Hrsg.), GG I, 5. Aufl. 2005, Art. 19 Abs. 3 GG Rn. 263; *Schoch*, Jura 2001, 201 (206); mit Erweiterung um Art. 3 Abs. 1 GG: *Dreier*, in: Dreier (Hrsg.), GG I, 2. Aufl. 2004, Art. 19 III GG Rn. 62.

145 *Dürig*, in: Maunz/Dürig (Hrsg.), GG III, 55. Lfg 2009, Art. 19 Abs. 3 GG (1977) Rn. 42 f.; *Sachs*, in: Sachs (Hrsg.), GG, 5. Aufl. 2009, Art. 19 GG Rn. 95.

146 Die Grundrechtsfähigkeit bejahend *Dreier*, in: Dreier (Hrsg.), GG I, 2. Aufl. 2004, Art. 19 III GG Rn. 63; *Huber*, in: Mangoldt/Klein/Starck (Hrsg.), GG I, 5. Aufl. 2005, Art. 19 Abs. 3 GG Rn. 273; *Jarass*, in: Jarass/Pieroth (Hrsg.), GG, 10. Aufl. 2009, Art. 5 GG Rn. 108; differenzierend *Sachs*, in: Sachs (Hrsg.), GG, 5. Aufl. 2009, Art. 19 GG Rn. 98 ff.

147 Die Grundrechtsfähigkeit verneinend *Dürig*, in: Maunz/Dürig (Hrsg.), GG III, 55. Lfg 2009, Art. 19 Abs. 3 GG (1977) Rn. 50.

- öffentlich-rechtliche Interessenvertretungen;[148]

  Beispiele: Ärzte- und Handwerkskammern, Kassenärztliche Vereinigungen.[149]
- Gemeinden.[150]

Weiterführende Rechtsprechung: BVerfGE 61, 82 ff. – Sasbach.

Weiterführende Literatur: *Badura*, Grundrechte der Gemeinde?, BayVBl. 1989, 1 ff.; *Bettermann*, Juristische Personen des öffentlichen Rechts als Grundrechtsträger, NJW 1969, 1321 ff.; *Broß*, Zur Grundrechtsfähigkeit juristischer Personen des öffentlichen Rechts, VerwArch (77) 1986, 65 ff.; *Frenz*, Die Grundrechtsberechtigung juristischer Personen des öffentlichen Rechts bei grundrechtssichernder Tätigkeit, VerwArch (85) 1994, 22 ff.; *Schnapp*, Zur Grundrechtsberechtigung juristischer Personen des öffentlichen Rechts, in: Merten/Papier (Hrsg.), HGrdR II, 2006, § 52.

IV. Beschränkungen der Grundrechtsträgerschaft

Keine Beschränkung der Grundrechtsträgerschaft stellt die Frage der **Grundrechtsmündigkeit** dar,[151] also die Fähigkeit, Grundrechte in eigenem Namen wahrzunehmen, sie selbstständig geltend zu machen und gegebenenfalls gerichtlich durchzusetzen.[152] Die **Grundrechtsmündigkeit** betrifft also vielmehr die Fähigkeit einer natürlichen Person, ein Grundrecht, dessen *Träger sie ist*, in allen denkbaren Rechtsrelationen entsprechend ihrer Einsicht- und Entscheidungsfähigkeit **ausüben** zu können. Diskutiert wird sie in erster Linie im Hinblick auf Kinder und Jugendliche, relevant werden kann die Problematik aber auch bei geistig behinderten Erwachsenen. Ihnen kann die Einsichtsfähigkeit zur Wahrnehmung der Grundrechte fehlen.

Zur Bestimmung der Grundrechtsmündigkeit von Minderjährigen werden zwei Ansätze vertreten:

- Nach der **Theorie von der starren Altersgrenze** besteht die Grundrechtsmündigkeit ab der Erreichung jener Altersgrenze, die der Gesetzgeber im betreffenden Fall gezogen hat.[153]

Beispiel In der Verfassung statuieren Art. 12a Abs. 1 GG und Art. 38 Abs. 2 GG Altersgrenzen; im einfachen Recht sind dies § 5 S. 2 (12 Jahre) und S. 1 (14 Jahre) RelKErzG, § 12 AsylVerfG (16 Jahre), §§ 2, 104 BGB hinsichtlich der Ausübung privatrechtlicher Rechtsgeschäfte, § 2229 BGB

148 Die Grundrechtsfähigkeit verneinend *Dürig*, in: Maunz/Dürig (Hrsg.), GG III, 55. Lfg 2009, Art. 19 Abs. 3 GG (1977) Rn. 51.

149 Verneinend BVerfGE 62, 354 (369) – Heilfürsorgeansprüche; anders im Hinblick auf die Innung der Orthopädietechniker BVerfGE 70, 1 (15 ff.); krit. zu dieser Diff. *Frenz*, VerwArch (85) 1994, 22 (29).

150 Allg. Ansicht: keine Grundrechtsfähigkeit; vgl. nur BVerfGE 61, 82, 108 f. – Sasbach; *Dürig*, in: Maunz/Dürig (Hrsg.), GG III, 55. Lfg 2009, Art. 19 Abs. 3 GG (1977) Rn. 48 (mit ausf. Begr.); *Graf Vitzthum*, in: Merten/Papier (Hrsg.), HdGR II, 2006, 1079-1127 (1095 f.), § 48 Rn. 33; *Krebs*, in: Münch/Kunig (Hrsg.), GG I, 5. Aufl 2000, Art. 19 GG Rn. 42; entgegenstehend hingegen die Rspr. des BayVerfGH, wonach sich Gemeinden und Landkreise jedenfalls im Bereich nichthoheitlicher Aufgabenwahrnehmung auf die Eigentumsgarantie (Art. 103 BayVerf) berufen können; st. Rspr. vgl. BayVerfGHE 3, 129 (135), 37, 101 (106).

151 Krit. zu dieser Konstruktion *Hufen*, StaatsR II, 2. Aufl. 2009, § 6 Rn. 41; *Jarass*, in: Jarass/Pieroth (Hrsg.), GG, 10. Aufl. 2009, Art. 19 GG Rn. 13.

152 *Katz*, StaatsR, 17. Aufl. 2007, Rn. 599.

153 In diesem Sinne wohl *Huber*, in: Merten/Papier (Hrsg.), HdGR II, 2006, 1129-1162 (1139 f.), § 49 Rn. 19 f.

(16 Jahre) hinsichtlich der Testierfreiheit, § 36 Abs. 1 S. 1 SGB I (§ 15 Jahre) hinsichtlich der Beantragung von Sozialleistungen (Art. 2 Abs. 1 i.V.m. Art. 1 Abs. 1 GG). Bezüglich der Grundrechte, die an die menschliche Existenz anknüpfen (Art. 1 Abs. 1, Art. 2 Abs. 2 S. 1, Art. 104 GG), sollen Menschen stets grundrechtsmündig sein, da der Gesetzgeber keine Altersgrenzen festlegen kann. Allerdings macht der Gedanke der Grundrechtsmündigkeit – als „Grundrechtsausübungskompetenz" – von vornherein nur Sinn in Bezug auf Verhaltensfreiheiten. Der Grundrechtsschutz anderer Rechtsgüter, welche von aktiver Ausübung unabhängig sind (bspw. Leben, Gesundheit, Gleichheit) sind von der Staatsgewalt unabhängig von den individuellen Fähigkeiten des Grundrechtsträgers zu respektieren.[154]

- Hingegen stellt die **Theorie von der flexiblen Altersgrenze** jeweils auf die individuelle Einsichts- und Entscheidungsfähigkeit ab. Allerdings ermöglicht auch dieser Ansatz, die oben genannten gesetzlichen Altersgrenzen als Indizien heranzuziehen.[155]

▶ **Klausurhinweis:** In der Fallbearbeitung sind jedenfalls Altersgrenzen heranzuziehen, die die Verfassung selbst statuiert hat (Art. 12a GG, Art. 38 Abs. 2 GG). Im Übrigen zieht auch die Theorie von der flexiblen Altersgrenze die gesetzlichen Vorschriften als Indiz heran und prüft, ob ausnahmsweise hiervon abzuweichen ist.

Nach *Dreier* beschreibt der Begriff der Grundrechtsmündigkeit in erster Linie eine Frage der **Prozessfähigkeit** und sollte daher allein der verfassungsprozessualen Frage der Geltendmachung von Grundrechten Minderjähriger vorbehalten bleiben.[156] Allerdings tritt auch dieser (verbreiteten) Auffassung zunehmend Kritik entgegen,[157] da die Fähigkeit zur Prozessführung in erster Linie dem Geschäftsfähigen zuzuschreiben ist, während die sog. – ohnehin auf Verhaltensgrundrechte – zu begrenzende Grundrechtsmündigkeit (i.S. einer Grundrechtsausübungskompetenz) abhängig von der in Anspruch genommenen Freiheit auch dem Minderjährigen oder nicht geschäftsfähigen Erwachsenen zugesprochen werden kann.[158]

Auf **materiell-rechtlicher Ebene** beschreibt der Begriff Fragen des Ausgleichs von **Kindesgrundrechten** und elterlichem **Erziehungsrecht** (im Sinne der Zuständigkeit für die Grundrechts*ausübung*) im Verhältnis zu **Dritten**. Die Glaubensfreiheit des Kindes wird also etwa durch die religiösen Vorstellungen der Eltern (Art. 6 Abs. 2 GG) ausgefüllt. Mit zunehmendem Alter können die Glaubensinteressen des Kindes und das Erziehungsrecht seiner Eltern jedoch miteinander kollidieren und sind dann entsprechend der Altersgrenzen in einen Ausgleich zu bringen. Dies bedeutet jedoch nicht, dass die jeweiligen Grundrechte *unmittelbar* gegen den anderen Teil wirken.[159] Weder Eltern noch Kinder werden in Ausübung öffentlicher Gewalt tätig. Die Auflösung der „Kollision" kann zudem nur über die Erkenntnis erfolgen, dass das Elternrecht nicht zur eigennützigen Interessenbefriedigung des Rechtsinhabers, sondern allein im Interesse des Kindes verliehen wird. Es kann den Eltern also nur solange und soweit zustehen,

154 *Sachs*, VerfassungsprozessR, 2. Aufl. 2007, Rn. 455.
155 In diesem Sinne wohl auch *Jarass*, in: Jarass/Pieroth (Hrsg.), GG, 10. Aufl. 2009, Art. 19 GG Rn. 14.
156 *Dreier*, in: Dreier (Hrsg.), GG I, 2. Aufl. 2004, Vorb. Rn. 114.
157 Exemplarisch *Sachs*, VerfassungsprozessR, 2. Aufl. 2007, Rn. 454.
158 *Sachs*, VerfassungsprozessR, 2. Aufl. 2007, Rn. 455 mit Bsp.
159 *Dürig*, in: Maunz/Dürig (Hrsg.), GG III, 55. Lfg 2009, Art. 19 Abs. 3 GG (1977) Rn. 20.

wie das Kind nicht zur eigenverantwortlichen Selbstbestimmung in der Lage ist und das Recht zum Wohle des Kindes ausgeübt wird.[160]

▶ **Klausurhinweis:** Im Widerstreit von kindlichen und elterlichen Grundrechten kann das elterliche Erziehungsrecht eine verfassungsimmanente Schranke der Grundrechte des Kindes darstellen.[161] Da jedoch eine Kollision im eigentlichen Sinne (d.h. das Aufeinanderprallen widerstreitender Interessen) vorliegend nicht gegeben ist, erscheint es nicht sinnvoll, elterliches Erziehungsrecht und kindliches Selbstbestimmungsrecht im Sinne praktischer Konkordanz gegeneinander abzuwägen. Vielmehr ist im Rahmen der verfassungsrechtlichen Rechtfertigung zu ermitteln, auf welche Weise dem Kindeswohl optimal gedient werden kann.

Die Altersgrenzen für die Grundrechtsmündigkeit gelten zudem in keinem Fall im unmittelbaren Verhältnis zur öffentlichen Gewalt,[162] da dies eine unzulässige Verkürzung der kindlichen Grundrechte bedeuten würde.

Der Wert einer eigenständigen, verschiedene Problemkreise überschreitenden Figur der Grundrechtsmündigkeit wird daher zu Recht zunehmend in Zweifel gezogen.[163]

Fallbeispiel: *Kahl*, Der praktische Fall – Öffentliches Recht: Koran und Schulsport, JuS 1995, 904 ff. (mit Erwiderung von *Störmer*, JuS 1996, 376 ff.).

Weiterführende Literatur: *Huber*, Natürliche Personen als Grundrechtsträger, in: Merten/Papier (Hrsg.), HGrdR II, § 49; *Mutius*, Grundrechtsfähigkeit, Jura 1983, 30 ff.; *ders.*, Grundrechtsmündigkeit, Jura 1987, 272 ff.; *Roth*, Die Grundrechte Minderjähriger im Spannungsfeld selbstständiger Grundrechtsausübung, elterlichen Erziehungsrechts und staatlicher Grundrechtsbindung, 2003; *Rüfner*, Grundrechtsträger, in: Isensee/Kirchhof (Hrsg.), HStR V, 2. Aufl. 2000, § 116.

Die Grundrechts*trägerschaft* natürlicher Personen unterfällt verschiedenen **Einschränkungen**, als deren wichtigste die Differenzierung zwischen Menschen- und Bürgerrechten zu nennen ist:

1. Bürgerrechte

Zwar sind die Grundrechte grundsätzlich als **Menschenrechte** ausgestaltet; zum Teil beschränken die Grundrechte ihren persönlichen Anwendungsbereich hingegen explizit auf „Deutsche" i.S.d. **Art. 116 Abs. 1 GG** (sog. **Bürgerrechte**), so etwa Art. 8 Abs. 1 GG (Versammlungsfreiheit), Art. 9 Abs. 1 GG (Vereinigungsfreiheit), Art. 11 Abs. 1 GG (Freizügigkeit), Art. 12 Abs. 1 GG (Berufsfreiheit) sowie Art. 16 Abs. 1, 2 GG (Auslieferung).

Dabei deckt sich der Begriff des „Deutschen" nicht vollständig mit dem Begriff der deutschen Staatsangehörigkeit. Gemäß *Art. 116 Abs. 1 GG* erfasst ersterer nicht nur Personen deutscher Staatsangehörigkeit, sondern u.U. auch Flüchtlinge und Vertriebene deutscher Volkszugehörigkeit.

---

160 *Dürig*, in: Maunz/Dürig (Hrsg.), GG III, 55. Lfg 2009, Art. 19 Abs. 3 GG (1977) Rn. 22.

161 *Hufen*, StaatsR II, 2. Aufl. 2009, § 6 Rn. 41. Anders *Huber*, in: Merten/Papier (Hrsg.), HdGR II, 2006, 1129-1162 (1139), § 49 Rn. 17, der mangelnde Grundrechtsmündigkeit als Beschränkung des persönlichen Schutzbereichs begreift.

162 *Pieroth/Schlink*, Grundrechte, 25. Aufl. 2009, Rn. 126.

163 Vgl. nur *Robbers*, Verfassungsprozessuale Probleme, 2. Aufl. 2005, S. 10.

Diesen Grundrechten ist ein besonderer politischer und sozialer Bezug eigen. **Ausländer** – ohne deutsche Staatsangehörigkeit und Status – werden in dem Anwendungsbereich dieser Grundrechte grundsätzlich auf das **Auffanggrundrecht** der allgemeinen Handlungsfreiheit (Art. 2 Abs. 1 GG; hierzu z.B. BVerfG, NVwZ 2000, 1281 – Grundrechtsschutz für Ausländervereine) verwiesen (hierzu oben Kap. 1, B.II.1, S. 21).

Eine Problematik zeichnet sich jedoch im Zuge fortschreitender europäischer Integration hinsichtlich der **Anwendbarkeit der Bürgerrechte auf EU-Bürger** ab. Abweichend von dem scheinbar eindeutigen Wortlaut ist umstritten, inwieweit sich EU-Bürger auf Deutschengrundrechte berufen können. Nach **einer Auffassung** soll – im Sinne einer Rechtsfortbildung – die Einschränkung der Grundrechte auf Deutsche nicht angewendet werden, soweit EG-rechtlich (vgl. Art. 18 AEUV) eine Gleichstellung von Deutschen und EG-Ausländern geboten ist.[164] Generell lässt sich dieser Auffassung der eindeutige Verfassungswortlaut (vgl. die Legaldefinition des Deutschen in Art. 116 Abs. 1 GG) entgegenhalten. Nach **anderer Auffassung** sollen daher – im Wege der europarechtskonformen Auslegung – EU-Ausländer im Bereich der Deutschen-Grundrechte auf Art. 2 Abs. 1 GG beschränkt, dieses Grundrecht aber wie das entsprechende Deutschen-Grundrecht angewendet werden.[165] Relevant wird dies in erster Linie bei den Grenzen der Einschränkbarkeit.

Beispiel: So sind etwa Versammlungen in geschlossenen Räumen nur auf der Grundlage kollidierenden Verfassungsrechts einschränkbar. In diesem Sinne wäre dann auch Art. 2 Abs. 1, 2. Hs. GG („verfassungsmäßige Ordnung") auszulegen.

Dieser Weiterentwicklung des Art. 2 Abs. 1 GG lässt sich entgegengehalten, dass eine europarechtskonforme Auslegung als Voraussetzung die Kollision von nationalem und europäischem Recht verlangt, welche im Verhältnis zu Art. 2 Abs. 1 GG gerade nicht besteht.[166] Eine **dritte restriktive Auffassung** lehnt schließlich die grundrechtliche Erweiterung ab.[167] Sie will die Gleichbehandlung von Deutschen und EU-Ausländern auf einfach-gesetzlicher Ebene sicherstellen.[168] Im Falle einer europarechtswidrigen Diskriminierung greife unmittelbar das europäische Recht ein, in dessen Sinne die einfachgesetzliche Regelung auszulegen sei. Dem lässt sich entgegenhalten, dass hierdurch nur eine weitgehende, jedoch keine vollumfängliche Gleichstellung von Deutschen und EU-Ausländern herbeigeführt wird, da letzteren etwa die Möglichkeit der Erhebung einer Verfassungsbeschwerde verwehrt ist. Auch der Rückgriff auf Art. 2 Abs. 1 GG erscheint unter dem oben genannten Argument zweifelhaft. Im Ergebnis bietet sich

164 *Breuer*, in: Isensee/Kirchhof (Hrsg.), HStR VI, 2001, 877-956 (895), § 147 Rn. 21; *Jarass*, in: Jarass/Pieroth (Hrsg.), GG, 10. Aufl. 2009, Art. 19 GG Rn. 12; *Klein*, FS Stern, 1997, S. 1301 (1309 f.); *Oppermann*, Europäisches Gemeinschaftsrecht und deutsche Bildungsordnung, 1987, S. 32, 84.

165 *Bauer/Kahl*, JZ 1995, 1077 (1083); *Dreier*, in: Dreier (Hrsg.), GG I, 2. Aufl. 2004, Vorb. Rn. 116; *Epping*, Grundrechte, 4. Aufl. 2009, Rn. 563; *Starck*, in: Mangoldt/Klein/Starck (Hrsg.), GG I, 5. Aufl. 2005, Art. 1 GG Rn. 208; einschränkend *Bauer*, FS Maurer, 2001, S. 13 (14 f.).

166 *Störmer*, AöR 123 (1998), 541 (551).

167 *Kunig*, in: Münch/Kunig (Hrsg.), GG I, 5. Aufl. 2000, Art. 8 GG Rn. 8; *Sachs*, in: Sachs (Hrsg.), GG, 5. Aufl. 2009, vor Art. 1 GG Rn. 73; *Störmer*, AöR 123 (1998), 541 (574 f.); *Schulze-Fielitz*, in: Dreier (Hrsg.), GG I, 2. Aufl. 2004, Art. 8 GG Rn. 52.

168 *Höfling*, in: Sachs (Hrsg.), GG, 5. Aufl. 2009, Art. 8 GG Rn. 46a.

daher der unmittelbare Rückgriff auf das jeweilige Deutschengrundrecht als überzeugendste Lösung. Über den einschränkenden Wortlaut hilft die europarechtskonforme Rechtsfortbildung hinweg.

Teilweise wird das „rechtstechnische Problem" auch dadurch umgangen, dass aufgrund des Anwendungsvorrangs des Europarechts von einer Teilnichtigkeit der jeweiligen grundgesetzlichen Bestimmung ausgegangen wird.[169] Diese kann daher keine Geltung beanspruchen, soweit hieraus eine diskriminierende Wirkung resultiert. Dogmatisch ist dies jedoch insoweit zweifelhaft, als aus der Teilnichtigkeit eine *Erweiterung* des Anwendungsbereichs resultiert.

Fraglich ist darüber hinaus, inwieweit eine Gleichstellung von Deutschen und EG-Ausländern rechtlich **geboten** ist. In den jüngeren Jahren der Europäischen Union wurde eine **Beschränkung** der Angleichung auf die wirtschaftlichen Grundrechte (insbesondere Art. 12 Abs. 1 GG) befürwortet. Hingegen sollte keine Diskriminierung bei Grundrechten mit demokratischem Gehalt (insbes. Art. 8 Abs. 1 GG) vorliegen, da hier die Besserstellung des deutschen Staatsangehörigen aus einer staatsrechtlichen Stellung resultiere.[170] Nach **richtiger Ansicht** verlangt Art. 12 EGV jedoch eine nicht-differenzierende Gleichstellung im Anwendungsbereich des Vertrags.[171] Diese Annahme wird gestützt durch die Entwicklung der Union von einer reinen Wirtschafts- zu einer sozialen und politischen Gemeinschaft, wie die Entwicklung der Unionsbürgerschaft verdeutlicht. Eine Differenzierung zwischen „wirtschaftlichen" und „politischen" Grundrechten würde diesem Befund nicht gerecht.

Dies lässt sich allerdings nicht uneingeschränkt auf die **staatsbürgerlichen Mitwirkungsrechte** aus Art. 20 Abs. 1, 2 i.V.m. Art. 29, Art. 33 Abs. 1, 2, Art. 38 Abs. 1, Art. 146 GG übertragen.[172] Bei der Auslegung des Art. 33 Abs. 2 GG ist jedoch Art. 39 Abs. 4 GG zu berücksichtigen.[173]

Weiterführende Literatur: *Bauer/Kahl*, Europäische Unionsbürger als Träger von Deutschen-Grundrechten?, JZ 1995, 1077 ff.; *Heintzen*, Ausländer als Grundrechtsträger, in: Merten/Papier (Hrsg.), HGrdR II, § 50; *v. Mangoldt*, Die deutsche Staatsangehörigkeit als Voraussetzung und Gegenstand der Grundrechte, in: Isensee/Kirchhof (Hrsg.), HStR V, 2. Aufl. 2000, § 119; *Störmer*, Gemeinschaftsrechtliche Diskriminierungsverbote versus nationale Grundrechte?, AöR 123 (1998), 541 ff.

2. Individueller personaler Geltungsumfang

Bei einzelnen Grundrechten ist der personale Geltungsumfang nicht unbegrenzt gewährleistet, sondern von der Schutzrichtung des Grundrechts abhängig. Hierin verdeutlicht sich der enge Zusammenhang zwischen persönlichem und sachlichem Schutzbereich![174] Anders als etwa die allgemeine Handlungsfreiheit beschränken einzelne Grundrechte die Grundrechtsträgerschaft durch ihre spezifische Schutzrichtung.

169 *Wernsmann*, Jura 2000, 657 (659).
170 *Breuer*, in: Isensee/Kirchhof (Hrsg.), HStR VI, 2001, 877-956 (895), § 147 Rn. 21 ausdrücklich zu Art. 8, 9 GG. Krit. zu dieser Differenzierung *Bauer/Kahl*, JZ 1995, 1077 (1078, insbes. Fn. 12).
171 *v. Bogdandy*, in: Grabitz/Hilf (Hrsg.), EUV/EGV I, 2009, Art. 12 EGV Rn. 48.
172 *Huber*, in: Merten/Papier (Hrsg.), HdGR II, 2006, 1129-1162 (1152), § 49 Rn. 48.
173 *Huber*, in: Merten/Papier (Hrsg.), HdGR II, 2006, 1129-1162 (1153), § 49 Rn. 50.
174 *v. Mutius*, Jura 1983, 30 (33).

Beispiele

Dürfen sich auf die Pressefreiheit der Verleger, der Chefredakteur oder der Journalist berufen? Gilt die Wissenschaftsfreiheit für Hochschullehrer, wissenschaftliche Mitarbeiter oder Studenten bzw. verfasste Studentenschaften?[175] Kann sich auch der Vormund auf Art. 6 Abs. 2 GG berufen?[176] Gilt das Wohnungsgrundrecht für den Mieter oder für den Vermieter? Ist Begünstigter der Vereinigungsfreiheit auch der Verband selbst in seinem Recht auf Selbstbestimmung oder sind es nur die natürlichen Personen, die sich zu einem Verband zusammenschließen?[177]

Zu trennen ist diese Frage von der weiteren Problematik, wie die ggf. einander entgegenstehenden Grundrechte von Hochschullehrer und Mitarbeiter, von Redakteur und Journalist zum Ausgleich gebracht werden können.

3. Verwirkung

Die Verwirkung von Grundrechten kann nur durch das BVerfG im Verfahren nach Art. 18 S. 2 GG ausgesprochen werden. In einer abschließenden Enumeration zählt Art. 18 S. 1 GG diejenigen Grundrechte auf, deren Verwirkung droht, soweit sie „zum Kampfe gegen die freiheitliche demokratische Grundordnung mißbraucht" werden. Die Bedeutung der Vorschrift ist weniger in ihrer praktischen Anwendung, als in ihrem appellativen Charakter zu suchen.

Prüfungsschema

A. Zulässigkeit

I. Antragsberechtigung (§ 36 BVerfGG)
II. Antragsgegenstand: Feststellung der Verwirkung eines Grundrechtes wegen möglichen Missbrauchs zum Kampf gegen die freiheitliche demokratische Grundordnung.
III. Antragsgegner: Natürliche Personen und nach Maßgabe des Art. 19 Abs. 3 GG juristische Personen, soweit sie Träger des zu verwirkenden Grundrechts sind.
IV. Vorverfahren (§ 37 BVerfGG)
V. Form (§ 23 Abs. 1 BVerfGG)

B. Begründetheit

I. Missbrauch eines der in Art. 18 GG genannten Grundrechte
II. Zum Kampf gegen die freiheitlich demokratische Grundordnung (vgl. Art. 21 Abs. 2 GG)

C. Entscheidung

Nicht unmittelbar ersichtlich ist der Standort der „Verwirkungsfrage" im Prüfungsaufbau. Zumeist wird von einer Beschränkung des *persönlichen* Schutzbereichs gesprochen,[178] da hierdurch dem Betroffenen die Möglichkeit genommen wird, sich auf das Grundrecht zu berufen. Es handelt sich um einen (zumindest partiellen) Grundrechts-

175 Hierzu *Stein*, Die Wissenschaftsfreiheit der Studierenden, JA 2002, 253 ff.
176 Verneinend *Dürig*, in: Maunz/Dürig (Hrsg.), GG III, 55. Lfg 2009, Art. 19 Abs. 3 GG (1977) Rn. 20.
177 In ersterem Sinne BVerfGE 80, 244 (253) – Vereinsverbot.
178 So *Huber*, in: Merten/Papier (Hrsg.), HdGR II, 2006, 1129-1162 (1156), § 49 Rn. 55. Enger *Pagenkopf*, in: Sachs (Hrsg.), GG, 5. Aufl. 2009, Art. 18 GG Rn. 13: lediglich Verbot der Grundrechtsausübung.

verlust.[179] Unter dem Aspekt, dass ein Grundrecht auch nur zum Teil der Verwirkung unterfallen kann (vgl. Art. 18 S. 2 GG: „Umfang") erscheint allerdings auch eine Interpretation als Beschränkung des *sachlichen* Schutzbereichs möglich.

Weiterführende Rechtsprechung: BVerfGE 38, 23 ff. – Deutsche Nationalzeitung.

Weiterführende Literatur: *Brenner*, Grundrechtsschranken und Verwirkung von Grundrechten, DÖV 1995, 60 ff.; *Butzer, Clever*, Grundrechtsverwirkung nach Art. 18 GG: Doch eine Waffe gegen politische Extremisten?, DÖV 1994, 637 ff.; *Hartmann*, Verwirkung von Grundrechten, AöR (95) 1970, 567 ff.; *Schmitt Glaeser*, Mißbrauch und Verwirkung von Grundrechten im politischen Meinungskampf, 1968; *Stettner*, Verfassungsdogmatische Erwägungen zur Grundrechtsverwirkung, DVBl. 1975, 801 ff.

4. Die Reichweite der Grundrechtsträgerschaft juristischer Personen (Art. 19 Abs. 3 GG)

Bestimmte Grundrechte sind aufgrund **ihres spezifischen Wesens** nicht auf juristische Personen anwendbar sein. So scheidet der Rückgriff auf solche Grundrechte aus, welche eine spezielle Beziehung zum **Menschsein** bzw. zum **Personsein** aufweisen. Hierunter fallen insbesondere

- die Menschenwürdegarantie des Art. 1 Abs. 1 GG;
- das Recht auf Leben, Freiheit und körperliche Unversehrtheit gemäß Art. 2 Abs. 2 S. 1, 2 i.V.m. Art. 104 GG;
- das allgemeine Persönlichkeitsrecht gem. Art. 2 Abs. 1 i.V.m. Art. 1 Abs. 1 GG (str.);[180] im Speziellen: das Recht auf informationelle Selbstbestimmung;[181]
- die Gleichberechtigung von Mann und Frau gemäß Art. 3 Abs. 2 GG (str.),[182]
- die Gewissensfreiheit gemäß Art. 4 Abs. 1, 3 GG (str.,[183] jedenfalls nicht: die Glaubensfreiheit, vgl. ***Fall 6***);
- der Schutz von Ehe und Familie gemäß Art. 6 Abs. 1 GG;
- das elterliche Erziehungsrecht gemäß Art. 7 Abs. 2;
- das Verbot der Zwangsarbeit gemäß Art. 12 Abs. 3 GG;
- der Auslieferungsschutz nach Art. 16 GG;
- das Asylrecht gemäß Art. 16a Abs. 1 GG;
- die staatsbürgerlichen Teilnahmerechte nach Art. 33 Abs. 1-3 und Art. 38 Abs. 1 S. 2 GG.

Fallbeispiel: Examensklausur, BayVBl. 2004, 28, 60 ff.

---

179 *Huber*, in: Merten/Papier (Hrsg.), HdGR II, 2006, 1129-1162 (1156), § 49 Rn. 55.

180 *Jarass*, NJW 1989, 857 (860); a.A. *Sachs*, in: Sachs (Hrsg.), GG, 5. Aufl. 2009, Art. 19 GG Rn. 70 unter Verweis auf das Namensrecht; ähnlich *Huber*, in: Mangoldt/Klein/Starck (Hrsg.), GG I, 5. Aufl. 2005, Art. 19 Abs. 3 GG Rn. 319: Schutz des Namens, der Reputation und der Geschäftsdaten; ebenfalls diff. *Dreier*, in: Dreier (Hrsg.), GG I, 2. Aufl. 2004, Art. 19 III GG Rn. 37.

181 Unter Verweis auf notwendige Diff. BVerfGE 118, 168 (202, 203 f.) – Kontostammdaten; ferner *Wilms/Roth*, JuS 2004, 577 ff.

182 Wie hier *Schoch*, Jura 2001, 201 (203).

183 Wie hier *Dreier*, in: Dreier (Hrsg.), GG I, 2. Aufl. 2004, Art. 19 III GG Rn. 35; *Huber*, in: Mangoldt/Klein/Starck (Hrsg.), GG I, 5. Aufl. 2005, Art. 19 Abs. 3 GG Rn. 316; *Sachs*, in: Sachs (Hrsg.), GG, 5. Aufl. 2009, Art. 19 GG Rn. 68; offen BVerfG (K), NJW 1990, 241 f., jedenfalls nicht für juristische Personen mit wirtschaftlicher Zielsetzung.

Vgl. darüber hinaus die **Kataloge** bei *Sachs*, in: Sachs, Grundgesetz Kommentar, 2009, Art. 19 GG Rn. 68 ff.; *Dreier*, in: Dreier (Hrsg.), GG I, 2. Aufl. 2004, Art. 19 III GG Rn. 35; *Stern*, Das Staatsrecht der Bundesrepublik Deutschland, 1988, S. 1126 ff.; *Rüfner*, Grundrechtsträger, in: Isensee/Kirchhof (Hrsg.), HStR V, 2. Aufl. 2000, § 116 Rn. 37.

Weiterführende Rechtsprechung: BVerfGE 42, 212 ff. – Durchsuchungsbefehl (Berufung einer KG auf Art. 13 GG)

Weiterführende Literatur: *Bleckmann/Helm,* Die Grundrechtsfähigkeit juristischer Personen, DVBl. 1992, 9 ff.; *Guckelberger*, Zum Grundrechtsschutz ausländischer juristischer Personen, AöR (129) 2004, 618 ff.; *Isensee*, Anwendung der Grundrechte auf juristische Personen, in: Isensee/Kirchhof (Hrsg.), HStR V, 2. Aufl. 2000, § 118; *Kotzur,* Der Begriff der inländischen juristischen Person nach Art. 19 Abs. 3 GG im Kontext der EU, DÖV 2001, 192 ff.; *Schoch*, Grundrechtsfähigkeit juristischer Personen, Jura 2001, 201 ff.; *Tettinger*, Juristische Personen des Privatrechts als Grundrechtsträger, in: Merten/Papier (Hrsg.), HGrdR II, 2006, § 51; *Ossenbühl*, FS Stern, 1997, 887.

B. Sachlicher Schutzbereich

Der **sachliche Schutzbereich** „kennzeichnet diejenigen Handlungen, Lebensräume und ggf. Einrichtungen, die durch ein Grundrecht geschützt und damit gegen ungerechtfertigte staatliche Eingriffe gesichert (sind)".[184] Dabei sind die **verfassungsimmanenten Begrenzungen** (nicht: Begrenzungs*möglichkeiten*, die unter einem Verhältnismäßigkeitsvorbehalt stehen) mit zu berücksichtigen *(Bsp.: Schutz nur der friedlichen und waffenlosen Versammlung in Art. 8 Abs. 1 GG)*. So spielt die Wirkung der Grundrechtsbeeinträchtigung bereits in die Frage der Schutzbereichs*eröffnung* hinein.[185] Der Schutzbereich ist in der Fallprüfung gerade mit Blick auf die Beeinträchtigung zu konkretisieren.

Beispiel

Beim Recht auf Freiheit (Art. 2 Abs. 2 S. 2 GG) wird der Schutzbereich durch die Beschränkung auf einen Ort oder einen begrenzten Raum geprägt. Die Durchsuchung von Geschäftsräumen eröffnet die Frage, ob hierdurch bereits der Schutzbereich des Wohnungsgrundrechts (Art. 13 GG) eröffnet ist.

Einzelne Grundrechte werden **alternativ** oder **kumulativ** der Ausformung durch verschiedene Grundrechtsnormen überlassen.

Beispielsweise wird das Wettbewerbsrecht auf Art. 2 Abs. 1 GG oder Art. 12 Abs. 1 GG gegründet. Die Privatautonomie wird als wirtschaftliche Handlungsfreiheit grds. von Art. 2 Abs. 1 GG geschützt. Aufgrund der Subsidiarität von Art. 2 Abs. 1 GG wird die Vorschrift je nach dem Rechtsgebiet, auf dem ein Vertrag geschlossen wird, von der spezielleren Norm verdrängt.[186] So kommt bspw. Art. 12 Abs. 1 GG zur Anwendung, wenn die Ausübung der wirtschaftlichen Handlungsfreiheit in Ausübung eines Berufs i.S. dieser Vorschrift erfolgt. Daneben bestehen die sog. Kombinationsrechte (etwa das auf Art. 2 Abs. 1 i.V.m. Art. 1 Abs. 1 GG gegründete allgemeine Persönlichkeitsrecht), welche in der Rechtsprechung des BVerfG in jüngerer Zeit „Konjunktur" haben (vgl. BVerfGE 104, 337 ff. – Schächtverbot). Durch die Kumulationen mehrerer betroffener Grundwerte erhöht sich der Wert des Grundrechtsschutzes im Einzelfall.

---

184 *Hufen*, StaatsR II, 2. Aufl. 2009, § 6 Rn. 2.
185 Hierzu *Michael/Morlok*, Grundrechte, 2008, Rn. 41 ff.
186 Hierzu *Di Fabio*, in: Maunz/Dürig (Hrsg.), GG I, 55. Lfg. 2009, Art. 2 Abs. 1 GG (2001) Rn. 103.

▶ **Klausurhinweis:** Sofern Zweifel an der Eröffnung des *sachlichen* Schutzbereichs bestehen, sind diese im Rahmen der Zulässigkeitsprüfung unter dem Punkt **Beschwerdebefugnis** anzusprechen.

Weiterführende Literatur: *Lerche*, Grundrechtlicher Schutzbereich, Grundrechtsprägung und Grundrechtseingriff, in: Isensee/Kirchhof (Hrsg.), HStR V, 2. Aufl. 2000, § 121.

I. Schutzumfang

1. Weiter Schutzbereich

Hinsichtlich des Umfangs des sachlichen Schutzes ist insbesondere in jenen Fällen, in denen aus der Formulierung des Grundgesetzes die Reichweite des Schutzumfangs nicht hinreichend deutlich zum Ausdruck kommt, ein *weites Verständnis* zu Grunde zu legen (**in dubio pro libertate**).[187] Dies entspricht einem liberalen Grundrechtsverständnis. Jede bereits auf der Schutzbereichsebene zulässige Einschränkung des Grundrechtsschutzes enthebt den Hoheitsträger des Verhältnismäßigkeitsvorbehalts ebenso wie der Einhaltung der anderen Schranken-Schranken.

So wird *beispielsweise* der Begriff der **Wohnung** in Art. 13 Abs. 1 GG über die alltagssprachliche Bedeutung hinaus nicht lediglich auf Wohn-, sondern zugleich auf Geschäftsräume ausgedehnt (so die h.M.).[188] In gleicher Weise werden unter den Begriff der **Meinung** in Art. 5 Abs. 1 S. 1 1. Hs. GG auch Tatsachenbehauptungen gefasst, soweit sie meinungserheblich sind. Das Grundrecht des Art. 2 Abs. 1 GG umfasst nicht lediglich einen Bereich begrenzter Persönlichkeitsentfaltung, sondern jede Form menschlichen Handelns (sog. **allgemeine Handlungsfreiheit**), ohne Rücksicht darauf, welches Gewicht der Betätigung für die Persönlichkeitsentfaltung zukommt.[189]

Inhalt einer so verstandenen weiten Auslegung ist es auch, dass das **Selbstverständnis** des Grundrechtsträgers bei der Interpretation des Schutzbereichs Berücksichtigung findet.[190] Diesem Verständnis würde es widersprechen, wenn der Staat ein bestimmtes Verständnis von Kunst oder Religion vorgeben würde. Bei der Auslegung des **Kunstbegriffs** i.S.d. Art. 5 Abs. 3 GG wird daher mittlerweile weitgehend von einem weiten Begriffsverständnis ausgegangen, welches jede „freie schöpferische Gestaltung" umfasst, „in der Eindrücke, Erfahrungen, Erlebnisse des Künstlers durch das Medium einer bestimmten Formensprache zur unmittelbaren Anschauung gebracht werden".[191] In ähnlicher Weise wird **Glaube** i.S.d. Art. 4 Abs. 1 GG als jede Überzeugung von der Stellung des Menschen in der Welt und seiner Beziehung zu höheren Mächten und tieferen Seinsschichten verstanden. Der einzelne wird daher nicht auf „klassische" Religionen begrenzt, sondern kann den Schutz seines spezifischen Glaubensverständnisses verlangen. Abgrenzungsschwierigkeiten entstehen erst dann, wenn die Glaubens-

187 *Hufen*, StaatsR II, 2. Aufl. 2009, § 6 Rn. 15.
188 Statt vieler *Papier*, in: Maunz/Dürig (Hrsg.), GG I, 55. Lfg. 2009, Art. 13 (1999), Rn. 10.
189 BVerfGE 6, 32 (36) – Elfes.
190 *Höfling*, Offene Grundrechtsinterpretation, 1987, S. 21 ff. und passim.
191 BVerfGE 30, 173 (188 f.) – Mephisto; BVerfGE 67, 213 (226) – Anachronistischer Zug. Hierdurch soll „staatliches Kunstrichtertum" ausgeschlossen werden; *Starck*, in: Mangoldt/Klein/Starck (Hrsg.), GG I, 5. Aufl. 2005, Art. 5 Abs. 3 GG Rn. 298.

freiheit als Deckmantel wirtschaftlicher (oder politischer) Betätigung genutzt wird (*P!* Scientology). Als **Wissenschaft** gilt alles, was „nach Inhalt und Form als ernsthafter Versuch zur Ermittlung von Wahrheit anzusehen ist".[192] Der **Berufsbegriff** in Art. 12 Abs. 1 GG orientiert sich nicht an hergebrachten Berufsbildern, sondern schützt auch untypische und neuartige Betätigungen.

Schutzbereichsbegrenzungen sind daher nur als explizit verfassungsunmittelbare denkbar.

Beispiel: Schutz der friedlichen Versammlung in Art. 8 Abs. 1 GG.

Daher ist auch jedem Versuch zu begegnen, den grundrechtlichen Schutzbereich unter einen **allgemeinen Friedlichkeitsvorbehalt** zu stellen.[193] Nach h.M. werden daher auch **unerlaubte Verhaltensweisen** in den Umfang der Schutzbereiche aufgenommen (hierzu ***Fall 4***). Gleichermaßen liegt ein **Beruf** i.S.d. Art. 12 Abs. 1 GG sogar bei **sozial- und gemeinschaftsschädlichem Verhalten** vor.[194]

Beispiel: Unter den Schutzbereich des Art. 12 Abs. 1 GG fällt daher auch die Durchführung von Lotterie- und Wettveranstaltungen (BVerfGE 115, 276 ff.).

Eine **Ausnahme** des weiten Ansatzes stellt neuerdings die Diskussion um die Versammlungsfreiheit dar. In dem Streit um deren Reichweite hat sich das BVerfG nunmehr einem engen Versammlungsbegriff zugewandt und jedenfalls Veranstaltungen, die nicht auf den Zweck einer Meinungskundgabe ausgerichtet sind, aus dem Versammlungsbegriff ausgenommen.[195] Als weitere **Ausnahme** ist die Osho-Entscheidung zu werten, welche den Schutzbereich durch den Aspekt der Schutzrichtung begrenzt (vgl. hierzu unter II., S. 56 f.).

Partiell abweichend von den beschriebenen Grundsätzen gestaltet sich die Rechtslage im Rahmen des **Art. 1 Abs. 1 GG**. Einer offenen Schutzbereichsauslegung steht hier die Uneinschränkbarkeit des Grundrechts entgegen. Zugleich verhindert die mangelnde Fassbarkeit des Würdebegriffs seine abstrakte Definition, an dessen Stelle die Beschreibung durch Fallgruppen treten muss.[196]

Weiterführende Rechtsprechung und Literatur: *Höfling*, Offene Grundrechtsinterpretation – Grundrechtsauslegung zwischen amtlichem Interpretationsmonopol und privater Konkretisierungskompetenz –, 1987; ***insbesondere zur Reichweite des sachlichen Schutzbereichs von* Art. 1 Abs. 1 GG (Menschenwürde):** *Dürig*, Der Grundrechtssatz von der Menschenwürde – Entwurf eines praktikablen Wertsystems der Grundrechte aus Art. 1 Abs. I in Verbindung mit Art. 19 Abs. II des Grundgesetzes, AöR 81 (1956), 117 ff.; *Dreier*, Menschenwürdegarantie und Schwangerschaftsabbruch, DÖV 1995, 1036 ff.; **Art. 2 Abs. 1 GG (allgemeine Handlungsfreiheit):** BVerfGE 6, 32 ff. –

192 BVerfGE 90, 1 (12) – Kriegsschuld-Buch.
193 So aber *Bethge*, in: Sachs (Hrsg.), GG, 5. Aufl. 2009, Art. 5 GG Rn. 35.
194 In diesem Sinne *Jarass*, in: Jarass/Pieroth (Hrsg.), GG, 10. Aufl. 2009, Art. 12 GG Rn. 7.
195 BVerfG (K), NJW 2001, 2459 – Loveparade. Noch enger fordert das BVerfG in seiner Entscheidung sogar eine *öffentliche* Meinungskundgabe; eine *private* Meinungskundgabe als ausreichend erachtend hingegen *Kunig*, in: Münch/Kunig (Hrsg.), GG I, 5. Aufl 2000, Art. 8 GG Rn. 17.
196 Parallel hierzu zeigt sich das Vorgehen bei Eingriffen in das allgemeine Persönlichkeitsrecht, welches aufgrund seiner Nähe zu Art. 1 Abs. 1 GG ebenso nur in Form von Fallgruppen erfasst werden kann; vgl. hierzu *Jarass*, NJW 1989, 857 (858 f.).

Elfes; BVerfGE 54, 143 ff. – Taubenfütterungsverbot; BVerfGE 80, 137 ff. – Reiten im Walde (mit abweichendem Votum *Grimm*); BVerfGE 90, 145 ff. – Cannabis; *Degenhart*, Die allgemeine Handlungsfreiheit des Art. 2 I GG, JuS 1990, 161 ff.; *Duttge*, Freiheit für alle oder allgemeine Handlungsfreiheit?, NJW 1997, 3353 ff.; *Erichsen*, Allgemeine Handlungsfreiheit, in: Isensee, Kirchhof (Hrsg.), Handbuch des Staatsrechts der Bundesrepublik Deutschland, Band VI: Freiheitsrechte, 2. Aufl., Heidelberg 2001, 1185 ff.; *Kahl*, Die Schutzergänzungsfunktion von Art. 2 Abs. 1 Grundgesetz, 2000; *Pieroth*, Der Wert der Auffangfunktion des Art. 2 Abs. 1 GG, AöR (115) 1990, 33 ff.; **Art. 2 Abs. 1 i.V.m. Art. 1 Abs. 1 GG (allgemeines Persönlichkeitsrecht):** *Jarass*, Das allgemeine Persönlichkeitsrecht im Grundgesetz, NJW 1989, 857 ff.; insbesondere zum **Grundrecht auf informationelle Selbstbestimmung:** *Hufen*, Schutz der Persönlichkeit und Recht auf informationelle Selbstbestimmung, in: Badura/Dreier (Hrsg.), FS BVerfG II, 2001, S. 105 ff.; **Art. 2 Abs. 2 S. 1 GG (Lebensgrundrecht):** BVerfGE 39, 1 ff. – Schwangerschaftsabbruch I; BVerfGE 88, 203 ff. – Schwangerschaftsabbruch II; **Art. 4 Abs. 1, 2 GG (Glaubensfreiheit):** BVerfGE 83, 341 ff. – Bahá'i; *Badura*, Der Schutz von Religion und Weltanschauung durch das Grundgesetz – Verfassungsfragen zur Existenz und Tätigkeit der neuen „Jugendreligionen", 1989; *Bock*, Die Religionsfreiheit zwischen Skylla und Charybdis, AöR 123 (1998), 444 ff.; *Goerlich*, Glaubens- und Religionsfreiheit in „Zeiten des Multikulturalismus", in: Enders/Kahlo (Hrsg.), Toleranz als Ordnungsprinzip? – Die moderne Bürgergesellschaft zwischen Offenheit und Selbstaufgabe, 2007, 207 ff.; *Kästner*, Das Grundrecht auf Religions- und Weltanschauungsfreiheit in der neueren höchstrichterlichen Rechtsprechung, AöR 123 (1998), 408 ff.; *Kluth*, Die Grundrechte des Art. 4 GG, Jura 1993, 137 ff.; *Poscher*, Totalität – Homogenität – Zentralität – Konsistenz. Zum verfassungsrechtlichen Begriff der Religionsgemeinschaft, Der Staat 39 (2000), 49 ff.; insbesondere zur **politischen und wirtschaftlichen Betätigung (sog.) Religionsgemeinschaften:** BVerfGE 105, 279 ff. – Osho; *Classen*, Religionsrecht, 2006, Rn. 103 ff.; *Droege*, Der Religionsbegriff im deutschen Religionsverfassungsrecht – oder: Vom Spiel mit einer großen Unbekannten, in: Hildebrandt/Brocker (Hrsg.), Der Begriff der Religion: Interdisziplinäre Perspektiven, 2008, 159 (168); *Pieroth/Kingreen*, Das Verbot von Religions- und Weltanschauungsgemeinschaften, NVwZ 2001, 841 ff.; *Velken*, Das Verbot von Weltanschauungs- und Religionsgemeinschaften, 1999, S. 47 ff.; **Art. 5 Abs. 1 S. 1 1. Hs. GG (Meinungsfreiheit):** BVerfGE 90, 241 ff. – „Auschwitz-Lügen"; BVerfGE 93, 266 ff. – „Soldaten-Mörder"; *Erichsen*, Das Grundrecht der Meinungsfreiheit, Jura 1996, 84 ff.; *Nolte/Tams*, Grundfälle zu Art. 5 I 1 GG (Teil 1), JuS 2004, 111 ff.; *Nolte/Tams*, Der Schutzbereich der Meinungsfreiheit, JA 2002, 259 ff.; insbesondere zum Bereich der **ökonomischen Meinung (Werbung)** vgl. die Literatur zu ***Fall 5***; **Art. 5 Abs. 3 1. Alt. GG (Kunstfreiheit):** BVerfGE 67, 213 ff. – Anachronistischer Zug; BVerfGE 83, 130 ff. – Josefine Mutzenbacher; **Art. 5 Abs. 3 2. Alt. GG (Wissenschaftsfreiheit):** BVerfGE 90, 1 ff. – Kriegsschuldbuch; **Art. 8 Abs. 1 GG (Versammlungsfreiheit):** BVerfGE 87, 399 ff. – Versammlungsrecht; *Enders*, Der Schutz der Versammlungsfreiheit (Teil I), Jura 2003, 34 ff.; *Lembke*, Grundfälle zu Art. 8 GG, JuS 2005, 984 ff.; insbesondere zur Problematik der **„Loveparade"**: BVerfG (K), NJW 2001, 2459 – Loveparade; *Sachs*, Rechtsprechungsübersicht, JuS 2001, 1223 ff.; *Wiefelspütz*, Ist die Love-Parade eine Versammlung?, NJW 2002, 274 ff.; **Art. 9 Abs. 3 GG (Koalitionsfreiheit):** BVerfGE 92, 365 ff. - § 116 AFG; **Art. 10 (Telekommunikationsfreiheit):** BVerfGE 100, 313 ff. – BND-Abhörbefugnisse; **Art. 12 Abs. 1 GG (Berufsfreiheit):** BVerfGE 7, 377 ff. – Apothekenurteil; BVerfGE 78, 179 (193) – Heilpraktikergesetz; *Kluth*, Das Grundrecht der Berufsfreiheit – Art. 12 Abs. 1 GG, Jura 2001, 372 ff.; **Art. 13 Abs. 1 GG (Wohnung):** BVerfGE 32, 54 ff. – Betriebsbetretungsrecht; *Wißmann*, Grundfälle zu Art. 13 GG, JuS 2007, 324 ff.

2. Schutzdimension: Positive und negative Ausprägung

Grundsätzlich weisen Grundrechte eine **positive** und eine **negative** Ausprägung auf. Der einzelne kann also das Schutzgut eines Grundrechts ebenso in positiver wie in negativer Hinsicht geltend machen, auch wenn dieses in den meisten Fällen ausdrücklich positiv formuliert ist.

Beispielsweise umfasst die Meinungsfreiheit nach Art. 5 Abs. 1 S. 1 1. Hs. GG, welcher explizit das Recht verbürgt eine „Meinung, ... zu äußern und zu verbreiten" genauso das Recht, die Verbreitung einer fremden Meinung (hierzu BVerfGE 95, 173, 182 – Tabakwarnung) oder die Offenbarung der eigenen Anschauung zu verweigern. Manche Grundrechte – wie Art. 4 Abs. 3

GG, Art. 7 Abs. 3 S. 3 GG, Art. 12 Abs. 2 GG, Art. 140 GG i.V.m. Art. 136 Abs. 3 S. 1 und Abs. 4 WRV – enthalten auch benannte negative Grundrechte.

Das Recht, die Existenz eines obersten göttlichen Wesens zu leugnen, – und weitergehend: eine fremde Religionsausübung abzulehnen – wird von Seiten der Literatur[197] und der Rechtsprechung[198] zumeist der **negativen Religionsfreiheit** zugerechnet. *J. Ipsen* hingegen versteht Glaubensfreiheit als die Freiheit, die individuelle Gewissheit eines höchsten Wesens unbeeinflusst zu bilden und auszuüben. Diese Überzeugung kann sich auf die **Existenz** oder die **Nichtexistenz** eines (nach *Brecht*) „höchsten Wesens, das wir verehren" beziehen. Durch Art. 4 Abs. 1 GG werden hiernach die Glaubens- und die Weltanschauungsfreiheit, die sich als individuelle Gewissheiten von vornherein der Bewertung als „positiv" und „negativ" entziehen, gewährleistet. Die **Differenzierung** in eine *positive* und *negative* Religionsfreiheit erscheint so betrachtet **überflüssig und systemfremd.**[199] Dies ist **richtig**, soweit die Äußerung der eigenen atheistischen Auffassung in Rede steht. Betrifft die Fallgestaltung, jedoch die Abwehr einer fremden Religionsausübung (Kruzifix im Klassenzimmer, Lehrerin mit Kopftuch, liturgisches Glockenläuten oder Muezzinruf), so geht es ja gerade nicht um die Gewährleistung der eigenen „individuellen Gewissheit", sondern die Abwehr der sich aufdrängenden fremden Glaubensäußerung. Diese Abwehr muss gerade nicht aus einer atheistischen, sondern kann gleichermaßen aus einer ‚konkurrierenden' Glaubensüberzeugung heraus erfolgen (rel. Überzeugung christlicher Eltern gegen jene der Kopftuch tragenden muslimischen Lehrerin; vgl. hierzu ***Fall 16***).

Umstritten ist, ob auch die **Versammlungsfreiheit** eine solche negative Ausprägung aufweist. **Gegen** den Schutz der negativen Versammlungsfreiheit in Art. 8 Abs. 1 GG wird vor allem der historische Sinn und Zweck des Art. 8 GG vorgebracht, der in der Ermöglichung kollektiven Handelns zu erblicken ist. **Hingegen** hat die **h.M.** mittlerweile auch die negative Versammlungsfreiheit als Schutzgut des Art. 8 Abs. 1 GG anerkannt.[200]

Art. 9 Abs. 1 GG kennt nach **teilweise vertretener Ansicht** im Hinblick auf öffentlich-rechtliche Vereinigungen sogar eine negative Freiheit, der keine positive Freiheit entspricht: Es ist danach zwar nicht das Recht zur Vereinigung in öffentlich-rechtlicher Organisationsform, aber das Recht zum Fernbleiben von einer solchen Vereinigung von Art. 9 Abs. 1 GG geschützt.[201] **Dagegen** lässt sich insbesondere das Fehlen einer positi-

---

197 *Kokott*, in: Sachs (Hrsg.), GG, 5. Aufl. 2009, Art. 4 GG Rn. 28; *Morlok*, in: Dreier (Hrsg.), GG I, 2. Aufl. 2004, GG I, Art. 4 Rn. 64.

198 BVerfGE 41, 29 (49) – Simultanschule; BVerfGE 85, 94 (96) – Kruzifix I; BVerfGE 93, 1 (22) – Kruzifix II.

199 In diesem Sinne *Ipsen*, StaatsR II, 11. Aufl. 2008, Rn. 381; *ders.*, FS Kriele, 307 ff. Vgl. auch *Starck*, in: Mangoldt/Klein/Starck (Hrsg.), GG I, 5. Aufl. 2005, Art. 4 Abs. 1, 2 GG Rn. 23, der die „negative Religionsfreiheit, ... keiner Religion anzuhängen" zugleich als „positive Weltanschauungsfreiheit" begreift.

200 *Schneider*, in: Epping/Hillgruber (Hrsg.), BeckOK, Art. 8 GG Rn. 16.

201 So etwa *Höfling*, in: Sachs (Hrsg.), GG, 5. Aufl. 2009, Art. 9 GG Rn. 22; *Ipsen*, StaatsR II, 12. Aufl. 2009, 23 f.; *Pieroth/Schlink*, Grundrechte, 25. Aufl. 2009, Rn. 730; *Schöbener*, VerwArch (91) 2000, 374 (402 f.); a.A. BVerfGE 10, 89 ff. – Erftverband; *Jarass*, in: Jarass/Pieroth (Hrsg.), GG, 10. Aufl. 2009, Art. 9 GG Rn. 5; *Kemper*, in: Mangoldt/Klein/Starck (Hrsg.), GG I, 5. Aufl. 2005, Art. 9 Abs. 1 GG Rn. 29.

ven Ausprägung dieser Freiheit anführen: Die Gründung einer öffentlich-rechtlichen Vereinigung, welche nicht auf einer privatautonomen Entscheidung, sondern auf staatlichem Hoheitsakt beruht, liegt außerhalb des privaten Kompetenzbereichs. Dem entspricht die Definition des Vereins in § 2 Abs. 1 VereinsG, welcher den freiwilligen Zusammenschluss voraussetzt. Wo aber keine positive Freiheit ist, da, so könnte man annehmen, kann es auch keine negative Freiheit geben. **Dafür** spricht andererseits, dass die Bildung öffentlich-rechtlicher Vereinigungen staatsinterne und daher dem Grundrechtsschutz grds. verschlossene Tätigkeit (mit anderen Worten: „de(m) Privaten unmögliche Inanspruchnahme öffentlich-rechtlicher Gestaltungsformen"[202]), das Fernbleiben von einer solchen Vereinigung jedoch Ausdruck gesellschaftlicher „freier sozialer Gruppenbildung" ist.[203] Daher richtet sich die Vereinigungsfreiheit geschichtlich gerade auch gegen hoheitliche Zwangszusammenschlüsse.[204]

Bei der negativen Dimension der Grundrechte handelt sich **nicht** um eine Frage des **Grundrechtsverzichts** (hierzu unten Kap. 2 Abschn. 2, A.II, S. 80 ff.). Vielmehr stellt bspw. auch die Weigerung der Tabakindustrie, den Zigaretten eine gesundheitsfördernde Warnung beizugeben, eine Inanspruchnahme der grundrechtlichen Freiheitsgewährleistung dar.

Weiterführende Literatur: *Hellermann*, Die sogenannte negative Seite der Freiheitsrechte, 1993; *Merten*, Negative Grundrechte, in: Merten/Papier (Hrsg.), HGrdR II, § 42.

3. Schutzbereichskonstituierung und -konkretisierung durch Gesetz

Im Bereich der Institutsgarantien (Eigentum, Ehe) bedarf es der gesetzlichen **Schutzbereichskonstituierung**: „Der Gesetzgeber präsentiert die rechtliche Substanz ..., auf die sich der Freiheitsschutz bezieht,"[205] da der Schutzbereich ein **normatives Konstrukt** beschreibt. Ihre Grenzen findet die Konkretisierungsbefugnis des Gesetzgebers jedoch in einem vorfindlichen gesellschaftlichen Verständnis des Instituts. Im Hinblick auf die Einführung des Lebenspartnerschaftsgesetzes führt das BVerfG insoweit aus:

> „Der Gesetzgeber hat (zwar) einen erheblichen Gestaltungsspielraum, Form und Inhalt der Ehe zu bestimmen .... Das Grundgesetz gewährleistet das Institut der Ehe nicht abstrakt, sondern in der Ausgestaltung, wie sie den jeweils herrschenden, in der gesetzlichen Regelung maßgebend zum Ausdruck gelangten Anschauungen entspricht .... **Allerdings** muss der Gesetzgeber bei der Ausformung der Ehe die wesentlichen Strukturprinzipien beachten, die sich aus der Anknüpfung des Art. 6 Abs. 1 GG an die vorgefundene Lebenform in Verbindung mit dem Freiheitscharakter des verbürgten Grundrechts und anderen Verfassungsnormen ergeben .... Zum Gehalt der Ehe, wie er sich ungeachtet des gesellschaftlichen Wandels und der damit einhergehenden Änderungen ihrer rechtlichen Gestaltung bewahrt und durch das Grundgesetz seine Prägung bekommen hat, gehört, dass sie die Vereinigung **eines Mannes mit einer Frau** zu einer auf Dauer angelegten Lebensgemeinschaft ist, begründet auf freiem Entschluss unter Mitwirkung des Staates ..., in der Mann und Frau in gleichberechtigter Partnerschaft zueinander stehen ... und über die Ausgestaltung ihres Zusammenlebens frei entscheiden können".[206]

---

202 *Pieroth/Schlink*, Grundrechte, 25. Aufl. 2009, Rn. 730.
203 *Ipsen*, StaatsR II, 12. Aufl. 2009, Rn. 24.
204 *Müller*, Korporation und Assoziation, 1965, 231 ff.
205 *Lerche*, in: Isensee/Kirchhof (Hrsg.), HStR V, 2000, 739-773 (763), § 121 Rn. 39.
206 BVerfGE 105, 313 (345) – Lebenspartnerschaftsgesetz.

Neben diesen „qua Natur der Sache" bestehenden Institutsgarantien, anerkennt das BVerfG jedoch auch die „Freie Presse", die Universität (Art. 5 Abs. 3 GG) usw. als Institutsgarantien. Ihre Funktion liegt in der Ausformung und Vertiefung der eigentlichen Freiheitsgrundrechte. In Abgrenzung zu den oben genannten sind sie daher nur „Hilfsrechte" der eigentlichen Freiheiten. Die zitierte Rechtsprechung hat in der Literatur daher auch Kritik erfahren.

Weiterführende Rechtsprechung: BVerfGE 6, 55 ff. – Steuersplitting; BVerfGE 20, 162 ff. – Spiegel-Urteil; BVerfGE 24, 367 f. – Hamburgisches Deichordnungsgesetz; BVerfGE 35, 79 ff. – Hochschulurteil.

Hiervon zu unterscheidende **Schutzbereichskonkretisierungen** werden in einfachgesetzlichen Definitionen verfassungsrechtlicher Begriffe oder in der gesetzgeberischen Ausgestaltung verfassungsrechtlicher Schutzpflichten erblickt.[207] Zwar ist der einfache Gesetzgeber an die Verfassung gebunden – nicht umgekehrt, doch wird ihm zum Teil in Rahmen der Verfassung ein Konkretisierungsrahmen zugestanden, von dem er etwa in § 2 Abs. 1 VereinsG Gebrauch gemacht haben soll. Bei der Bestimmung des Schutzbereichs des Art. 9 Abs. 1 wird daher zumeist versichernd auf diese Vorschrift verwiesen.

Darüberhinaus findet eine Schutzbereichskonkretisierung jedoch nicht durch Verbotstatbestände statt, da hierin keine Veränderung bzw. Modifizierung der Verfassungsaussage selbst liegt.

II. Schutzrichtung

Eine neue Kategorie zur Bestimmung des sachlichen Schutzbereichs wurde mit den Entscheidungen „Osho" und „Glykol" des BVerfG eingeführt. Als weiteren Aspekt der Schutzbereichskonkretisierung entwickelte das Gericht im Hinblick auf die streitgegenständliche **staatlichen Warnungen** vor Jugendsekten bzw. Gesundheitsgefährdungen durch Wein die sog. **Schutzrichtung**. Nach Auffassung des BVerfG bietet Art. 4 Abs. 1, 2 GG keinen Schutz vor der öffentlichen – auch kritischen – Auseinandersetzung des Staates mit Trägern dieses Grundrechts (konkret: Warnung vor Jugendsekten). Art. 12 Abs. 1 GG umfasst nicht den Schutz vor marktbezogenen Informationen des Staates (konkret: Warnung vor glykolversetztem Wein). Die *sachliche* Auseinandersetzung mit dem Grundrechtsträger berührt diesen daher nicht in seinen Grundrechten. Parallel zur Einengung des Schutzbereichs erfolgt in den Entscheidungen eine Verengung des Eingriffsbegriffs (dazu unten Kap. 2 Abschn. 2, B., S. 82). Die Frage der Zulässigkeit staatlichen Handelns wird hierdurch von der Rechtfertigungsebene auf die Schutzbereichs- bzw. Eingriffsebene vorverlagert. Die Stellung des Grundrechtsträgers wird zugleich verschlechtert, da das Schrankenerfordernis entfällt. Vgl. hierzu noch ***Fall 6.***

Die Verwendung einer „Gewährleistungsbereichs"-Metaphorik anstelle des eingebürgerten Schutzbereichsbegriffs hat vor dem beschriebenen Hintergrund zugleich in der wissenschaftlichen Literatur eine Diskussion um die Neujustierung der Grundrechtsdogmatik ausgelöst. Vereinzelt zeigt sich der Eindruck, die bislang uneingeschränkt

207 *Lerche*, in: Isensee/Kirchhof (Hrsg.), HStR V, 2000, 739-773 (764 f.), § 121 Rn. 41 f.

freiheitlich gedachten Grundrechte veränderten sich zu **Gewährleistungsrechten**, welche erst staatlicher Zuerkennung ihre Entstehung verdanken. Dies steht einem bislang noch überwiegenden liberalen Grundrechtsverständnis entgegen.

Weiterführende Literatur und Rechtsprechung: BVerfGE 105, 252 ff. – Glykol; BVerfGE 105, 279 ff. – Osho; *Bethge*, Zur verfassungsrechtlichen Legitimation informalen Staatshandelns der Bundesregierung, Jura 2003, 327 ff.; *Böckenförde*, Schutzbereich, Eingriff, Verfassungsimmanente Schranken – Zur Kritik gegenwärtiger Grundrechtsdogmatik –, Der Staat 42 (2003), 165 ff.; *Huber*, Die Informationstätigkeit der öffentlichen Hand – ein grundrechtliches Sonderregime aus Karlsruhe?, JZ 2003, 290 ff.; *Martins*, Grundrechtsdogmatik im Gewährleistungsstaat: Rationalisierung der Grundrechtsanwendung?, DÖV 2007, 456 ff.; *Murswiek*, Das BVerfG und die Dogmatik mittelbarer Grundrechtseingriffe, NVwZ 2003, 1 ff.; *Kahl*, Neuere Entwicklungslinien der Grundrechtsdogmatik – Von Modifikationen und Erosionen des grundrechtlichen Freiheitsparadigmas –, Der Staat (131) 2006, 579 ff.; *Kahl*, Vom weiten Schutzbereich zum engen Gewährleistungsgehalt, Der Staat (43) 2004, 167 ff.; in Erwiderung *Hoffmann-Riem*, Grundrechtsanwendung unter Rationalitätsanspruch – Eine Erwiderung auf Kahls Kritik an neueren Ansätzen in der Grundrechtsdogmatik –, Der Staat (43) 2004, 203 ff.; *Möllers*, Wandel der Grundrechtsjudikatur, NJW 2005, 1973 ff.; *Volkmann*, Veränderungen der Grundrechtsdogmatik, JZ 2005, 261 ff.

Lösungen

Fall 3 [Forschung auf dem Gentechnik-Feld]

Es ist zu prüfen, ob sich Universität U auf das Grundrecht der Wissenschaftsfreiheit nach Art. 5 Abs. 3 S. 1, 2. Alt. GG berufen kann. Problematisch könnte die **Grundrechtsfähigkeit** der Universität sein, da sie gem. § 58 Abs. 1 S. 1 HRG eine **öffentlich-rechtliche Körperschaft** ist. Grundrechte sind „ihrem Wesen nach" grundsätzlich nicht auf juristische Personen des öffentlichen Rechts anwendbar (Art. 19 Abs. 3 GG), da sich ihr Verhältnis als Kompetenzkonflikt, nicht dagegen als (Grund-)Rechtsverhältnis darstellt. Ausnahmsweise besteht Grundrechtsfähigkeit jedoch dort, wo eine juristische Person sich in einer vom Staat unabhängigen Stellung, also in einer *grundrechtstypischen Gefährdungslage* befindet. Hochschulen bzw. Fakultäten (Art. 5 Abs. 3 S. 1, 2. Alt. GG) werden durch das BVerfG als explizite Ausnahmen genannt, da sie verselbstständigte staatliche Institutionen im Bereich mittelbarer Staatsverwaltung darstellen (vgl. insoweit auch §§ 58 Abs. 1 S. 3, Abs. 2 S. 1 HRG), deren Funktion in der Durchsetzung und Gewährleistung der Wissenschaftsfreiheit besteht (vgl. auch § 2 Abs. 1 S. 1 HRG). In diesem Sinne ist U grundrechtsfähig aus Art. 5 Abs. 3 S. 1, 2. Alt. GG.

Weiterhin müsste die Freisetzung gentechnisch veränderter Pflanzen von dem **sachlichen Schutzbereich** des Art. 5 Abs. 3 S. 1, 2. Alt. GG gedeckt sein. Art. 5 Abs. 3 S. 1, 2. Alt. GG gibt zwar keinen Anspruch darauf, bei der Durchführung gentechnischer Experimente keinem präventiven Verbot mit Erlaubnisvorbehalt unterworfen zu werden. Wohl aber gewährt die Vorschrift einen Anspruch darauf, dass die Ausgestaltung dieses Verbots den verfassungsrechtlichen Anforderungen entspricht und bei Vorliegen der verfassungskonform formulierten gesetzlichen Voraussetzungen die Genehmigung erteilt wird. Die fehlerhafte Anwendung des Gesetzes bewirkt ebenso eine Verkürzung des grundrechtlichen Anspruchs wie die Etablierung gesetzlich nicht vorgesehener Anforderungen.

U kann sich auf Art. 5 Abs. 3 S. 1 2. Hs. GG berufen.

Fall 4 [„Sprayer von Zürich"]

Es ist zu prüfen, ob sich der „Sprayer von Zürich" auf das Grundrecht der Kunstfreiheit nach Art. 5 Abs. 3 S. 1, 2. Alt. berufen kann. Was „Kunst" im Sinne dieser Vorschrift ist, lässt sich aufgrund der Offenheit des Begriffs nur schwer bestimmen. Nach dem zunächst vom BVerfG vertretenen **materialen Kunstbegriff** ist das „Wesentliche der künstlerischen Betätigung ... die freie schöpferische Gestaltung, in der Eindrücke, Erfahrungen, Erlebnisse des Künstlers durch das Medium einer bestimmten Formensprache zu unmittelbarer Anschauung gebracht werden."[208] Daneben stellt das BVerfG einen eher **formalen** Kunstbegriff, der darauf abstellt, „dass bei formaler typologischer Betrachtung die Gattungsanforderungen eines bestimmten Werktyps erfüllt sind", der also „an die Tätigkeit und die Ergebnisse etwa des Malens, Bildhauens, Dichtens anknüpft".[209] Hiernach könnte die Subsumtion der „Spray"-Werke des Harald N. unter den Kunstbegriff zweifelhaft sein, da es nach dem formalen Kunstbegriff auf die Zuordnung des Werks zu einer klassischen Kunstform ankommt. Der **offene Kunstbegriff** schließlich stellt auf die Möglichkeit ab, „der Darstellung im Wege einer fortgesetzten Interpretation immer weiter reichende Bedeutungen zu entnehmen, sodass sich eine praktisch unerschöpfliche, vielstufige Informationsvermittlung ergibt".[210] Die Subsumtion der Werke des Harald N. unter den ersten und dritten Kunstbegriff ist unzweifelhaft. Da zudem der Anerkennung des Werkes durch einen in Kunstfragen erfahrenen Dritten ebenso wie der Einstufung des Werks durch den Urheber selbst indizielle Bedeutung zukommen,[211] ist von dem Kunstcharakter der Sprayzeichnungen auszugehen.

Fraglich ist, ob der Schutzbereich nur auf **erlaubte Verhaltensweisen** zu beschränken ist. Auf der Grundlage eines **weiten Schutzbereichsverständnisses** verbietet sich jedoch die Herausnahme verbotener Verhaltensweisen aus dem Schutzbereich eines Grundrechts. Als Beispiel zur Vergegenwärtigung des Interessenkonflikts lässt sich die künstlerisch motivierte Tötung heranziehen. Hier will die Lehre vom funktionalen Schutzbereich den Schutzbereich verfassungsimmanent durch kollidierendes Verfassungsrecht begrenzen. Diese ist mit der h.M. abzulehnen,[212] da die Grundrechtsprüfung auf diesem Wege des Schrankenerfordernisses enthoben würde. Soweit der Verfassungsgeber gemeinwohlschädliches Verhalten aus dem Schutzbereich herausnehmen wollte, hat er dies ausdrücklich getan (z.B.: Art. 8 Abs. 1 GG).

208 BVerfGE 30, 173 (188 f.) – Mephisto.
209 BVerfGE 67, 213 (226 f.) – Anachronistischer Zug.
210 BVerfGE 67, 213 (226) – Anachronistischer Zug.
211 *Epping*, Grundrechte, 4. Aufl. 2009, Rn. 262.
212 Vgl. etwa *Hufen*, StaatsR II, 2. Aufl. 2009, § 6 Rn. 20.

Der **persönliche** Schutzbereich ist für **jedermann** eröffnet. Es ist daher unerheblich, dass Harald N. Schweizer ist.

Der Schutzbereich der Kunstfreiheit ist eröffnet.

▶ **Klausurhinweis:** Die Abwägung von Art. 5 Abs. 3 S. 1 1. Alt GG und Art. 14 Abs. 1 GG erfolgt auf der Ebene der verfassungsrechtlichen Rechtfertigung.

Fall 5 [Werbeverbot für Energieversorgungsunternehmen]

Die K-AG fragt, ob im Hinblick auf das Werbeverbot der Schutzbereich der **Meinungsfreiheit (Art. 5 Abs. 1 S. 1, 1. Hs. GG)** eröffnet ist. Im Rahmen einer **Vorprüfung** ist zunächst zu erörtern, ob im Hinblick auf die Werbung in Rundfunk und Presse Art. 5 Abs. 1 S. 1, 1. Hs. GG nicht subsidiär hinter **Art. 5 Abs. 1 S. 2 GG (Presse- und Rundfunkfreiheit)** zurücktritt. Dies wäre dann der Fall, wenn diese Vorschrift das für alle Meinungsäußerungen in Presse und Rundfunk speziellere Grundrecht wäre. Allerdings schützt Art. 5 Abs. 1 S. 2 GG nur die im Presse- und Rundfunkwesen tätigen Personen (zum **individuellen personalen Geltungsumfang** vgl. Kap. 2 Abschn. 1, A.IV.2, S. 47 f.).[213] Zudem schützt Art. 5 Abs. 1 S. 1, 1. Hs. GG ausweislich seines Wortlauts das Verbreiten seiner Meinung in Wort, Schrift und Bild, so dass gerade die Veröffentlichungen und Verbreitung der eigenen Meinung in Presse und Rundfunk **unmittelbar** von Art. 5 Abs. 1 S. 1, 1. Hs. GG geschützt wird. Nach richtiger Auffassung des BVerfG sind die Grundrechte aus Art. 5 Abs. 1 S. 2 GG keine Spezialfälle der Meinungsäußerungsfreiheit, welche Prüfungsmaßstab ist, wenn es um die Zulässigkeit des Inhalts einer bestimmten Äußerung geht. Die Pressefreiheit ist demgegenüber einschlägig, wenn die im Pressewesen tätigen Personen in Ausübung ihrer Funktion, ein Presseerzeugnis, seine institutionell-organisatorische Voraussetzung oder die Institution der freien Presse überhaupt[214] oder die Veröffentlichung einer dritten Meinung betroffen sind.[215] Keiner dieser Fälle ist vorliegend gegeben. **Art. 5 Abs. 1 S. 1, 1. Hs. GG** findet daher **Anwendung**.

Es ist zu prüfen, ob der persönliche und sachliche Schutzbereich des Grundrechts eröffnet ist. **Art. 5 Abs. 1 S. 1, 1. Hs. GG** könnte durch das Werbeverbot betroffen sein. Der sachliche Schutzbereich des Art. 5 Abs. 1 GG ist eröffnet, wenn es sich bei der **kommerziellen Werbung** für das Energieunternehmen um eine Form der Meinungskundgabe handeln würde. Meinung i.S.d. Art. 5 Abs. 1 S. 1, 1. Hs. GG ist jede Äußerung, die durch Elemente der subjektiven Stellungnahme, des Dafürhaltens oder Meinens im Rahmen einer geistigen Auseinandersetzung geprägt ist. Im Sinne eines weiten Schutzbereichsverständnisses werden unter den Meinungsbegriff auch Tatsachenbehauptungen gefasst, sofern diese Grundlage einer Meinungsbildung sind. Fraglich ist hingegen, ob auch Werbung in den Schutzbereich fällt (*P!* Benetton-Werbung). Nach **einer**

---

213 BVerfGE 20, 162 (175) – Spiegel.
214 BVerfGE 85, 1 (12 f.) – Bayer-Aktionäre; BVerfGE 95, 28 (34) – Werkszeitungen; BVerfGE 97, 391 (400) – Mißbrauchsvorwurf.
215 BVerfGE 102, 347 (359) – Benetton.

Auffassung ist Werbung nicht auf die Äußerung einer bestimmten Ansicht gerichtet, sondern auf die Beeinflussung des Käufers, mit dem Ziel ihn kaufbereit zu machen. Insbesondere die frühere Rechtsprechung des BVerfG hat Werbung daher nur dem Schutzbereich des **Art. 12 Abs. 1 GG** unterstellt.[216] Art. 5 Abs. 1 S. 1, 1. Hs. GG verlange hingegen als konstitutives Element der politischen Ordnung einen zusätzlichen **politischen Gehalt** von Werbung. Die **entgegenstehende Auffassung** geht von einer weiten Schutzbereichsinterpretation aus, welche die Berücksichtigung der Motive des Teilnehmers am Meinungsbildungsprozess verbietet; andernfalls finde eine Unterscheidung in „wertvolle" und „wertlose" Meinungen statt. Zudem lassen sich politische und (rein) wirtschaftliche Werbung nicht präzise trennen.[217] Hiernach fällt Werbung unterschiedslos unter den Schutzbereich der Meinungsfreiheit.[218] In eine **ähnliche Richtung** geht auch die jüngere Rechtsprechung des **BVerfG.**[219] Hier heißt es, dass sich der Schutz des Art. 5 Abs. 1 S. 1, 1. Hs. GG auch auf kommerzielle Meinungsäußerungen sowie reine Wirtschaftswerbung erstreckt, die einen wertenden, meinungsbildenden Inhalt hat.[220] Ein solcher **meinungsbildender Inhalt** kommt jedenfalls einer Werbung zu, die den Verbrauch von Energie anpreist und damit die durch einen übermäßigen Ressourcenverbrauch hervorgerufenen Probleme (insbes. Klimawandel) bagatellisiert.

Fraglich ist des Weiteren, ob der **persönliche Schutzbereich** eröffnet ist. Gemäß **Art. 19 Abs. 3 GG** kommt ausnahmsweise auch juristischen Personen Grundrechtsschutz zu, soweit die Grundrechte ihrem Wesen nach auf diese anwendbar sind. Über den Wortlaut hinausgehend werden unter juristischer Person i.S.d. Art. 19 Abs. 3 GG regelmäßig nur **juristische Personen des Privatrechts** verstanden. Aufgrund der besonderen Kompetenzverhältnisse im staatlichen Bereich wird davon ausgegangen, dass Grundrechte *ihrem Wesen nach* nicht auf juristische Personen des öffentlichen Rechts anwendbar sind. Problematisch ist vorliegend, dass sich die Anteile der K-AG **mehrheitlich in öffentlicher Hand** (Stadt S und Landkreis K) befinden. Werden Aufgaben der öffentlichen Verwaltung durch juristische Personen des Privatrechts erfüllt, die sich ausschließlich in öffentlicher Hand befinden, so kommt diesen grundsätzlich kein Grundrechtsschutz zu. Die Grundrechtsfähigkeit muss von der organisatorischen Ausgestaltung unabhängig sein. Allerdings befinden sich vorliegend Anteile der K-AG **auch in privater Hand.** Nach Auffassung des *BVerfG* ist hier eine **funktionale Betrachtungsweise** zu Grunde zu legen. Dementsprechend ist es unerheblich, ob sich die juristische Person, zu 100 % oder (nur) mehrheitlich in öffentlicher Hand befindet, soweit sie der Wahrnehmung gesetzlich zugewiesener und geregelter **öffentlicher Aufgaben** diene – der beherrschende Einfluss der öffentlichen Hand wird aufgrund ihrer Mehrheitseignerschaft unterstellt.[221] [In einer kürzlich ergangenen Entscheidung zur Grundrechtsfähigkeit der Deutschen Telekom AG stellt das BVerfG hingegen maßgeblich auf den beherrschenden Einfluss der öffentlichen Hand ab.][222] Insbesondere Elek-

216 BVerfGE 40, 371 (382) – Werbefahrten.
217 *Hufen*, in: Bauer u.a. (Hrsg.), FS Schmidt, 347 (353).
218 So etwa *Hufen*, in: Bauer u.a. (Hrsg.), FS Schmidt, 347 (356 f.).
219 Hierzu *Hufen*, in: Bauer u.a. (Hrsg.), FS Schmidt, 347 (353).
220 BVerfGE 71, 162 (175) – Autobiographie eines Chefarztes; BVerfGE 102, 347 (359) – Benetton.
221 BVerfG (K), NJW 1990, 1783 (1783) mit ablehnender Anm. *Kühne*, JZ 1990, 335 f.
222 BVerfGE 115, 205 ff. – Geschäfts- und Betriebsgeheimnisse; vgl. auch BVerwG, NVwZ 2004, 742 f.

trizitätsversorgungsunternehmen unterlägen auf Grund des EnWiG im Hinblick auf Versorgungspflicht und -bedingungen so starken Bindungen, dass von privatrechtlicher Selbständigkeit nahezu nichts übrig bleibt. Dies äußert sich insbesondere darin, dass Energieunternehmen sich ihre Kunden nicht aussuchen können und auch in der Gebührenhöhe festgelegt sind. Zudem vermeide die Festlegung der Versorgungsgebiete Konkurrenzkämpfe der Unternehmen. Im Ergebnis handele es sich um eine Form des Verwaltungsprivatrechts. Auf Seiten der **Literatur** ist das Meinungsfeld geteilt.[223] Nach **einer bedeutenden Auffassung** ist Grundrechtsschutz immer dann gegeben, wenn **Private beteiligt** sind. Hierdurch wird der **Schutz des privaten Anteilseigners** in den Mittelpunkt gerückt.[224]. Dieser Sichtweise lässt sich jedoch der Einwand entgegenhalten, dass in dreidimensionalen Grundrechtsverhältnissen Staat – private Anteilseigner – Dritte die Grundrechtsberechtigung und -verpflichtung nicht derart pauschal bestimmt werden kann. Der private Anteilseigner begibt sich freiwillig in **„Staatsnähe"** und muss daher gegebenenfalls auch mit der Reduktion seiner Grundrechte rechnen. Deshalb wird von einer **weiteren Auffassung** die Idee eines reduzierten Grundrechtsschutzes befürwortet.[225] Hiernach soll der Grundrechtsschutz in dem Maße **abnehmen**, indem die Staatsbeteiligung **wächst**. Ihr ist jedoch die mangelnde Handhabbarkeit und Praktikabilität entgegenzuhalten.[226] Nach – zustimmungswürdiger – **letzter Auffassung** ist daher auf das Ausmaß der staatlichen Beherrschung eines Unternehmens abzustellen.[227] Dieses soll über die Höhe der Kapitalanteile, gesetzliche oder vertragliche Einflussmöglichkeiten usw. ermittelt werden. Handelt es sich demnach um ein primär privates Unternehmen, ist ihm Grundrechtsschutz zu gewähren; ein primär staatliches Unternehmen ist hingegen grundrechtsverpflichtet.

Das Grundrecht der **Meinungsfreiheit** ist seinem **Wesen** nach zudem auf eine juristische Person anwendbar. Die in ihm enthaltene Freiheit kann auch von einer **Organisationseinheit** genutzt werden.

Der Schutzbereich der Meinungsfreiheit ist daher eröffnet.

Weiterführende Rechtsprechung und Literatur: BVerfGE 102, 347 ff. – Schockwerbung I; BVerfGE 107, 275 ff. – Schockwerbung II; *Hufen*, Meinungsfreiheit als Grundrecht ökonomischer Kommunikation, in: Bauer/Czybulka/Kahl/Vosskuhle (Hrsg.), Wirtschaft im offenen Verfassungsstaat, FS Schmidt, 2006, 347 ff.; *Poschmann*, Grundrechtsschutz gemischt-wirtschaftlicher Unternehmen, 2000; *Selmer*, Zur Grundrechtsberechtigung von Mischunternehmen, in: Papier/Merten (Hrsg.), HGrdR II, § 53.

223 Vgl. hierzu den Überblick bei *Selmer*, in: Merten/Papier (Hrsg.), HdGR II, 2006, 1255-1292 (1264 ff.), § 53 Rn. 14 ff.
224 *Sachs*, in: Sachs (Hrsg.), GG, 5. Aufl. 2009, Art. 19 GG Rn. 112; *Ehlers*, Verwaltung in Privatrechtsform, 1984, 85; *Schmidt-Aßmann*, Ordnungsidee, 2. Aufl. 2004, 5. Kap. Rn. 63.
225 Aus neuerer Zeit *Storr*, Staat als Unternehmer, 227 ff., 243 ff.
226 Vgl. *Huber*, in: Mangoldt/Klein/Starck (Hrsg.), GG I, 5. Aufl. 2005, Art. 19 Abs. 3 GG Rn. 286.
227 *Dreier*, in: Dreier (Hrsg.), GG I, 2. Aufl. 2004, Art. 19 III GG Rn. 77; *Graf Vitzthum*, in: Merten/Papier (Hrsg.), HdGR II, 2006, 1079-1127 (1107 f.), § 48 Rn. 55; *Huber*, in: Mangoldt/Klein/Starck (Hrsg.), GG I, 5. Aufl. 2005, Art. 19 Abs. 3 GG Rn. 288.

Fall 6 [Osho-Bewegung – nach BVerfGE 105, 279 ff.]

Die Meditationsgruppe „Osho e.V." könnte durch die Warnung der Bundesregierung in ihrem Schutzbereich aus Art. 4 Abs. 1, 2 GG oder Art. 2 Abs. 1 GG berührt sein. Hier ist zunächst der **persönliche Schutzbereich** zu betrachten. Als juristische Person (§ 21 BGB) kann „Osho e.V." nur über Art. 19 Abs. 3 GG Grundrechtsschutz erlangen. Dafür müsste das Grundrecht der Religionsfreiheit auf juristische Personen **ihrem Wesen nach anwendbar** sein. An sich können nur natürliche Personen einen Glauben haben. Allerdings kann das Recht auf Glaubensfreiheit nach dem BVerfG in seiner Ausprägung als Bekenntnis- bzw. Religionsausübungsfreiheit auch von juristischen Personen geltend gemacht werden, wenn ihr Zweck darin liegt, die Förderung eines religiösen Bekenntnisses zu pflegen oder den Glauben ihrer Mitglieder zu verkünden.[228] Nur auf diesem Weg kann auch die **kollektive Religionsfreiheit** umfassend gewährleistet werden. Um den Grundrechtsschutz des Art. 4 Abs. 1, 2 GG geltend machen zu können, müsste „Osho e.V." eine **Religions- bzw. Weltanschauungsgemeinschaft** sein. Von dem weiten Religionsbegriff des GG umfasst werden wegen des Gebots der weltanschaulichen-religiösen Neutralität nicht nur Kirchen, sondern auch Sekten oder fremdartige Religions- oder Weltanschauungsgemeinschaften, welche von einer transzendenten Wirklichkeit ausgehen und sich mit der menschlichen Existenz beschäftigen. Zu berücksichtigen ist insoweit auch das Selbstverständnis der Glaubensgemeinschaft (insbesondere dürfen die Aktivitäten der Glaubensgemeinschaften nicht überwiegend auf **Gewinnerzielung** ausgerichtet sein; Problem: Scientology). In diesem Sinne stellt „Osho e.V." eine Glaubensgemeinschaft dar. Der persönliche Schutzbereich ist daher eröffnet.

Der **sachliche Schutzbereich** umfasst von seinem Schutzumfang **einheitlich** die innere Überzeugung des Menschen im Hinblick auf Gott und das Jenseits. Dabei umfasst das Grundrecht aus Art. 4 Abs. 1, 2 GG neben der Freiheit des Einzelnen zum privaten oder öffentlichen Bekenntnis seiner Religion oder Weltanschauung auch die Freiheit, sich mit anderen aus gemeinsamem Glauben oder gemeinsamer weltanschaulicher Überzeugung zusammenzuschließen. Geschützt sind auch die Freiheit, für den eigenen Glauben und die eigene Überzeugung zu werben, und das Recht, andere von deren Religion oder Weltanschauung abzuwerben. Im Zusammenhang mit der Problematik staatlicher Warnungen hat das BVerfG zudem die **Schutzrichtung** als weiteren Aspekt des Schutzbereichs herausgearbeitet.[229] Danach schützt Art. 4 Abs. 1, 2 GG (nur) gegen **diffamierende, diskriminierende oder verfälschende Darstellungen** einer religiösen oder weltanschaulichen Gemeinschaft. Dem Staat und seinen Organen ist es daher nicht verboten, sich mit derartigen Fragen überhaupt zu befassen. Auch der neutrale Staat (Art. 3 Abs. 3 S. 1, Art. 33 Abs. 3 GG; Art. 140 GG i.V.m. Art. 136 Abs. 1, 4, 137 Abs. 1 WRV) ist nicht gehindert, das tatsächliche Verhalten einer religiösen oder weltanschaulichen Gruppierung oder das ihrer Mitglieder nach weltlichen Kriterien zu beurteilen, selbst wenn dieses Verhalten letztlich religiös motiviert ist. Art. 4 Abs. 1, 2 GG

228 BVerfGE 19, 129 (132) – Umsatzsteuer für Religionsgemeinschaften; BVerfGE 24, 236 (247) – Kanzelwerbung; BVerfGE 99, 100 (118) – St. Salvator Kirche; *Sachs*, Verfassungsrechte II, 2. Aufl. (2003), Abschn. B4 Rn. 12.

229 Vgl. BVerfGE 105, 279 (294) – Osho.

schützt nicht dagegen, dass sich staatliche Organe mit den Trägern des Grundrechts öffentlich – auch kritisch – auseinander setzen. Nur die Regelung genuin religiöser oder weltanschaulicher Fragen, nur die parteiergreifende Einmischung in die Überzeugungen, die Handlungen und in die Darstellung Einzelner oder religiöser und weltanschaulicher Gemeinschaften sind dem Staat untersagt. In dem beschriebenen Fall entschied das BVerfG, dass die aufgestellten Grundsätze durch die Informationen der Bundesregierung in weiten Bereich eingehalten wurden.[230]

Im Einzelnen stellte das BVerfG Folgendes fest: Die **Bezeichnung als „Jugendsekte" bzw. als „Psychosekte"** enthält keine diffamierende oder verfälschende Darstellung, sondern bewegt sich im Rahmen einer **sachlich geführten Informationstätigkeit** über die betroffenen Gemeinschaften und wahrt damit die staatliche Zurückhaltung. Insbesondere umfasst der Begriff **„Sekte"** – über die neuen religiösen Bewegungen hinaus – sämtliche kleineren Religionsgemeinschaften unabhängig von ihrer Herkunft. Die teilweise negative Färbung des Begriffs ergibt sich aus dessen Weite und inhaltlicher Differenzierung; der Staat ist aber nicht gehindert, Begriffe des allgemeinen Sprachgebrauchs aufzugreifen. Mit dem Begriff **„Jugendsekte"** ist lediglich (ohne Wertung) gesagt, dass sich die Osho-Bewegung an Jugendliche und junge Erwachsene wendet. Die Bezeichnung als **„Psychosekte"** nimmt darauf Bezug, dass die Osho-Bewegung in großem Umfang therapeutische Meditationskurse anbietet und ihre Lehre selbst als eine Synthese aus östlicher Weisheit und westlicher Psychologie bezeichnet. Zu dem sog. Psychomarkt gehören auch meditativ orientierte Strömungen. Zudem erfolgt die Einschränkung dieser Begriffe nur **zusammen mit einschränkenden und relativierenden Zusätzen** (so genannt; Verwendung von Anführungszeichen).

Als **nicht mehr** im verfassungsrechtlich gebotenen Sinne **neutral** sind hingegen die Begriffe **„destruktiv"** und **„pseudoreligiös"**. Es handelt sich hierbei um eine **pauschale Abwertung** und **Diffamierung** der Bewegung. An der nötigen staatlichen Neutralität fehlt es auch im Hinblick auf den Vorwurf, die Osho-Bewegung **manipuliere** ihre Mitglieder unter Ausschluss der Öffentlichkeit, denn durch den Begriff „Manipulation" wird der Gedanke des Lenkens und Steuerns von Menschen ohne oder gegen ihren Willen, ihre Benutzung als Objekt oder des Sichverschaffens von Vorteilen auf betrügerischer oder scheinlegale Weise zum Ausdruck gebracht. Der abstrakte (und damit nicht auf konkrete Tatsachen) gestützte Vorwurf übersteigt die Grenzen der Neutralität.

Im Ergebnis ist daher festzuhalten, dass der Schutzbereich des Art. 4 Abs. 1, 2 GG im Hinblick auf die Verwendung der Attribute „destruktiv" und „pseudoreligiös" und den Vorwurf der Mitgliedermanipulation berührt wird.

Weiterführende Hinweise: Im Hinblick auf die Bezeichnung als „pseudoreligiös" und „destruktiv" bzw. den Vorwurf der Manipulation scheidet ein Rückgriff auf Art. 2 Abs. 1 GG aus, da bereits der Schutzbereich des spezielleren Art. 4 Abs. 1, 2 GG eröffnet ist. Hingegen ist im Hinblick auf die Bezeichnung „Sekte", „Jugendsekte" bzw. „Psychosekte" zwar der Regelungsbereich, nicht jedoch der Schutzbereich des Art. 4 Abs. 1, 2 GG eröffnet. Fraglich ist, ob in dieser Situation noch der Rückgriff auf das Auffanggrundrecht Art. 2 Abs. 1 GG in Betracht kommt. Nach h.M. ist dies zu verneinen, da

230 BVerfGE 105, 279 (295 ff.) – Osho.

andernfalls die durch das speziellere Grundrecht vorgenommene bewusste Beschränkung des Schutzes umgangen würde (vgl. hierzu bereits unter Kap 1. B.II.1, S. 20).

Weiteres in Abschnitt 2, S. 82, 85.

Abschnitt 2

Eingriff

Fälle

Fall 7

Bürgschaft – nach BVerfGE 89, 214 ff.

– Drittwirkung; Grundrechte und Privatrecht –

Das Ehepaar X betreibt einen mittelständischen Handwerksbetrieb. Verschärfte gesetzliche Umweltanforderungen machen Investitionen in den Gewerbebetrieb erforderlich. Zu diesem Zweck beantragt das Ehepaar bei ihrer Hausbank einen Kredit in Höhe von 150 000,– €, den diese nur gegen entsprechende Sicherheiten, insbesondere eine Bürgschaft, gewähren will. Aus diesem Grund unterzeichnet die 21-jährige Tochter A des Ehepaares, die über keine Ausbildung verfügt, als Aushilfskraft in einer Fischfabrik arbeitet und dort 920,– € netto verdient, eine vorgedruckte Bürgschaftsurkunde, in der es unter anderem heißt: „Die Bürgschaft wird zur Sicherung aller bestehenden und künftigen Forderungen der Y-Bank gegen den Hauptschuldner aus ihrer Geschäftsverbindung übernommen." Der Kredit wird daraufhin bewilligt.

Die Verschlechterung der Wirtschaftslage trifft auch das Ehepaar X, welches einen deutlichen Auftragsrückgang zu spüren bekommt. Als dieses daher mit den Zinszahlungen in Verzug gerät, kündigt die Bank das Darlehen. Das Schuldsaldo beträgt zu diesem Zeitpunkt noch 92 500,– €. In dieser Höhe macht die Y-Bank die Bürgschaftsforderung gegenüber A geltend und klagt diese auf dem Zivilrechtsweg ein. A kann hier mit ihrem Einwand, die Bürgschaft sei aufgrund ihrer mangelnden Leistungsfähigkeit von vornherein wegen Sittenwidrigkeit aus § 138 BGB nichtig gewesen, nicht vordringen. Sie wird letztinstanzlich zur Zahlung der Bürgschaftssumme verurteilt.

A wendet sich daraufhin an das Bundesverfassungsgericht und rügt die Verletzung ihrer Grundrechte aus Art. 1 Abs. 1 und Art. 2 Abs. 1 GG i.V.m. dem Sozialstaatsprinzip. Die zivilgerichtlichen Entscheidungen, insbesondere die letztinstanzliche Entscheidung des BGH hätten die in diesen Grundrechtsnormen begründeten Schutz- und Fürsorgepflichten des Staates verletzt. Aus Art. 1 Abs. 1 GG folge die Pflicht, dem Einzelnen Schutz vor materieller Not zu gewähren. Wenn der Mensch gezwungen sei, ökonomisch unter Lebensbedingungen zu existieren, die ihn zum Objekt erniedrigten, beeinträchtige das seine Würde. Aus Art. 2 Abs. 1 GG ergebe sich, dass die Vertragsfreiheit nicht zu Machtmissbrauch führen dürfe; dies gelte namentlich zum Schutze abhängiger

Vertragspartner gegenüber unsozialem Verhalten marktbeherrschender Unternehmen. Die Gerichte müssten Verträgen die Anerkennung versagen, die die materielle Bewegungsfreiheit eines Vertragsschließenden so stark beschnitten, daß dieser nicht mehr menschenwürdig leben könne.

Bei einer Bürgschaftssumme in Höhe von 92 500,– € ergibt sich (bei einem Zinssatz von 4,5 %) eine jährliche Zinssatz von 4162,50 €, mithin eine monatliche Zinslast von 346,80 €. Um allein diese Zinslast tragen zu können, müsste A nach der geltenden amtlichen Tabelle zu § 850c ZPO etwa 1490,00 € netto monatlich verdienen. Ein solches Einkommen hat A noch nie erzielt. Es ist daher nicht damit zu rechnen, dass sie eine derartige Verbindlichkeit jemals ablösen kann. Die Y-Bank macht hingegen geltend, dass die Nichtigerklärung des Vertrages gemäß § 138 BGB unter Verweis auf Art. 1 Abs. 1 und Art. 2 Abs. 1 GG die Bank selbst an die Grundrechte binde, die stattdessen als Abwehrrechte gegen den Staat konzipiert sind.

Kann sich die A gegenüber der Y-Bank auf § 138 BGB berufen?

Fall 8

Osho II – nach BVerfGE 105, 279 ff.

– Klassischer Eingriffsbegriff vs. „Beeinträchtigung" –

Stellt die staatliche Warnung vor dem Verein Osho e.V. einen Eingriff in dessen Recht auf Glaubensfreiheit aus Art. 4 Abs. 1, 2 GG dar?

Fall 9

Gesundheitsreform – nach BVerfG, NJW 2009, 2033 ff

– additiver Grundrechtseingriff –

Das deutsche Gesundheitssystem basiert auf den beiden Säulen der gesetzlichen und der privaten Krankenversicherung. Während die gesetzliche Krankenversicherung als Solidarsystem ausgestaltet ist, Beiträge also nach der Höhe des Arbeitsentgelts erhoben und Familienangehörige ohne nennenswertes Einkommen kostenfrei mitversichert werden, ist das private Krankenversicherungswesen auf Gewinnerzielung ausgerichtet: Ihre Versicherungsprämien kalkulieren die privaten Krankenversicherer daher (etwa aufgrund von Alter oder Vorerkrankungen) nach dem individuellen Risiko der jeweiligen Versicherten. Pflichtversichert in der gesetzlichen Krankenversicherung sind alle abhängig Beschäftigten, die nicht explizit von der Versicherungspflicht ausgenommen sind und deren regelmäßiges Jahresarbeitsentgelt einen bestimmten Betrag nicht übersteigt. In der privaten Versicherung sind explizit nicht gesetzlich versicherte Personen (Beamte, Richter, Selbständige) sowie solche Personen versichert, die aufgrund der Höhe ihres Verdienstes aus der Versicherungspflicht in der gesetzlichen Krankenversicherung ausgeschieden sind und dort nicht als freiwillig Versicherte bleiben, sondern in die private Krankenversicherung wechseln.

Der Deutsche Bundestag beschließt ein Gesetz zur Stärkung des Wettbewerbs in der gesetzlichen Krankenversicherung und zur Reform des Versicherungsvertragsrechts (im Folgenden: KV-Reformgesetz), welches mit Wirkung vom 1.1.2009 folgende Regelungen trifft: *Erstens* wird durch die Gesundheitsreform ein Basistarif eingeführt, welche einen lebenslangen, umfassenden Schutz der Mitglieder der privaten Krankenversicherung sicherstellt (§ 1 KV-ReformG). Sein Zweck liegt insbesondere darin, einen umfassenden Versicherungsschutz auch solcher Personen sicherzustellen, die ihren privaten Krankenversicherungsschutz in der Vergangenheit durch Kündigung verloren haben, etwa weil sie die Prämien des Normaltarifs nicht zahlen konnten oder vertragsbrüchig geworden sind. Nach bisherigem Recht konnten die privaten Versicherungsunternehmen über den Abschluss eines Versicherungsvertrags frei entscheiden und einen Vertragsschluss ablehnen, wenn ihnen das Krankheitsrisiko eines Interessenten zu hoch erschien, oder aber mit ihm einen angemessenen Risikozuschlag oder einen Leistungsausschluss (z.B. für bestimmte Erkrankungen) vereinbaren. Der Gesetzgeber verpflichtet nunmehr die privaten Krankenversicherungsträger einen branchenweit einheitlichen Basistarif anzubieten, dessen Vertragsleistungen in Art, Umfang und Höhe der gesetzlichen Krankenversicherung vergleichbar sind. Im Basistarif besteht für die privaten Krankenversicherungsunternehmen ein Kontrahierungszwang. Der Beitrag für den Basistarif darf den Höchstbeitrag der gesetzlichen Krankenversicherung nicht übersteigen. Die Vereinbarung von Risikozuschlägen und Leistungsausschlüssen ist unzulässig. Die Mehraufwendungen, welche erforderlich sind, um die Beitragsbegrenzungen sicherzustellen, werden erforderlichenfalls von den anderen privaten Versicherungsnehmern finanziert.

Zweitens sieht das Gesetz die teilweise Portabilität der Altersrückstellungen zum Zweck der Erleichterung des Versicherungswechsels und der Verbesserung des Wettbewerbs vor (§ 2 KV-ReformG). Kraft gesetzlicher Bestimmungen haben die privaten Krankenversicherungen bei der Vollversicherung Altersrückstellungen zu bilden. Die Prämie wird also von vornherein so kalkuliert, dass ein bestimmter Anteil nicht für die Deckung der gegenwärtigen Krankheitskosten verwandt, sondern in eine Rückstellung eingebracht und verzinst wird, um später die altersbedingten Mehrausgaben in der jeweiligen Versicherungsbiographie abzudecken. Die in der Vergangenheit abgeschlossenen privaten Krankenversicherungsverträge sahen bei Kündigung eines Versicherungsvertrags durch die versicherte Person keinen Anspruch auf Auszahlung der kalkulierten, individuellen Altersrückstellung vor. Ihr war daher ab einem bestimmten Alter der Wechsel zu einem anderen Versicherungsunternehmen aufgrund der anfallenden hohen Beiträge, die aus dem mit dem Alter steigenden Krankheitsrisiko ohne kompensierende Altersrückstellungen resultieren, nahezu unmöglich. Der Gesetzgeber sieht daher nunmehr vor, dass Altersrückstellungen in einem gewissen – nämlich dem Basistarif entsprechenden – Umfang bei einem Unternehmenswechsel portabel sind. Den zu errechnenden Geldbetrag kann der Versicherungsnehmer zu seinem neuen Versicherer mitnehmen. Hieraus kann eine erhöhte Beitragspflicht der Versicherungsnehmer resultieren. Bei Altverträgen, also solchen die vor Inkrafttreten des Gesetzes abgeschlossen wurden, kommt diese Regelung nur im Falle einer Kündigung im ersten Halbjahr 2009 zur Anwendung.

Drittens wird die Versicherungspflicht in der gesetzlichen Krankenkasse auf ein dreijähriges Überschreiten der Jahresarbeitsentgeltgrenze ausgedehnt (§ 3 KV-ReformG). Während es also bislang für die Befreiung von der Versicherungspflicht genügte, dass das regelmäßige Arbeitsentgelt des Arbeitnehmers in einem Jahr die Jahresarbeitsentgeltgrenze überschreitet, so bedarf es nunmehr der Überschreitung in drei aufeinanderfolgenden Kalenderjahren. Erst dann tritt Versicherungsfreiheit ein. Die Neuregelung zielt darauf, auch gut verdienende Angestellte für mindestens drei Jahre an die gesetzliche Krankenversicherung zu binden, um hierdurch die Finanzgrundlage der gesetzlichen Krankenversicherung zu stärken.

Die als Versicherungsverein auf Gegenseitigkeit (VVaG) organisierte private Krankenkasse B wendet sich gegen die Neuregelungen. B trägt vor, dass zwar nicht die einzelnen Regelungen, aber die Gesamtheit der Grundrechtseingriffe zu einer unzumutbaren Belastung führe.

Liegt ein „additiver" Grundrechtseingriff vor?

Fall 10

Ladenschluss I – nach BVerfG, Urteil vom 1. 12. 2009 – 1 BvR 2857/07 u. 1 BvR 2858/07

– Missachtung der staatlichen Schutzpflicht –

Im Zuge der so genannten Föderalismusreform I im Jahr 2006 wurde die Gesetzgebung des Ladenschlussrechts auf die Länder übertragen. Das Land Berlin hat daraufhin ein Berliner Ladenöffnungsgesetz (BerlLadÖffG; GVBl. 2007, S. 580) erlassen. Zuvor waren die Ladenöffnungszeiten bundeseinheitlich in dem Gesetz über den Ladenschluss vom 28.11.1956 (BGBl. I, S. 875) geregelt. Dies sah zuletzt an Werktagen einschließlich der Sonnabende eine Ladenschlusszeit von 20.00 Uhr bis 6.00 Uhr vor. An Sonn- und Feiertagen untersagte das Gesetz grundsätzlich die Ladenöffnung. Abweichend hiervon ließ das LadSchlG die Ladenöffnung an bis zu vier Sonn- und Feiertagen aus Anlass von Märkten, Messen oder ähnlichen Veranstaltungen durch Rechtsverordnung der Landesregierung oder der von ihr bestimmten Stellen zu. Die Sonn- und Feiertage im Monat Dezember waren für jede – auch ausnahmsweise – Freigabe gesperrt.

Die nach der Änderung der Gesetzgebungskompetenz bisher erlassenen Ladenschluss- oder -öffnungsgesetze der anderen Bundesländer halten in den Grundzügen am Regelungskonzept des Ladenschlussgesetzes des Bundes fest. Im Grundsatz sehen alle Landesgesetze vor, dass an Sonn- und Feiertagen keine Ladenöffnung erfolgt. Hingegen sieht das BerlLadÖffG die Freigabe von bis zu zehn Sonn- und Feiertagen für die Ladenöffnung vor: Kraft Gesetzes und ohne weitere Voraussetzungen dürfen Verkaufsstellen an allen vier Adventssonntagen in der Zeit von 13.00 bis 20.00 Uhr geöffnet werden (§ 3 Abs. 1, 2. Alt. BerlLadÖffG). Vier weitere Sonn- und Feiertage jährlich können „im öffentlichen Interesse" durch Allgemeinverfügung der Senatsverwaltung freigegeben werden; eine uhrzeitliche Begrenzung sieht diese Regelung nicht vor (§ 6

Abs. 1 BerlLadÖffG). Zusätzlich dürfen an zwei weiteren Sonn- oder Feiertagen Verkaufsstellen nach vorheriger Anzeige gegenüber dem zuständigen Bezirksamt aus Anlass „besonderer Ereignisse, insbesondere von Firmenjubiläen und Straßenfesten", von 13.00 bis 20.00 Uhr offen gehalten werden (§ 6 Abs. 2 BerlLadÖffG). Von den Ladenöffnungsmöglichkeiten nach § 6 Abs. 1 und § 6 Abs. 2 BerlLadÖffG ausgenommen sind der 1. Januar, der 1. Mai, der Karfreitag, der Ostersonntag, der Pfingstsonntag, der Volkstrauertag, der Totensonntag und die Feiertage im Dezember (§ 6 Abs. 1 S. 2, § 6 Abs. 2 S. 3 BerlLadÖffG). Die Ladenöffnung an Werktagen ist vollständig freigegeben (24-Stunden-Öffnungsmöglichkeiten).

In den Jahren 2007 bis 2009 hat die Berliner Senatsverwaltung von der Möglichkeit des § 6 Abs. 1 BerlLadÖffG jeweils in vollem Umfang Gebrauch gemacht und durch Allgemeinverfügungen die Öffnung der Verkaufsstellen an vier Sonn- oder Feiertagen zugelassen. In allen bisher ergangenen Allgemeinverfügungen wurde die Ladenöffnung allerdings auf die Zeit von 13.00 bis 20.00 Uhr begrenzt.

Die öffentlich-rechtlich verfasste Religionsgemeinschaft R rügt eine Verletzung von Art. 4 Abs. 1, 2 GG i.V.m. Art. 140 GG und Art. 139 WRV durch die Regelungen in § 3 Abs. 1 2. Alt. BerlLadÖffG und § 6 Abs. 1 und 2 BerlLadÖffG.

Ist ihrer Auffassung zuzustimmen?

A. Eingriff in klassischem oder weitem Sinn

Der Begriff des **Eingriffs** bezeichnet die Einwirkung eines **Grundrechtsverpflichteten** auf die von dem Schutzbereich des Grundrechts umfasste Sphäre des Grundrechtsberechtigten. Hierunter können ein Verhalten (*z.B. Meinungsäußerung*), ein Rechtsgut (*z.B. Leben*) oder eine Eigenschaft (*z.B. Geschlecht*) fallen.

Herkömmlich wurden als Eingriffe nur hoheitliche Rechtsakte verstanden, die final und unmittelbar freiheitsverkürzend in die Rechtssphäre des Bürgers eingreifen (**klassischer Eingriffsbegriff**). Nach dem heute herrschenden **weiten Verständnis** ist Eingriff hingegen jedes (zurechenbare) staatliche Handeln, das dem Einzelnen ein Verhalten, das in den Schutzbereich eines Grundrechts fällt, unmöglich macht oder erschwert, gleichgültig ob diese Wirkung unmittelbar oder mittelbar, individuell oder generell, absichtlich oder unabsichtlich, rechtlich oder faktisch, mit oder ohne Befehl und Zwang erfolgt. Dieser weite Eingriffsbegriff macht es aber jedenfalls notwendig, dass ein **hinreichend enger Zusammenhang** zwischen dem staatlichen Handeln und der Belastung besteht. Allerdings ist die Einschätzung des BVerfG hier großzügig.

Beispiel

Die Erhöhung der Beitragssatzpflichtversicherungsgrenze in der gesetzlichen Krankenversicherung[231] oder die Anhebung der Überschreitensdauer der Beitragssatzpflichtversicherungsgrenze[232] werden als Eingriff in die Berufsausübungsfreiheit der privaten Krankenversicherungen

231 So BVerfG (K), NZS 2005, 479 ff. – BSSichG.
232 So BVerfG, NJW 2009, 2033 ff. – Gesundheitsreform.

begriffen, da hierdurch der Personenkreis eingeschränkt wird, der eine private Krankenversicherung abschließen kann. Damit werden die privaten Krankenversicherungen in der Möglichkeit beeinträchtigt, neue Versicherungsnehmer für sich zu gewinnen.

Ausnahmsweise kommt ein **engerer Eingriffsbegriff** zum Tragen. Im Fall des **Art. 12 Abs. 1 GG** ist etwa ein unmittelbarer Berufsbezug oder zumindest eine objektiv berufsregelnde Tendenz erforderlich (hierzu ***Fall 15***). Ein Eingriff in die Eigentumsfreiheit (**Art. 14 Abs. 1 GG**) liegt nur vor, wenn die Maßnahme den Grundrechtsträger schwer und unerträglich belastet. Ein Eingriff in die **Wettbewerbsfreiheit (Art. 2 Abs. 1 GG, Art. 12 Abs. 1 GG)** verlangt, dass das hoheitliche Handeln einen Auszehrungs- und Verdrängungswettbewerb ausgelöst haben muss.

Weiterführende Literatur: *Bethge*, Der Grundrechtseingriff, VVDStRL 57 (1998), 7 ff.; *Bleckmann/Eckhoff*, Der „mittelbare" Grundrechtseingriff, DVBl. 1988, 373 ff.; *Eckhoff*, Der Grundrechtseingriff, 1992, S. 2366 ff. und passim; *Lerche*, Grundrechtlicher Schutzbereich, Grundrechtsprägung und Grundrechtseingriff, in: Isensee/Kirchhof (Hrsg.), HStR V, 2. Aufl. 2000, § 121; *Lindner*, „Grundrechtseingriff" oder „grundrechtswidriger Effekt" – Plädoyer für einen grundrechtsdogmatischen Paradigmenwechsel –, DÖV 2004, 765 ff.; *Roth*, Faktische Eingriffe in Freiheit und Eigentum, 1994; *Sachs*, Die relevanten Grundrechtsbeeinträchtigungen, JuS 1995, 303 ff.; *Wild*, Grundrechtseingriff durch Unterlassen staatlicher Leistungen? – Die Grundrechte als Grenze des Abbaus von Subventionen –, DÖV 2004, 366 ff.

I. Ausnahme 1: Keine Grundrechtsverpflichtung

Das Vorliegen eines Eingriffs setzt die Grundrechtsverpflichtung des Handelnden voraus. Beeinträchtigende Maßnahmen eines Privaten greifen z.B. nicht in Grundrechte des Betroffenen ein und werden daher nicht als Eingriffe qualifiziert.

Weiterführende Literatur: *Kempen*, Grundrechtsverpflichtete, in: Merten/Papier (Hrsg.), HGrdR II, 2006, § 54; *Rüfner*, Grundrechtsadressaten, in: Isensee/Kirchhof (Hrsg.), HStR V, 2. Aufl. 2000, § 117; *Schnapp*, Die Grundrechtsbindung der Staatsgewalt, JuS 1989, 1 ff.

1. Problem 1: Handeln überstaatlicher Organe

Akte überstaatlicher Organe unterliegen regelmäßig schon deshalb nicht grundrechtlichen Bindungen, da sie nicht unmittelbar dem Staatsbürger gegenüber, sondern nur im Verhältnis zum Staat wirken. Die unmittelbar wirkende europäische Hoheitsgewalt wird nur an den europäischen Grundrechten gemessen (hierzu unter Kap. 1), A.II.2, S. 17 ff.). Überstaatliche Akte können also nur mittelbar – bei Umsetzung oder Anwendung durch deutsche Staatsorgane – der Grundrechtsbindung unterfallen.

Da etwa die Rechtsprechung wie jede staatliche Gewalt an die Grundrechte gebunden ist (Art. 1 Abs. 3 GG), unterliegen die richterlichen Urteile der verfassungsgerichtlichen Kontrolle, auch wenn sie **überstaatliches Recht** anwenden.

So sind z.B. die Vorschriften des Deutschen Internationalen Privatrechts und die Anwendung des durch sie berufenen ausländischen Rechts im Einzelfall an den Grundrechten zu messen (BVerfGE 31, 74 ff.). Dies ergibt sich aus Art. 6 EGBGB.

Weiterführende Literatur: *Badura*, Der räumliche Geltungsbereich der Grundrechte, in: Merten/Papier (Hrsg.), HGrdR II, § 47 Rn. 34 ff.

2. Problem 2: Nicht-hoheitliches – insbes. fiskalisches – staatliches Handeln

Die Grundrechts*verpflichtetheit* der öffentlichen Hand ist unstreitig, soweit ein Tätigwerden in **öffentlich-rechtlicher Organisation** und in **öffentlich-rechtlicher Handlungsform** erfolgt.[233] Anders verhält es sich hinsichtlich der **erwerbswirtschaftlichen** bzw. **fiskalischen** Tätigkeit der öffentlichen Verwaltung in **privatrechtlicher Handlungsform.**[234] Ein Handeln in der Form des **Verwaltungsprivatrechts**[235] (überwiegend verstanden als privatrechtliches Handeln der Verwaltung in unmittelbarer Wahrnehmung **öffentlicher Aufgaben**)[236] ist hingegen nach allgemeiner Auffassung an die Grundrechte gebunden, da man die (andernfalls scheinbar bestehende) Gefahr der Umgehung der Grundrechtsbindung verhindern will. Diese Prämisse fußt auf der – letztlich in der formalistischen Struktur des konstitutionellen Rechtsstaats wurzelnden – Annahme einer grundsätzlichen Verneinung der öffentlich-rechtlichen (insbes. Grundrechts-)Bindung „privaten" Handelns.[237] Der Begriff der „vollziehenden Gewalt" i.S.d. Art. 1 Abs. 3 GG wird dementsprechend zumindest prinzipiell als (Verwaltungs-) Handeln in Erfüllung öffentlicher Aufgaben verstanden. Dem möglicherweise dahinter stehenden, einem traditionellen Verwaltungsverständnis verhafteten Ansatz, nur das nach verwaltungsrechtlichen Vorgaben – also in Vollziehung konkreter Normvorgaben – erfolgende Verwaltungshandeln, sei im engeren Sinne „vollziehende" Gewalt, lässt sich die zunehmende Auflösung entsprechender Vorgaben durch vermehrte Einführung einer finalen Gesetzesstruktur entgegenhalten.[238] Auch eine dieser Vorschrift implantierte Unterscheidung zwischen Staat i.e.S. und Fiskus scheint gegenwärtig überholt. Von **einer zunehmenden Auffassung** wird daher die Erfüllung öffentlicher Aufgaben (der Daseinsvorsorge) nicht mehr als taugliches Abgrenzungskriterium zwischen grundrechtsgebundenem und grundrechtsungebundenem privatrechtlichen Verwaltungshandeln verstanden.[239] Der **entgegenstehenden Auffassung** (welche den

---

233 *Cremer*, DÖV 2003, 921 (923).

234 Für *erwerbswirtschaftliches* Tätigwerden und *fiskalische* Hilfsgeschäfte eine Grundrechtsbindung bejahend *Burgi*, EuR 1997, 261 (269); *H. Dreier*, in: Dreier (Hrsg.), GG I, 2. Aufl. 2004, Art. 1 III GG Rn. 65 ff.; *Erichsen/Ebber*, Jura 1999, 373 (375); *Hesse*, Grundzüge des VerfR, 20. Aufl. 1995, Rn. 347; *Ipsen*, AllgVerwR, 2007, Rn. 197, 199; *Röhl*, VerwArch (86) 1995, 531 (573 ff.); *Huber*, Konkurrenzschutz im Verwaltungsrecht, 1991, 315 f.; *Möstl*, Grundrechtsbindung, 76 ff., 89 ff.; verneinend hingegen BGHZ 36, 91 (95 ff.); *Roth*, Faktische Eingriffe in Freiheit und Eigentum, 1994, 105; *Klein*, Die Teilnahme des Staates am wirtschaftlichen Wettbewerb, 1968, 176; *Emmerich*, JuS 1970, 332 (334 ff.).

235 Erst jüngst hat sich in Parallele zu dieser Figur die des „Verwaltungsgesellschaftsrechts" entwickelt; vgl. hierzu nur *Krebs*, Die Verwaltung (29) 1996, 309 ff.; *Spannowsky*, ZGR 1996, 400 (411, 422 ff.).

236 Vgl. nur *Maurer*, AllgVerwR, 17. Aufl. 2009, § 3 Rn. 9, 11; hierzu *Wolff*, Verwaltungsrecht I, 1956, § 23 I b S. 73. Krit. hingegen zu dieser Begriffsbildung *Cremer*, DÖV 2003, 921 (923 Fn. 22) unter Hinweis darauf, dass die gebräuchliche Verwendung des Begriffs die Funktion impliziert, den grundrechtlich gebundenen Bereich privatrechtlichen Tätigwerdens der Verwaltung abzugrenzen; zur Ungeeignetheit des Kriteriums ebenfalls *Röhl*, VerwArch (86) 1995, 531 (573 ff.); vgl. hierzu auch *H. Dreier*, in: Dreier (Hrsg.), GG I, 2. Aufl. 2004, Art. 1 III GG Rn. 68 (Fn. 189) sowie *Lerche*, FS Winkler, 1997, 581, 588 ff.

237 *Cremer*, DÖV 2003, 921 (924).

238 *Cremer*, DÖV 2003, 921 (925).

239 Vgl. nur *Cremer*, DÖV 2003, 921 (925); *Ehlers*, DVBl. 1983, 422 (424 f.); *Hösch*, DÖV 2000, 393 (398); *Schnapp*, JuS 1989, 1 (6). Vgl. auch *Leisner*, DÖV 1970, 217 (218 f.), welcher die Unun-

Staat bei fiskalischen Hilfsgeschäften und bei erwerbswirtschaftlicher Betätigung nicht an die Grundrechte bindet)[240] liegt die (unausgesprochene) Voraussetzung zugrunde, „daß sich entweder der Fiskus außerhalb der Staatsgewalt befindet oder daß Art. 1 III eine auf hoheitliche Tätigkeiten beschränkte Aussage enthält".[241] Dem wird entgegengehalten, dass der Staat nichts anderes als Staatsgewalt ausüben kann;[242] der verschiedentliche Versuch, über Art. 2 Abs. 1 GG staatliche *Privatautonomie* zu begründen, wird demnach abgelehnt: „Die Verfassung kennt nur konstituierte Staatlichkeit. Der von ihr konstituierte Staat hat nirgends wie ein Privater das Recht zur Beliebigkeit."[243]

Hiervon zu unterscheiden ist daher die – vor dem Hintergrund einer umfassenden Liberalisierung erfolgende – Entlassung öffentlicher Unternehmen in den Bereich der Gesellschaft, wo sie quasi als Private privatwirtschaftlich agieren; hierzu bereits unter Kap. 2a), A.III.2.d), S. ##.

Weiterführende Literatur: *Erichsen/Ebber*, Die Grundrechtsbindung des privatrechtlich handelnden Staates, Jura 1999, 373 ff.; *Möstl*, Grundrechtsbindung öffentlicher Wirtschaftstätigkeit, 1999; *Ronellenfitsch*, Wirtschaftliche Betätigung des Staates, in: Isensee/Kirchhof, HStR IV, 3. Aufl. 2006, § 98 Rn. 46 ff.

3. Problem 3: Kirchliches Handeln

Fraglich ist auch, wie insoweit **kirchliches Handeln** zu werten ist.

> **Beispiel:** In Anlehnung an den Fall „Osho" wird die Sektenwarnung nicht durch den Staat, sondern durch den Sektenbeauftragten der evangelischen Landeskirche ausgesprochen.

Gemäß Art. 140 GG i.V.m. Art. 137 Abs. 5, 6 WRV stellt die evangelische Landeskirche eine **öffentlich-rechtliche Körperschaft** dar. Hieraus resultiert jedoch nicht unmittelbar ihre Grundrechtverpflichtetheit.

So unterscheiden sich die **Kirchen** als Körperschaften des öffentlichen Recht grundlegend von den **Körperschaften des öffentlichen Rechts im verwaltungs- und staatsorganisationsrechtlichen Verständnis**. Sie nehmen keine Staatsaufgaben wahr, sind nicht in die Staatsorganisation eingebunden und unterliegen keiner staatlichen Aufsicht. Zudem sind sie in gleichem Umfang **grundrechtsfähig** (vgl. hierzu Kap. 2 Abschn. 1, A.III.2.e), S. 42) wie privatrechtlich organisierte Religionsgesellschaften und stehen dem Staat als **Teile der Gesellschaft** gegenüber. Zwar hat der Staat durch die Zuerkennung des korporierten Status den Kirchen eine besondere, aus dem Kreis der

---

terscheidbarkeit von daseinsvorsorgender und „fiskalischer" Staatstätigkeit mit dem Hinweis verneint, Daseinsvorsorge sei „privates Staatsinteresse als öffentliches Interesse".

240 BGHZ 29, 76, 80 f.; 33, 230, 233; 36, 91, 96; 37, 1, 27; 52, 325, 327 ff.; *Ossenbühl*, DÖV 1971, 513 (520 f.); *Emmerich*, JuS 1970, 332, 334 ff.; *Dürig*, in: FS Nawiasky, 1956, 157, 186 f.

241 *Schnapp*, JuS 1989, 1 (6) mit hieran anknüpfender Kritik: „Beides läuft auf die Schaffung grundrechtsfreier Reservate hinaus. Eine systematische Betrachtung der einschlägigen verfassungsrechtlichen Bestimmungen widerstreitet jedoch einer solchen Annahme: Nach Art. 20 II wird ‚*alle* Staatsgewalt' durch besondere Organe der Gesetzgebung, der vollziehenden Gewalt und der Rechtsprechung ausgeübt. In eben diesen drei Modalitäten wird die Staatsgewalt durch Art. 1 III aber an die Grundrechte gebunden." (Hervorhebung durch Verf.).

242 So *Schnapp*, JuS 1989, 1 (6).

243 *Hesse*, Grundzüge des VerfR, 20. Aufl. 1995, Rn. 348.

Religionsgemeinschaften herausgehobene und abgegrenzte Rechtsstellung eingeräumt. Dahinter steht der Wunsch, die Kirchen aufgrund ihrer besonderen Bedeutung für die Gesellschaft aus dem Kampffeld „liberaler Selbstbehauptung" herauszuheben und als Teil der öffentlichen Ordnung zu konstituieren.[244] Daraus resultiert jedoch nach **h.M.** nicht ihre **unmittelbare Verpflichtetheit** auf das Grundrecht der Glaubensfreiheit, soweit sie nicht öffentliche Gewalt ausüben, die in irgendeiner Weise vom Staat abgeleitet ist.[245]

Beispiel: Befugnisse im Steuerrecht[246] sowie im Bestattungswesen bei der Verwaltung öffentlicher Friedhöfe.

Eine Grundrechtsverpflichtung der Kirchen außerhalb des Bereichs hoheitlichen Handelns ist mit der Begründung abzulehnen, dass die Kirchen **keine Institutionen der mittelbaren Staatsverwaltung** und daher **Träger** der in der Verfassung gewährleisteten Grundrechte, nicht deren Bindungsadressaten sind.[247]

Weiterführende Literatur: *Kästner*, Die Geltung von Grundrechten in kirchlichen Angelegenheiten, JuS 1977, 715 ff..

4. Problem 4: Handeln „mächtiger" sozialer Institutionen

Eine Grundrechtsbindung **politischer Parteien** wird trotz ihrer faktischen Mächtigkeit und des Umstandes des Angewiesenseins politisch interessierter Bürger auf diese Institutionen verneint.[248] Daran ändert auch ihre verfassungsrechtliche Institutionalisierung in Art. 21 GG nichts.

5. Problem 5: Handeln Privater - Mittelbare und unmittelbare Drittwirkung

Da Private nicht grundrechtsverpflichtet sind, kann ihr Handeln keinen Grundrechtseingriff darstellen. Die Grundrechte entfalten zudem – nach ganz überwiegender Auffassung[249] – grundsätzlich **keine unmittelbare Drittwirkung**, also keine unmittelbare Wirkung im Verhältnis zwischen Privaten (Ausnahme: Art. 9 Abs. 3 S. 2 GG). In der **Zivilrechtsprechung** hat sich allerdings (zumindest in der Rechtsprechung des BAG und der frühen Rechtsprechung des BGH) eine unmittelbare Drittwirkung unausgesprochen insoweit durchgesetzt, als verschiedene Grundrechte als **Verbotsgesetze**

---

244 *Kirchhof*, in: Listl/Pirson (Hrsg.), HStKirchenR I, 2. Aufl. (1994), S. 656.

245 Allg. Ansicht; vgl. nur *Ehlers*, in: Sachs (Hrsg.), GG, 5. Aufl. 2009, Art. 140 GG (Art. 137 WRV) Rn. 23. Einschränkend *Herzog*, in: Maunz/Dürig (Hrsg.), GG I, 55. Lfg. 2009, Art. 4 GG (1988) Rn. 49: Bindung der Kirchen an Art. 4 Abs. 1, 2 GG in ihrem Verhältnis gegenüber Nichtmitgliedern.

246 BVerfG (K), NVwZ 2002, 1496.

247 *Höfling*, in: Sachs (Hrsg.), GG, 5. Aufl. 2009, Art. 1 Rn. 109.

248 *Starck*, in: Mangoldt/Klein/Starck (Hrsg.), GG I, 5. Aufl. 2005, Art. 1 Abs. 3 Rn. 252 f.

249 Statt vieler BVerfG, NJW 1987, 827; BVerfG, NJW 2001, 591 f.; dennoch von der primären Drittwirkungsfunktion der Grundrechte ausgehend *Bleckmann*, DVBl. 1988, 938 (942); A.A. *Nipperdey*, Grundrechte und Privatrecht, 1961, 14 f.; *Leisner*, Grundrechte und Privatrecht, 1960, passim; *Böckenförde*, Der Staat 29 (1990), 1 (11 f.); *Rupp*, AöR 101 (1976),161 (170 ff.); *Ramm*, JZ 1991, 1 (6 f.); mit eigenem Begründungsansatz (unter Rückgriff auf Art. 19 Abs. 3 GG) *Lücke*, JZ 1999, 377 ff.

i.S.d. § 134 BGB[250] und das allgemeine Persönlichkeitsrecht als **„sonstiges Recht" i.S.d. § 823 Abs. 1 BGB** anerkannt werden.[251] Entsprechend dieser Konzeption geht die überwiegende Bedrohung für persönliche Freiräume von Privatpersonen, insbesondere also **wirtschaftlichen und sozialen Machtgruppen** aus. Allerdings ermöglicht die Konzeption der unmittelbaren Drittwirkung nach überwiegendem Verständnis keine Lösungen, da die auf gesellschaftlicher Ebene angesiedelten **Interessenkonflikte** nur im Wege der **Abwägung** einander widerstreitender grundrechtlicher Freiheitsansprüche gelöst werden können.

Nach weitreichenden Diskussionen in den 1950er und 1960er Jahren konnte sich daher der Gedanke einer (sog.) **mittelbaren Drittwirkung** der Grundrechte durchsetzen, welcher in deren Verständnis als **objektive Werteordnung** wurzelt (hierzu bereits unter Einleitung B, S. 7 ff.). Mit dieser Herauslösung der Grundrechte aus dem unmittelbaren Staat-Gesellschafts-Verhältnis ist der Weg für die Anerkennung der Ausstrahlungswirkung der Grundrechte und in einem weiteren Schritt ihrer Drittwirkung eröffnet. Maßgebend für die Entwicklung einer zunächst speziell auf Art. 6 Abs. 1 GG bezogenen,[252] bald jedoch auf alle Grundrechte und damit Lebensbereiche erstreckten Ausstrahlungswirkung der Grundrechte erscheint (noch immer) das aus dem Jahre 1958 stammende, als „Urknall"[253] wirkende *Lüth*-Urteil des Bundesverfassungsgerichts, dessen Gegenstand die Reichweite zivilrechtlicher – auf § 826 BGB beruhender – Unterlassungsansprüche gegen die Äußerung einer grundrechtlich geschützten[254] Meinung ist. Dem Bundesverfassungsgericht bot es Anlass klarzustellen, dass das Grundgesetz „in seinem Grundrechtsabschnitt auch eine objektive Wertordnung aufgerichtet hat und dass gerade hierin eine prinzipielle Verstärkung der Geltungskraft der Grundrechte zum Ausdruck kommt." Es stellt weiter klar, dass dieses „Wertsystem, das seinen Mittelpunkt in der innerhalb der sozialen Gemeinschaft sich frei entfaltenden menschlichen Persönlichkeit und ihrer Würde findet, ... als verfassungsrechtliche Grundentscheidung für alle Bereiche des Rechts gelten (muss); Gesetzgebung, Verwaltung und Rechtsprechung empfangen von ihm Richtlinien und Impulse."[255] Das Grundgesetz wird hierdurch über eine „formale staatliche Herrschaftsordnung" zu einer „Grundordnung für Staat und Gesellschaft" erhoben.[256] Zugleich mutiert der Staat „vom Gegner zum Helfer und Beschützer der Freiheit".[257] Rechtsdogmatisch wird die mittelbare

---

250 Grdl. BAGE 4, 274 (Ehe und Familie); BAG AP Nr. 4, 6, 77, 87, 110 zu Art. 3 GG; Nr. 25 zu Art. 12 GG, Nr. 26 zu § 1 KSchG; Nr. 2 zu § 134 BGB.

251 BGHZ 13, 334, 338; 24, 72, 76 f.; 27, 284, 285; zur Qualifizierung dieses Vorgehens als Ausprägung der unmittelbaren Drittwirkung *Canaris*, AcP (184) 1984, 201 (203). Später auf die Schutzpflichtendimension verweisend BGHZ 35, 363, 367 f.; 39, 124, 131 f.

252 BVerfGE 6, 55 ff. – Steuersplitting.

253 In diesem Sinne *Alexy*, VVDStRL 61 (2002), 8 (9); *Knies*, FS Stern, 1997, 1155 (1174).

254 Der Entscheidung liegt ein weites Verständnis der Meinungsäußerungsfreiheit zugrunde; sie verweigert sich insbesondere der tlw. diskutierten „Trennung zwischen (geschützter) Äußerung und (nicht geschützter) Wirkung der Äußerung" (BVerfGE 7, 198, 210).

255 BVerfGE 7, 198 (204 f.) – Lüth; vgl. hierzu auch *Rensmann*, Wertordnung und Verfassung, 2007, 96 ff.

256 *Schulze-Fielitz*, Jura 2008, 52 (54).

257 *Schulze-Fielitz*, Jura 2008, 52 (56).

Drittwirkung über die verfassungsrechtliche Aufwertung ausfüllungsfähiger und -bedürftiger Normen des Privatrechts erreicht.

Dies sind beispielhaft:

- **§ 138 BGB (Sittenwidrigkeit)**
- **§ 242 BGB (Treu und Glauben)**
- § 315 (Billiges Ermessen)
- §§ 543, 569, 573 BGB – Mietrecht (*Eigenbedarf* bzw. *berechtigtes Interesse* bzw. *wichtiger Grund* im Rahmen einer Wohnraumkündigung)
- § 611 BGB (Fürsorge- und Treuepflicht)
- § 626 BGB (wichtiger Grund)
- § 826 BGB (vorsätzliche *sittenwidrige* Schädigung)[258]
- § 823 Abs. 1 BGB (*Widerrechtlichkeit* der Verletzung eines sonstigen Rechts; bspw. Recht am eingerichteten und ausgeübten Gewerbebetrieb; allg. Persönlichkeitsrecht; Pressefreiheit[259])
- § 1004 Abs. 2 BGB (Duldungspflicht)
- § 114 ZPO (mutwillig)
- § 121 Abs. 1 StPO (wichtiger Grund)
- § 1 Abs. 2 KSchG (verhaltensbedingte Kündigung, sozial ungerechtfertigte Kündigung) – BAG, Urt. vom 10.10.2002, 2 AZR 472/01 – Kündigung einer Verkäuferin wegen Tragens eines islamischen Kopftuchs
- § 1 ff. AGG (Benachteiligung)
- § 1 UWG (sittenwidrige Werbung) – hier zur Reichweite der Menschenwürde als Schranke der Meinungsfreiheit im Wettbewerbsrecht BVerfGE 102, 347 ff. – Benetton.
- § 3 UWG (Unlauterkeit)

Die Konzeption der sog. mittelbaren Drittwirkung der Grundrechte in der **Zivilrechtsordnung** gestaltet sich als **Ausgleich kollidierender subjektiver (Freiheits-)Rechtspositionen**. Zutreffend erscheint daher eine **Begriffskritik**, die einen Mangel an realer Drittwirkung betont.[260] Im Gegensatz zu einer solchen – an den Gedanken der ***Verhältnismäßigkeit*** des Eingriffs gekoppelten[261] – (jedenfalls mittelbaren) Grundrechtsbindung bedeutet mittelbare Drittwirkung ***Abwägung*** kollidierender subjektiver Rechte. Dies beschreibt einen Rechtsfindungsprozess, wie ihn auch das Privatrecht kennt, nur dass hier Zivilrechts- durch Grundrechtspositionen ersetzt werden. „Drittwirkung" bedeutet daher lediglich: Die Interessenabwägung in Zivilrechtsverhältnissen ist nicht abschließend durch die Zivilrechtsgesetzgebung vorgegeben, vielmehr wird diese durch grundgesetzliche Wertentscheidungen ergänzt.

258 BVerfGE 7, 198 ff. – Lüth.
259 BVerfGE 25, 256 ff. – Blinkfüer.
260 So etwa *Ipsen*, StaatsR II, 12. Aufl. 2009, Rn. 70.
261 Hierzu *Canaris*, AcP (184) 1984, 201 (209) im Hinblick auf die sog. unmittelbare Drittwirkung.

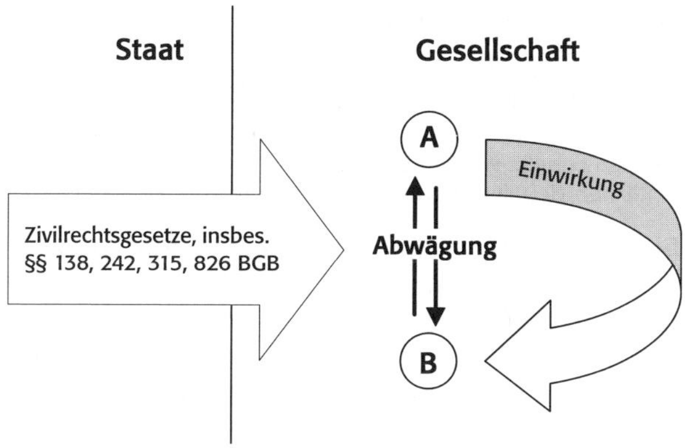

Der aus den Drittwirkungskonstellationen resultierenden **Aufwertung judikativen Gestaltungsspielraums** wird seit einigen Jahren die dogmatische Konstruktion der staatlichen **Schutzpflicht** entgegengesetzt, welche als Adressaten der objektiven Grundrechtsgeltung den Gesetzgeber begreift und (mittelbaren) Grundrechtsschutz daher an **gesetzgeberisches Tätigwerden** bindet.[262] Zumindest die Fachgerichtsbarkeit, welche in der Vergangenheit den Rückgriff auf grundrechtliche Wertgehalte vermehrt zum Anlass der Rechtsfortbildung sieht, soll auf diese Weise in die **Schranken der Recht*sprechung*** verwiesen werden. Unter Verweis auf den Staatszweck „Sicherheit"[263] erscheinen staatliche **Schutzpflichten**[264] als „Absicherung der Substanz des subjektiven Rechts".[265] Sie beruhen ebenso wie die Schutzzweckargumentation auf einer **vorverfassungsrechtlichen** – metajuristischen – **Basis**,[266] welche allerdings durch das Bundesverfassungsgericht rechtsdogmatisch „aufgeladen"[267] und damit von vorverfassungsrechtlichen Inhalten „entkoppelt" wird.

Die **dogmatische Ausformung** erfolgt dabei maßgeblich durch die **„Abtreibungsurteile"** vom 25.2.1975[268] und 28.5.1993,[269] nachfolgend im **Schleyer-**[270] und im **Kontaktsperrebeschluss**[271] sowie in den Entscheidungen zur **atomrechtlichen Risikobewältigung**[272] und zum **Luftsicherheitsgesetz**.[273] In diesem Zusammenhang führt das Bundesverfassungsgericht etwa im Rahmen des ersten Abtreibungsurteils aus:

262 *Oeter*, AöR (119) 1994, 529 (549 f.). Andererseits zur Freiheitsbedrohung der Schutzpflichtendogmatik *Preu*, JZ 1991, 265 (266 ff.).
263 *Dietlein*, Grundrechtliche Schutzpflichten, 2. Aufl. 2005, S. 21 ff.; *Isensee*, Grundrecht auf Sicherheit, 1983; allgemein hierzu *Robbers*, Sicherheit als Menschenrecht, 1987.
264 Hierzu *Klein*, DVBl. 1994, 489 ff.; *Klein*, NJW 1989, 1633 ff.
265 Vgl. *Herdegen*, in: Maunz/Dürig (Hrsg.), GG I, 55. Lfg. 2009, Art. 1 Abs. 3 GG (2005), Rn. 22.
266 Wenig nachvollziehbar insoweit die Kritik bei *Herdegen*, in: Maunz/Dürig (Hrsg.), GG I, 55. Lfg. 2009, Art. 1 Abs. 3 GG (2005) Rn. 21 im Hinblick auf den ersten Argumentationsstrang.
267 Einen Überblick über die Entwicklung der Schutzpflichtenlehre in der Judikatur des BVerfG entwickelt *Isensee*, Grundrecht auf Sicherheit, 1983, S. 29 ff.
268 BVerfGE 39, 1 – Schwangerschaftsabbruch I.
269 BVerfGE 88, 203 – Schwangerschaftsabbruch II.
270 BVerfGE 46, 160 – Schleyer.
271 BVerfGE 49, 24 – Kontaktsperregesetz.
272 BVerfGE 49, 89 – Kalkar I; BVerfGE 53, 30 – Mühlheim-Kärlich.
273 BVerfGE 115, 118 – Luftsicherheitsgesetz.

> „Nach der ständigen Rechtsprechung des Bundesverfassungsgerichts enthalten die Grundrechtsnormen nicht nur subjektive Abwehrrechte des Einzelnen gegen den Staat, sondern sie verkörpern zugleich eine **objektive Wertordnung**, die als verfassungsrechtliche Grundentscheidung für alle Bereiche des Rechts gilt und Richtlinien und Impulse für Gesetzgebung, Verwaltung und Rechtsprechung gibt.... Ob und gegebenenfalls in welchem Umfang der Staat zu rechtlichem Schutz des werdenden Lebens von Verfassungs wegen verpflichtet ist, kann deshalb schon aus dem objektiv-rechtlichen Gehalt der grundrechtlichen Normen erschlossen werden."[274]

Diese Betonung der **objektiv-rechtlichen Grundrechtsdimension** wird auch durch die Ausführungen des zweiten Abtreibungsurteils nicht berührt, auch wenn dieses verstärkt auf den Schutz der Würde des ungeborenen Lebens rekurriert:[275] „Ihren Grund hat diese *Schutzpflicht* in Art. 1 Abs. 1 (S. 2) GG, der den Staat ausdrücklich zur Achtung und zum Schutz der Menschenwürde verpflichtet; ihr Gegenstand und – von ihm her – ihr Maß werden durch Art. 2 Abs. 2 GG näher bestimmt",[276] da die Verankerung der Menschenwürde in Art. 1 GG die normative Fundierung des metaphysischen Grundrechtsgehalts beschreibt. Demnach gründet sich die staatliche Schutzpflicht auf die objektiv-rechtliche Grundrechtsdimension.

Möglich erscheint es zugleich, die Schutzpflicht ausgehend von der staatlichen Verantwortung, die dem Staat aus der Bereitstellung privater Freiheitsräume erwächst, – ähnlich dem bereits herkömmlich anerkannten grundrechtlichen Leistungsanspruch – als spiegelbildliches **Pendant des privaten Abwehrrechts** zu verstehen.[277] Aus der staatlichen **Inanspruchnahme des Gewaltmonopols** und der damit verbundenen Duldungspflicht des Bürgers gegen jedwede Beeinträchtigung resultiert dann die Zurechenbarkeit faktischer Grundrechtseingriffe von Seiten Dritter an den Staat: „Beeinträchtigungen grundrechtlicher Schutzgüter, die der Staat nicht verbietet, hat er bereits erlaubt."[278] Die **Argumente gegen diesen Ansatz** sind vielfältig.[279] Insbesondere erweist sich die Argumentation insoweit als **zirkelschlüssig**, als sie mit der Zurechnung der privaten Beeinträchtigung an den Staat die staatliche Schutzpflicht, welche es erst zu begründen gilt, bereits voraussetzt.[280]

274 BVerfGE 39, 1 (41 f.) – Schwangerschaftsabbruch I.

275 Anders *Klein*, NJW 1989, 1633, 1635; *Starck*, Grundrechtliche Schutzpflichten, 1993, in: Praxis der Verfassungsauslegung, 1994, 46, 63; wie hier hingegen *Unruh*, Dogmatik der grundrechtlichen Schutzpflichten, 1996, S. 34 ff.

276 BVerfGE 88, 203 (251 f.) – Schwangerschaftsabbruch II (Hervorhebung im Orig.).

277 *Herdegen*, in: Maunz/Dürig (Hrsg.), GG I, 55. Lfg. 2009, Art. 1 Abs. 3 GG (2005) Rn. 22. Weiterhin *Schwabe*, AöR 100 (1975), 442 ff.; *Murswiek*, WiVerw 1986, 179 ff.; *ders.*, Die staatliche Verantwortung, 1985; *ders.*, NVwZ 1986, 611 ff.; *Lübbe-Wolff*, Grundrechte als Eingriffsabwehrrecht, 1988, 69 ff.

278 *Murswiek*, WiVerw 1986, 179 ff.

279 Umfassend hierzu *Dietlein*, Grundrechtliche Schutzpflichten, 2. Aufl. 2005, S. 39 ff.; *Unruh*, Dogmatik der grundrechtlichen Schutzpflichten, 1996, S. 46 f.

280 *Unruh*, Dogmatik der grundrechtlichen Schutzpflichten, 1996, S. 47.

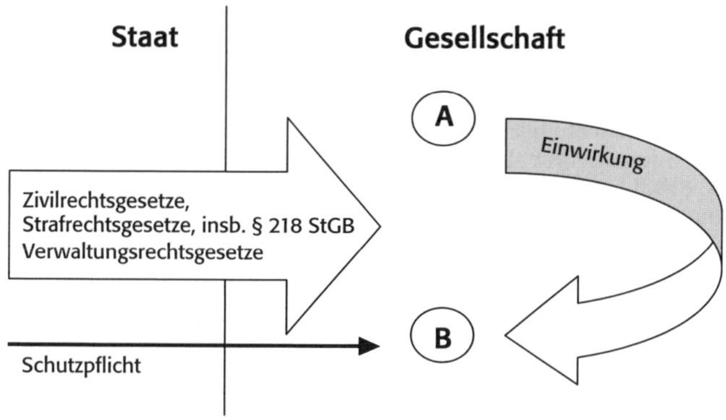

Zunächst konzipiert als **staatliche (legislative) Handlungspflicht** zur Schaffung eines **gesetzlichen Schutzrahmens** hat sich die Schutzpflichtendogmatik zur Pflicht zur **verfassungskonformen Auslegung** bestehenden Gesetzesrechts im Sinne einer judikativen Schutzpflicht weiterentwickelt. Soweit es sich hierbei zudem um zivilrechtliche Normen handelt, fällt die **Abgrenzung** zur Drittwirkungsdogmatik schwer.[281] **Teilweise** wird jeder Zusammenhang **geleugnet**:

> „Drittwirkung bedeutet unmittelbare oder mittelbare Geltung der Grundrechte zwischen Privaten. Der Bürger gilt nicht nur als Träger, sondern auch als Adressat der Grundrechte – mit der Folge, daß Grundrechtsfreiheit und Grundrechtsbindung sich gegenseitig neutralisieren, daß das hochdifferenzierte Privatrecht von lapidaren Verfassungsnormen überlagert und zermalmt wird, daß die Lösung der grundrechtlich aufgeladenen Konflikte zwischen Privaten aus den gesetzlichen Regelungen des Privatrechts herausgenommen und in übergesetzliche, unberechenbare Güterabwägungen übergeleitet wird. Dagegen sind die doppelwirksamen Grundrechte ausschließlich staatsgerichtet. Staatsgerichtet ist der status positivus des Eingriffsbegünstigten, Staatsgerichtet auch der status negativus des Eingriffsbelasteten. Die privatrechtliche Beziehung zwischen beiden bleibt unberührt. Das Konzept der Grundrechts-Ambivalenz erfüllt also ein wesentliches Ziel, das die Drittwirkungs-Doktrin anstrebt; aber sie sprengt nicht wie jene das Rechtssystem.".[282]

Teilweise wird die staatliche Schutzpflicht als „Transmissionsriemen" der Drittwirkung betrachtet.[283] Der Sache nach hat sich die Schutzpflichtendogmatik der Lehre von der mittelbaren Grundrechtsbindung angenähert. Ihr Unterschied liegt im Wesentlichen in dem eingenommenen Blickwinkel. In der Fall-Lösung steht die Aufladung straf- oder zivilrechtlicher Normen durch grundrechtliche Gehalte im Vordergrund. Ob sich ihre verfassungskonforme Auslegung aus der Drittwirkungs- oder der Schutzpflichtendogmatik ergibt, bleibt dann eine eher theoretische Frage.

Wichtige Rechtsprechung und weiterführende Literatur: BVerfGE 39, 1 ff. – Schwangerschaftsabbruch I (hierzu *Menger*, Das verfassungsrechtliche Urteil zu StGB § 218 – Gesetzgebung durch das BVerfG?, VerwArch 66 (1975), 397 ff.; *Denninger*, Freiheitsordnung-Wertordnung-Pflichtordnung, JZ 1975, 545 ff.); BVerfGE 46, 160 ff. – Schleyer; BVerfGE 49, 24 ff. – Kontaktsperregesetz; BVerfGE 49,

---

281 Den Zusammenhang zwischen mittelbarer Drittwirkung und staatlichen Schutzpflichten betonend *Bleckmann*, DVBl. 1988, 938 (939).
282 *Isensee*, Grundrecht auf Sicherheit, 1983, S. 35.
283 *Benda*, UPR 1982, 242 (243).

89 ff. – Kalkar I (hierzu *Erichsen*, Zum Verhältnis von Gesetzgebung und Verwaltung nach dem Grundgesetz, VerwArch 70 (1979), 249 ff.; *Fiedler*, Zu den verfassungsrechtlichen und verfassungstheoretischen Positionen des BVerfG im Beschluß über die Verfassungsmäßigkeit von AtG § 7, JZ 1979, 184 ff.); BVerfGE 53, 30 ff. – Mühlheim-Kärlich (hierzu *Rauschning*, Verfassungsbeschwerde gegen atomrechtliche Errichtungsgenehmigung, DVBl. 1980, 831); BVerfGE 88, 203 ff. – Schwangerschaftsabbruch II (hierzu *Starck*, Der verfassungsrechtliche Schutz des ungeborenen menschlichen Lebens, JZ 1993, 816 ff.; *Lerche*, Das Bundesverfassungsgericht als Notgesetzgeber, insbesondere im Blick auf das Recht des Schwangerschaftsabbruchs, FS Gitter, 1995, 509 ff.); BVerfGE 102, 347 ff. – Schockwerbung I; BVerfGE 107, 275 ff. – Schockwerbung II; BVerfGE 115, 118 ff. – Luftsicherheitsgesetz (hierzu *Franz*, Der Bundeswehreinsatz im Innern und die Tötung Unschuldiger im Kreuzfeuer von Menschenwürde und Recht auf Leben, Der Staat 45, 501 ff.; *v. Bernstorff*, Pflichtenkollision und Menschenwürdegarantie, Der Staat 47, 21 ff.); **insbesondere zur Wirkung der Grundrechte in Privatrechtsbeziehungen** BVerfGE 7, 198 ff. – Lüth (hierzu *Dürig*, DÖV 1958, 194 ff.); BVerfGE 25, 256 ff. – Blinkfüer; BVerfGE 30, 173 ff. – Mephisto; BVerfGE 34, 269 ff. – Soraya; BVerfGE 81, 242 ff. – Handelsvertreter; BVerfGE 89, 214 ff. – Bürgschaft sowie BVerfG, NJW 1994, 2749 ff. – Bürgschaftsvertrag – (hierzu *Eschenbach/Niebaum*, Von der mittelbaren Drittwirkung unmittelbar zur staatlichen Bevormundung, NVwZ 1994, 1079 ff.; *Hesse/Kaufmann*, Die Schutzpflicht in der Privatrechtsprechung, JZ 1995, 219 ff.; *Spieß*, Inhaltskontrolle von Verträgen – das Ende privatautonomer Vertragsgestaltung?, DVBl. 1994, 1222 ff.; *Wiedemann*, Verfassungsrechtliche Kontrolle privatrechtlicher Verträge, JZ 1994, 411 ff.; *Zöllner*, Regelungsspielräume im Schuldvertragsrecht, AcP 196 (1996), 1 ff.); BVerfGE 119, 1 ff. – Roman Esra; **aus der Literatur weiterhin:** *Bleckmann*, Neue Aspekte der Drittwirkung der Grundrechte, DVBl. 1988, 938 ff.; *Böckenförde*, Grundrechte als Grundsatznormen - Zur gegenwärtigen Lage der Grundrechtsdogmatik, Der Staat (29) 1990, 1 ff.; *Calliess*, Schutzpflichten, in: Merten/Papier (Hrsg.), HGrdR, § 44; *Dietlein*, Die Lehre von den grundrechtlichen Schutzpflichten, 2. Aufl. 2005; *Enders*, Die Privatisierung des Öffentlichen durch die grundrechtliche Schutzpflicht und seine Rekonstruktion aus der Lehre von den Staatszwecken, Der Staat (35) 1996, 351 ff.; *Erichsen*, Die Drittwirkung der Grundrechte, Jura 1996, 527 ff.; *Isensee*, Das Grundrecht als Abwehrrecht und staatliche Schutzpflicht, in: Isensee/Kirchhof (Hrsg.), HStR V, 2. Aufl. 2000, § 111; *Klein*, Die grundrechtliche Schutzpflicht, DVBl. 1994, 489 ff.; *Oeter*, „Drittwirkung" der Grundrechte und die Autonomie des Privatrechts – Ein Beitrag zu den funktionell-rechtlichen Dimensionen der Drittwirkungsdebatte –, AöR 119 (1994), 529 ff.; *Papier*, Drittwirkung der Grundrechte, in: Merten/Papier (Hrsg.), HGrdR II, 2006, § 55; *Schwabe*, Die sogenannte Drittwirkung der Grundrechte, 1971; *Unruh*, Zur Dogmatik der grundrechtlichen Schutzpflichten, 1996, insbes. S. 71 ff.; *Wenger*, Die objektive Verwertung der Grundrechte – Zum Stand der Diskussion –, AöR 130 (2005), 618 ff.

In **Abgrenzung** zum Bedeutungsgewinn der objektiven Grundrechtsdimension erfährt **neuerdings** die klassische liberale Abwehrfunktion der Grundrechte eine Renaissance.

Weiterführende Literatur: *Cremer*, Freiheitsgrundrechte, 2003, S. 66 ff., 74 ff. und passim; *Lübbe-Wolff*, Die Grundrechte als Eingriffsabwehrrechte, 1988; *Koch*, Der Grundrechtsschutz des Drittbetroffenen – Zur Rekonstruktion der Grundrechte als Abwehrrechte –, 2000; *Ladeur*, Kritik der Abwägung in der Grundrechtsdogmatik – Plädoyer für eine Erneuerung der liberalen Grundrechtstheorie –, 2004; *Poscher*, Grundrechte als Abwehrrechte – Reflexive Regelung rechtlich geordneter Freiheit –, 2003, S. 153 ff., 315 ff., 387 ff.; *Grimm*, Rückkehr zum liberalen Grundrechtsverständnis?, in: ders., Zukunft der Verfassung, 1991, 221 f. *Schlink*, Freiheit durch Eingriffsabwehr – Rekonstruktion der klassischen Grundrechtsfunktion, EuGRZ 1984, 457 ff.

6. Insbesondere: Handeln Privater in Erfüllung öffentlicher Aufgaben – Veränderung von Verantwortungsstrukturen

Die Übertragung der Grundrechtsbindung auf Private, die in Erfüllung öffentlicher – nicht: staatlicher[284] – Aufgaben tätig werden, wird im Regelfall nach der Positionierung des Privaten im Staat-Gesellschafts-Gefüge bestimmt:

> „Die verfassungsrechtliche Untersuchung ergibt, daß der Standort eines als Verwaltungshelfer tätigen Privaten unverändert im Reich der gesellschaftlichen Autonomie liegt und daß für ihn die Tonart der grundrechtlichen Freiheit maßgeblich ist, nicht die im Reich der Staatsaufgaben vorgegebene Tonart der Bindung".[285]

Dabei werden als wichtige Merkmale etwa die unternehmerische Aufgabe bzw. die weiterhin bestehenden staatlichen Einfluss- und Beherrschungsrechte hervorgehoben. Dogmatisch erfolgt diese Lösung unter Rückgriff auf Art. 1 Abs. 3 GG. Mit der in dieser Vorschrift enthaltenen Anordnung, wann eine Grundrechtsbindung zwingend besteht, ist zugleich die dichotome Beschreibung jenes Bereichs verbunden sein, der *keine* (unmittelbare) Grundrechtsbindung kennt.[286] Der Hinweis auf die Übertragung der ehemals staatlichen, nunmehr öffentlichen Aufgabe auf einen Privaten, d.h. in den gesellschaftlichen Bereich, genügt damit zumeist, um die Grundrechtsbindung abzulehnen.[287] Dies gelingt allerdings nur dann unproblematisch, wenn das Maß staatlicher Aufgabenverantwortung mit der Übertragung schwindet, wie etwa im Fall der Aufgabenprivatisierung.

Eine **differenziertere Lösung** ist im Bereich der **funktionalen Privatisierung** gefragt, wo der Staat eine Aufgabe auf einen Privaten überträgt, ohne die Leitungsverantwortung abzugeben, die er gegebenenfalls nur im Verhältnis zum Dritten ausfüllen kann.[288] Zusammenfassend formuliert *Burgi* die Frage, „ob die Verpflichtung des Staates zu gemeinwohlorientiertem Handeln unter Wahrung bestimmter formaler Standards die funktionale Privatisierung überdauert."[289] Dass die Freiheit des Privaten von grundrechtlichen Bindungen dennoch nach h.M. unberührt bleibt,[290] wirft in Anbetracht der staatlichen Leitungsverantwortung Abstimmungsprobleme auf. Angenommen wird in diesem Zusammenhang, dass „diejenigen Beeinträchtigungen, die der Verwaltungshelfer in Verwirklichung des vorgegebenen Zwecks und unter Verwendung der zwangsläufig einzusetzenden oder gar vorgegebenen Mittel … hervorruft, dem Staat zuzurech-

284 Soweit *Staatsaufgaben* (d.h. Aufgaben, deren sich der Staat annimmt) betroffen sind, kann der Private nur Werkzeug staatlichen Handelns sein. Damit rückt er – ausnahmsweise – in die staatliche Sphäre über.

285 *Burgi*, Funktionale Privatisierung, 1999, S. 339.

286 Explizit in diesem Sinne *Höfling*, in: Sachs (Hrsg.), GG, 5. Aufl. 2009, Art. 1 GG Rn. 111 („negativausgrenzende Aussage"); ähnlich *Burgi*, Funktionale Privatisierung, 1999, S. 330: „Auf der Basis des Art. 1 GG bleibt es dabei, daß außerhalb der Staatsaufgaben die ‚Tonart' der Freiheit eingreift."

287 So etwa *Ruhland*, Dienstleistungskonzession, 2006, S. 124 in Bezug auf die Übertragung einer Dienstleistungskonzession.

288 Zu diesem Problemkomplex umfassend *Burgi*, Funktionale Privatisierung, 1999, S. 309 ff.

289 *Burgi*, Funktionale Privatisierung, 1999, S. 313.

290 *Burgi*, Funktionale Privatisierung, 1999, S. 332 (m.w.N. zu entgegengesetzten Auffassung).

nen sind".[291] Hieraus folgt die staatliche Verpflichtung, „im Veranlassungsakt bzw. in später unternommenen Maßnahmen gegenüber dem Verwaltungshelfer entsprechende Beachtungs- und Verhaltenspflichten zu statuieren sowie deren Beachtung zu kontrollieren und notfalls zwangsweise durchzusetzen".[292] Konstruiert wird also auf diesem Wege eine Dreieckskonstellation Staat-Verwaltungshelfer-Betroffener, welche im Prinzip der Situation bei Bestehen staatlicher Schutzpflichten entspricht. Um in diesem Fall eine unmittelbare Drittwirkung der Grundrechte zu vermeiden, wird hier anstelle des Direktanspruchs ‚Bürger gegen Bürger' die staatliche Einwirkungspflicht auf den „Störer" postuliert.

Weiterführende Literatur: *Burgi*, Funktionale Privatisierung, 1999.

II. Ausnahme 2: Wirksamer Grundrechtsverzicht und Einwilligung

Als **Grundrechtsverzicht** gilt jede Willensäußerung des Grundrechtsberechtigten, deren Rechtsfolge zu einer Schmälerung grundrechtlich geschützter Rechtspositionen führt. Er kann sich jeweils nur auf einen **Einzelfall** beziehen; ein genereller Grundrechtsverzicht ist nicht möglich. Abzugrenzen ist der Grundrechtsverzicht sowohl von der negativen Freiheitsausübung, welche eine Schutzdimension der Grundrechte darstellt (hierzu unter Kap. 2 Abschn. 1, B.I.2, S. 53 ff.), als auch von der bloßen Nichtausübung eines Grundrechts.

Allerdings ist **umstritten**, inwiefern überhaupt ein Grundrechtsverzicht **zulässig** ist. Nach **einer Auffassung** ist ein Grundrechtsverzicht generell unzulässig.[293] Hierfür könnte Art. 1 Abs. 2 GG sprechen, der die Menschenrechte – und hiermit auch die Grundrechte – für unveräußerlich erklärt. Zudem ließe sich vorbringen, dass die Grundrechte als Elemente einer objektiven (das Wohl der Allgemeinheit verbürgenden) Werteordnung, also nicht lediglich subjektive Rechtsoptionen, unverzichtbar sind. Nach **anderer Auffassung** ist ein Grundrechtsverzicht grundsätzlich möglich, soweit er nicht den Wesensgehalt des Grundrecht nach Art. 19 Abs. 2 GG antastet.[294] Demnach bezieht sich die Formulierung in Art. 1 Abs. 2 GG („unveräußerlich") auf den Staat, nicht den Grundrechtsberechtigten. Zudem seien Grundrechte vornehmlich „privatnützig", nicht allgemeinwohlbezogen – wie die entgegenstehende Auffassung annimmt. Ein liberales Grundrechtsverständnis müsse auch die Verfügbarkeit des einzelnen über sein Grundrecht zulassen. Die **überwiegende Auffassung** differenziert hinsichtlich der einzelnen Grundrechtsverbürgungen.[295] Hiernach ist zunächst der Wortlaut der Grundrechte zugrunde zu legen.

291 *Burgi*, Funktionale Privatisierung, 1999, S. 349.
292 *Burgi*, Funktionale Privatisierung, 1999, S. 354.
293 *Bussfeld*, DÖV 1976, 765 (771); *Malorny*, JA 1974, 475 (476 ff.); *Frieß*, Der Verzicht auf Grundrechte, 1968, passim.
294 *Bleckmann*, JZ 1988, 57 (58); *Dürig*, AöR 81 (1956), 117 (152); ähnlich *Höfling*, Offene Grundrechtsinterpretation, 1987, S. 125 ff.
295 *Sachs*, VerwArch (76) 1985, 398 (420 f.); *Pietzcker*, Der Staat 17 (1987), 527 (542 ff.); *Robbers*, JuS 1985, 925 (926 ff.).

Beispiel

Da Art. 6 Abs. 2 GG von der Pflege und Erziehung der Kinder nicht nur als Recht, sondern auch als Pflicht spricht, ist ein Verzicht auf das Erziehungs- und Pflegerecht, der zur Verwahrlosung der Kinder führen würde, nicht zulässig. Nach Art. 9 Abs. 3 S. 2 sind Abreden, die das Recht einschränken oder zu behindern suchen, die dort umschriebenen Vereinigungen zu bilden, nichtig, was auch einen entsprechenden Grundrechtsverzicht ausschließt.

Bietet der Wortlaut keinen weiteren Ausschluss, ist **im Einzelfall** zu untersuchen, ob der Verzichtende über das grundrechtlich Verbürgte **dispositionsbefugt** ist. Eine Dispositionsbefugnis scheidet immer dann aus, wenn die grundrechtliche Gewährleistung nicht den Einzelnen, sondern ein überindividuelles Gut zum Bezugspunkt hat. Dies ist insbesondere bei Art. 1 Abs. 1 GG der Fall.

Erforderlich ist weiterhin eine **wirksame Einwilligungserklärung**. Es ist insoweit zu verlangen, dass zumindest das natürliche **Bewusstsein** vorliegt, durch eine solche Erklärung auf das betreffende Grundrecht wirksam zu verzichten. Zudem muss der Grundrechtsverzicht **freiwillig** erfolgen; unwirksam ist demnach jede Willensentscheidung, die von Zwang oder Täuschung beeinflusst ist.[296]

▶ **Klausurhinweis:** Die Verortung eines (wirksamen) Grundrechtsverzichts im Prüfungsaufbau ist umstritten. Die h.M. prüft den Grundrechtsverzicht auf der Eben des **Eingriffs** (so *Pieroth/Schlink*, Grundrechte, Rn. 141). Nach a.A. handelt es sich um eine Frage des **persönlichen Schutzbereichs** oder der **Rechtfertigung** (so *Hufen*, StaatsR II, § 6 Rn. 42).

Weiterführende Literatur: *Bleckmann*, Probleme des Grundrechtsverzichts, JZ 1988, 57 ff., Schwabe, JuS 1987, 390 ff.; *Robbers*, Der Grundrechtsverzicht – Zum Gegensatz „volenti non fit iniura" im Verfassungsrecht, JuS 1985, 925 ff.; *Mersten*, Der Grundrechtsverzicht, FS Schmitt Glaeser 2003, 53 ff.; Stern, Der Grundrechtsverzicht, in: ders. (Hrsg.), Staatsrecht III/2, § 86.

Als besondere Ausprägung des Grundrechtsverzichts galt lange Zeit das sog. besondere Gewaltverhältnis. Die im 19. Jahrhundert entwickelte **Lehre vom besonderen Gewaltverhältnis** ging von einer eingeschränkten Geltung bzw. sogar von einer Suspendierung der Grundrechte (sowie von Nichtgeltung des Gesetzesvorbehalts und des Rechtsschutzgedankens) in solchen Konstellationen aus, in denen zwischen Bürger und Staat spezifische Beziehungen bestehen, die durch eine zwangsweise oder freiwillige Einordnung in bestimmte Verwaltungsbereiche begründet wurden: **Schule, Strafvollzug, Beamtenverhältnis, Wehrdienstverhältnis**. In diesen Fällen scheint die grundsätzliche Distanz des Bürgers zum Staat durch dessen Eingliederung in den Staat ersetzt. Ein – zumindest hypothetischer – Grundrechtsverzicht sei die Folge.

Nach einer noch heute vertretenen Ansicht in der Literatur ist **zwischen Grundverhältnis und Betriebsverhältnis** innerhalb des **Sonderstatusverhältnisses** zu differenzieren. Dabei soll das Betriebsverhältnis die innere Regelung der betroffenen Einrichtung, etwa Organisationsmaßnahmen, betreffen, während dem Grundverhältnis die Akte zuzurechnen sind, die unmittelbar die persönliche Rechtsstellung des im Sonderstatusverhältnis Stehenden betreffen. Für die Betroffenheit des Grundverhältnisses spricht der Einzelfallcharakter der Maßnahme, während Maßnahmen im Betriebsverhältnis alle im Sonderstatusverhältnis Stehenden gleich treffen. Teilweise wird das Begriffspaar Grundverhältnis/Betriebsverhältnis heute auch durch das Paar persönli-

296 *Sachs*, Verfassungsrecht II, 2. Aufl. 2003, A 8 Rn. 40 f.

che Rechtsstellung/betriebliche Rechtsstellung ersetzt, wobei zumeist dieselben Ergebnisse erzielt werden.

Die Lehre vom besonderen Gewaltverhältnis in ihrer klassischen Form führt zu einem „grundrechtsfreien Raum", der mit dem GG absolut **unvereinbar** ist, weshalb heute anerkannt ist, dass die Grundrechte grundsätzlich auch in den o.g. Bereichen anwendbar sind.[297] Auch Art. 17a GG wäre überflüssig, wenn die Lehre vom besonderen Gewaltverhältnis noch Geltung beanspruchen würde. Grundrechte dürfen also auch im „besonderen Gewaltverhältnis" nur insoweit begrenzt werden, als dies **verfassungsrechtlich zugelassen** ist. Beispielhaft erfolgt dies durch Art. 104 GG im Hinblick auf die Freiheitsbeschränkungen, Art. 17a Abs. 1 GG für Soldaten und Ersatzdienstleistende, Art. 33 Abs. 4 und 5 für Beamte. Im Hinblick auf Schüler und Hochschulangehörige verdeutlichen Art. 5 Abs. 2 GG und Art. 7 GG die Bedeutung der Funktionsfähigkeit von Schulen und Hochschulen. Besonderheiten gegenüber dem allgemeinen „Gewaltverhältnis" gelten also nur im Hinblick auf die Eigenart des Zwecks des jeweiligen Sonderstatusverhältnisses.

Auch die Differenzierung zwischen Grund- und Betriebsverhältnis ist nicht immer eindeutig und im Übrigen ebenfalls nur bedingt mit den Anforderungen des GG vereinbar. Insofern ist von einer umfassenden Grundrechtsgeltung auch in solchen Fällen auszugehen, in denen der Bürger in der beschriebenen spezifischen Beziehung zum Staat steht. Gerade in den Bereichen, in denen der Bürger dem Staat besonders nahe steht, ihm zuweilen ausgeliefert ist, muss der Grundrechtsschutz umfassend bestehen. Die ohne Zweifel bestehenden Besonderheiten können auch im allgemein bekannten Prüfungsschema hinreichend berücksichtigt werden.

Auch soweit der Gesetzgeber in den Sonderrechtsverhältnissen gesetzliche Einschränkungen vornimmt, muss dem Betroffenen stets effektiver Rechtsschutz zustehen.[298]

Fallbeispiel: *Kramer*, Der langhaarige Polizist, JuS 2007, 35 ff.

Weiterführende Rechtsprechung: BVerfGE 33, 1 ff. – Strafgefangene; BVerfGE 34, 165 (192 f.) – Förderstufe; BVerfGE 41, 251 (259 ff.) – Speyer-Kolleg; BVerfGE 47, 46 ff. – Sexualkunde.

Weiterführende Literatur: *Ipsen*, Ohrschmuck zur Dienstbekleidung – Variationen zum Thema „Grundrechte im Sonderstatusverhältnis", in: FS K. Ipsen, 2000, 711 ff.; *Loschelder*, Grundrechte im Sonderstatus, in: Isensee/Kirchhoff (Hrsg.), HStR V, 2. Aufl. 2000, § 123.

B. Neue Kategorie: „Beeinträchtigung"

Neben den Begriff des Eingriffs wird nunmehr im Bereich **informalen Staatshandelns** durch das BVerfG eine neue Kategorie, die sog. **„Beeinträchtigung"**, gestellt,[299] welche jene Berührungen des Schutzbereichs umfassen soll, die zwar dem weiten, nicht jedoch dem klassischen Eingriffsbegriff unterfallen; hierzu ***Fall 8***.

297 BVerfGE 33, 1 ff. – Strafgefangenen-Entscheidung.
298 BVerfG, NJW 2002, 2699 (2700).
299 Einschränkend *Murswiek*, NVwZ 2003, 1 (2): „nur eine schlampige Formulierung".

Lösungen

Fall 7 [Bürgschaft – nach BVerfGE 89, 214 ff.]

A kann sich der Bank gegenüber nicht unmittelbar auf Grundrechte (insbes. Art. 2 Abs. 1 GG) berufen. Zwar könnte A durch die hohe, unter realistischer Zukunftsprognose nicht abbezahlbaren Kreditbelastung in ihrer Privatautonomie und ihrem allgemeinen Persönlichkeitsrecht beeinträchtigt sein, da von vornherein feststeht, dass sie voraussichtlich bis an ihre Lebensende nicht in der Lage sein wird, sich aus eigener Kraft von der übernommenen Schuldenlast zu befreien. Da aber Private **nicht grundrechtsverpflichtet** sind, kann das Handeln der Y-Bank keinen Grundrechtseingriff darstellen. Die Grundrechte entfalten zudem – nach ganz überwiegender Auffassung – grundsätzlich **keine unmittelbare Drittwirkung**, also keine unmittelbare Wirkung im Verhältnis zwischen Privaten.

A kann sich möglicherweise gegenüber der Y-Bank auf die Nichtigkeit des Darlehensvertrags nach § 138 Abs. 1 BGB berufen. *Sittenwidrig* i.S.d. § 138 Abs. 1 BGB ist ein Vertrag, wenn er gegen das Anstandsgefühl der billig und gerecht Denkenden verstößt. Im Sinne einer **verfassungskonformen Auslegung** sind § 138 BGB die verfassungsrechtlichen Wertungen zu Grunde zu legen [Insoweit kommen die Drittwirkungs- und die Schutzpflichtendogmatik „rechtstechnisch" zu demselben Ergebnis.] Explizit im Sinne der Schutzpflichtendogmatik betont das BVerfG:

> „Die Zivilgerichte müssten – insbesondere bei der Konkretisierung und Anwendung von Generalklauseln wie § 138 und § 242 BGB – die grundrechtliche Gewährleistung der Privatautonomie in Art. 2 Abs. 1 GG beachten. Daraus ergibt sich ihre Pflicht zur Inhaltskontrolle von Verträgen, die einen der beiden Vertragspartner ungewöhnlich stark belasten und das Ergebnis strukturell ungleicher Verhandlungsstärke sind."[300]

Vorliegend könnte die Sittenwidrigkeit aus der **Abwägung** der einander gegenüberstehenden **Grundrechtspositionen** resultieren. Hier kann sich die Y-Bank auf ihre Privatautonomie (Art. 12 Abs. 1 GG, Art. 14 Abs. 1 GG, Art. 2 Abs. 1 GG) berufen, die A hingegen auf ihr allgemeines Persönlichkeitsrecht (Art. 2 Abs. 1 GG i.V.m. Art. 1 Abs. 1 GG) sowie ihre Privatautonomie, welche durch eine lebenslange Verschuldung erheblich beeinträchtigt wird. Das Grundgesetz schützt die Privatautonomie als „Selbstbestimmung des Einzelnen im Rechtsleben". Der Gesetzgeber ist hieraus verpflichtet der Selbstbestimmung des Einzelnen im Rechtsleben einen angemessenen Betätigungsraum zu eröffnen. Ihre Gewährleistung denkt die justitielle Realisierung gleichsam mit und begründet daher die Pflicht des Gesetzgebers, rechtsgeschäftliche Gestaltungsmittel zur Verfügung zu stellen, die als rechtsverbindlich zu behandeln sind und auch im Streitfall durchsetzbare Rechtspositionen begründen.[301]

Mit der Pflicht zur Ausgestaltung der Privatrechtsordnung stellt sich dem Gesetzgeber ein Problem praktischer Konkordanz. Am Zivilrechtsverkehr nehmen gleichrangige

300 BVerfGE 89, 214 (Ls.) – Bürgschaft.
301 BVerfGE 89, 214 (231 f.) – Bürgschaft.

Grundrechtsträger teil, die unterschiedliche Interessen und vielfach gegenläufige Ziele verfolgen. Da alle Beteiligten des Zivilrechtsverkehrs den Schutz des Art. 2 Abs. 1 GG genießen und sich gleichermaßen auf die grundrechtliche Gewährleistung ihrer Privatautonomie berufen können, darf nicht nur das Recht des Stärkeren gelten. Die kollidierenden Grundrechtspositionen sind in ihrer Wechselwirkung zu sehen und so zu begrenzen, daß sie für alle Beteiligten möglichst weitgehend wirksam werden. Im Vertragsrecht ergibt sich der sachgerechte Interessenausgleich aus dem übereinstimmenden Willen der Vertragspartner. Beide binden sich und nehmen damit zugleich ihre individuelle Handlungsfreiheit wahr.[302] **Insbesondere der zivilrechtliche Grundsatz der Privatautonomie ist daher auf Freiheit von staatlicher Einflussnahme ausgerichtet.**

Dennoch kann im **Einzelfall** das Bedürfnis nach einer zivilgerichtlichen Inhaltskontrolle bestehen. Dies ist dann der Fall, wenn einer der Vertragsteile **ein so starkes Übergewicht** innehat, dass er den Vertragsinhalt faktisch einseitig bestimmen kann. Eine **Privatautonomie im materiellen Sinne** besteht dann nicht mehr. Zwar darf aus Gründen des Schutzes der Privatautonomie und der Rechtssicherheit ein Vertrag nicht bei jeder Störung des Verhandlungsgleichgewichts nachträglich in Frage gestellt werden.

> „Handelt es sich jedoch um eine typisierbare Fallgestaltung, die eine strukturelle Unterlegenheit des einen Vertragsteils erkennen läßt, und sind die Folgen des Vertrages für den unterlegenen Vertragsteil ungewöhnlich belastend, so muß die Zivilrechtsordnung darauf reagieren und Korrekturen ermöglichen. Das folgt aus der grundrechtlichen Gewährleistung der Privatautonomie (Art. 2 Abs. 1 GG) und dem Sozialstaatsprinzip (Art. 20 Abs. 1, Art. 28 Abs. 1 GG)."[303]

Das **Haftungsrisiko**, das die A ohne eigenes wirtschaftliches Interesse übernimmt, ist ungewöhnlich hoch. Es ist insbesondere für die **geschäftlich unerfahrene**, erst **21-jährige** A, die über keine qualifizierte Berufsausbildung verfügt, undurchschaubar. Dem Interesse der A an der Gewährleistung ihres **allgemeinen Persönlichkeitsrechts** (krit. insoweit das BVerfG) und ihres Rechts auf **Privatautonomie** ist daher Vorrang einzuräumen vor dem Interesse der Y-Bank. Diese kann sich letztlich nicht auf ihre Privatautonomie berufen, da diese nur in den Grenzen der gemeinsamen Willensübereinstimmung existiert. Soweit ein Vertrag – wie hier – mit einer strukturell unterlegenen Vertragspartei geschlossen wird, ist er (faktisch) nicht mehr Ausdruck der Privatautonomie.

A kann sich auf die Nichtigkeit des Darlehensvertrags aus § 138 Abs. 1 BGB berufen.

Wichtige Rechtsprechung und weiterführende Literatur: BVerfGE 89, 214 ff. – Bürgschaft sowie BVerfG, NJW 1994, 2749 ff. – Bürgschaftsvertrag; hierzu *Eschenbach/Niebaum*, Von der mittelbaren Drittwirkung unmittelbar zur staatlichen Bevormundung, NVwZ 1994, 1079 ff.; *Hesse/Kaufmann*, Die Schutzpflicht in der Privatrechtsprechung, JZ 1995, 219 ff.; *Spieß*, Inhaltskontrolle von Verträgen – das Ende privatautonomer Vertragsgestaltung?, DVBl. 1994, 1222 ff.; *Wiedemann*, Verfassungsrechtliche Kontrolle privatrechtlicher Verträge, JZ 1994, 411 ff.; *Zöllner*, Regelungsspielräume im Schuldvertragsrecht, AcP 196 (1996), 1 ff.

302 BVerfGE 89, 214 (232) – Bürgschaft.
303 BVerfGE 89, 214 (232) – Bürgschaft.

Fall 8 [Osho II – nach BVerfGE 105, 279 ff.]

Eingriff ist nach herrschender **weiter Definition** jedes staatliche (zurechenbare) Handeln, das ein Verhalten des einzelnen, welches in den Schutzbereich eines Grundrechts fällt, beeinträchtigt oder verhindert. Nach diesem weiten Verständnis stellt das staatliche Informationshandeln einen Eingriff dar, soweit der Schutzbereich berührt ist.

Das **BVerfG** legt hingegen den **engen** – klassischen – **Eingriffsbegriff** zugrunde, dessen Voraussetzungen es **nicht** als **erfüllt** ansieht.[304] „Danach wird unter einem *Grundrechtseingriff* im Allgemeinen ein rechtsförmiger Vorgang verstanden, der unmittelbar und gezielt (final) durch ein vom Staat verfügtes, erforderlichenfalls zwangsweise durchzusetzendes Ge- oder Verbot, also imperativ, zu einer Verkürzung grundrechtlicher Freiheiten führt." Diese Merkmale sind nicht erfüllt: Die Bezeichnung erfolgt nicht rechtsförmig, sondern in Gestalt **informalen Handelns**. Das staatliche Handeln ist weiterhin nicht unmittelbar an die Osho-Bewegung und deren Mitglieder adressiert, vielmehr erfolgt es als **Information der Öffentlichkeit** über Gruppen, Bewegung, Ziele und Aktivitäten. Die Information ist nicht von dem Zweck getragen, den angesprochenen Gemeinschaften und ihren Anhängern Nachteile zuzufügen; vielmehr besteht der **Zweck** in der Information der Öffentlichkeit und Warnung der interessierten Bevölkerung. Der möglicherweise entstehende Nachteil beruht nicht auf einem zwangsweise durchsetzbaren **staatlichen Ge- oder Verbot**, sondern aus der Konsequenz, die der einzelne aus der Information zieht.

Die genannten Äußerungen stellen nach Auffassung des BVerfG keinen Eingriff, sondern eine *Beeinträchtigung* (mit mittelbar faktischer Wirkung) dar. Zu den hieraus resultierenden Anforderungen an das Schrankenerfordernis vgl. ***Fall 14***.

Fall 9 [Gesundheitsreform – nach BVerfG, NJW 2009, 2033 ff.]

Grundsätzlich ist es möglich, dass verschiedene einzelne, für sich betrachtet geringfügige Eingriffe in grundrechtlich geschützte Bereiche in ihrer Gesamtwirkung zu einer schwerwiegenden Beeinträchtigung führen, die das Maß der rechtsstaatlich hinnehmbaren Eingriffsintensität überschreitet. Hier könnten die verschiedenen in der Einzelbetrachtung verfassungsgemäßen Grundrechtseingriffe in ihrer Gesamtheit einen unverhältnismäßigen Eingriff in die Berufsfreiheit der B darstellen. Hierfür müsste es sich um einen sog. **additiven Grundrechtseingriff** handeln.[305] Auf der Basis eines Eingriffsverständnisses, welches ihren Ausgangspunkt in der punktuellen Beeinträchtigung nimmt, beschreibt der additive Grundrechtseingriff Konstellationen, in denen mehrere Grundrechtseingriffe (nahezu zeitgleich oder zeitlich gestaffelt) **denselben** bzw. dieselben **Grundrechtsadressaten** belasten, wenn die Akte im Wesentlichen **denselben**

304 BVerfGE 105, 279 (299 ff.) – Osho.
305 Vgl. BVerfGE 112, 304 (319 f.) – GPS-Observation; BVerfGE 114, 196 (247) – BSSichG.

Zwecken dienen und **dasselbe Grundrechtsgut** berühren. Ein in diesem Sinne additiver Eingriff liegt in der Gesamtheit der oben genannten Eingriffe. Sie dienen insbesondere dem Zweck, das Gesundheitswesen insbesondere durch stärkere Inanspruchnahme der privaten Säule zu reformieren.

Dieser Eingriff darf nicht gegen das **Verbot der unverhältnismäßigen Gesamtbelastung** verstoßen. Eine Abwägung der Eingriffstiefe und des verfolgten Ziels lässt eine Unverhältnismäßigkeit nicht erkennen. Auch in der Summe sind die besagten Eingriffe nicht derart weitreichend, dass sie sich nicht unter Rückgriff auf das verfolgte Ziel rechtfertigen lassen.

Dies gilt zumindest für die Bewertung aus der gegenwärtigen Sicht. Den Gesetzgeber trifft jedoch eine **Beobachtungspflicht**. Denn die Vorschriften über den Basistarif, die Portabilität und die erweiterte Versicherungspflicht in der gesetzlichen Krankenversicherung könnten zu Prämiensteigerungen für Versicherte in den Normaltarifen und dadurch zu erheblichen Wechselbewegungen in den Basistarif mit seinen begrenzten Prämien führen. Der Vorteil der Versicherungsnehmer im Basistarif könnte zum Nachteil der übrigen Versicherungsnehmer in den Normaltarifen werden. Denn je mehr Personen sich im Basistarif versichern und je mehr Verluste dieser verursacht, desto mehr steigt der Preis der Normaltarife und die Belastung der in diesen Tarifen Versicherten. Dies könnte letztlich eine Auszehrung des eigentlichen Hauptgeschäfts der privaten Krankenversicherungen bewirken, sodass die gesetzlichen Regelungen einer erneuten Prüfung bedürften. Weist der Gesetzgeber den privaten Krankenversicherungen durch die Einführung der Versicherungspflicht und den Kontrahierungszwang im Basistarif in verfassungsrechtlich zulässiger Weise die Aufgabe zu, im Rahmen eines privatwirtschaftlich organisierten Marktes für den bei ihr versicherten Personenkreis einen Basisschutz bereitzustellen, muss er auch im Interesse der Versicherten darauf achten, dass dies keine unzumutbaren Folgen für Versicherungsunternehmen und die bei ihnen Versicherten hat.

Der vorliegende additive Grundrechtseingriff belastet die Betroffenen nicht unverhältnismäßig.

Weiterführende Literatur: *Lücke*, Der additive Grundrechtseingriff sowie das Verbot der übermäßigen Gesamtbelastung des Bürgers, DVBl. 2001, 1469 ff.

Fall 10 [Ladenschluss I – nach BVerfG, Urteil vom 1.12.2009 – 1 BvR 2857/07 u. 1 BvR 2858/07]

Fraglich ist, ob der Schutzumfang des Art. 4 Abs. 1, 2 GG auch den Sonn- und Feiertagsschutz umfasst. Dies wäre der Fall, wenn das Grundrecht aus Art. 4 Abs. 1, 2 GG eine Konkretisierung durch die Sonn- und Feiertagsgarantie nach Art. 140 GG i.V.m. Art. 139 WRV erfahren würde. Das BVerfG bejaht dies und führt aus: Die Sonn- und Feiertagsgarantie wirkt ihrerseits als in der Verfassung getroffene Wertung auf die Auslegung und Bestimmung des Schutzgehalts von Art. 4 Abs. 1, 2 GG ein und ist deshalb auch bei der Konkretisierung der grundrechtlichen Schutzpflicht des Gesetzgebers zu beachten.[306] Die Gewährleistungen der so genannten Weimarer Kirchenartikel sind funktional auf die Inanspruchnahme und Verwirklichung des Grundrechts der Religionsfreiheit angelegt.[307] Dies gilt auch für Art. 139 WRV, obgleich in dieser Norm selbst der religiös-christliche Bezug nicht ausdrücklich erwähnt wird.[308] Art. 139 WRV hat nach seiner Entstehungsgeschichte, seiner systemischen Verankerung in den Kirchenartikeln und seinen Regelungszwecken neben seiner weltlich-sozialen auch eine religiös-christliche Bedeutung. Er sichert mit seinem Schutz eine wesentliche Grundlage für die Rekreationsmöglichkeiten des Menschen und zugleich für ein soziales Zusammenleben und ist damit auch Garant für die Wahrnehmung von Grundrechten, die der Persönlichkeitsentfaltung dienen.[309]

Das BerlLadÖffG greift weder gezielt in die Religionsfreiheit der Beschwerdeführer ein, noch liegt in den verschiedenen Bestimmungen und Optionen zur Ladenöffnung an Sonn- und Feiertagen das „funktionale Äquivalent" eines Eingriffs. Es richtet sich mit den angegriffenen Vorschriften an die Verkaufsstelleninhaber und eröffnet diesen Möglichkeiten zur Ladenöffnung an Sonn- und Feiertagen.[310] Nach der Rechtsprechung des BVerfG erschöpft sich der Grundrechtsschutz jedoch nicht in seinem klassischen Gehalt als subjektives Abwehrrecht gegenüber staatlichen Eingriffen. Aus Grundrechten ist vielmehr auch eine **Schutzpflicht** des Staates für das geschützte Rechtsgut abzuleiten. deren Vernachlässigung von dem Betroffenen geltend gemacht werden kann.[311] Zwar resultiert aus einer grundrechtlichen Schutzpflicht in der Regel keine konkrete Handlungsvorgabe. Die zuständigen staatlichen Organe, insbesondere der Gesetzgeber, haben vielmehr einen weiten Einschätzungs-, Wertungs- und Gestaltungsspielraum. Die Schutzpflicht ist demnach nur **verletzt, wenn der Gesetzgeber Schutzvorkehrungen entweder überhaupt nicht getroffen hat, oder wenn die getroffenen Regelungen und Maßnahmen offensichtlich ungeeignet oder völlig unzulänglich sind, das gebotene Schutzziel zu erreichen, oder wenn sie erheblich hinter dem Schutzziel zurückbleiben**.[312]

Vorliegend verletzt der Gesetzgeber die sich aus Art. 4 Abs. 1, 2 GG ergebende Schutzpflicht, wenn er die aus Art. 140 GG i.V.m. Art. 139 WRV folgenden Mindestanforderungen an den Sonn- und Feiertagsschutz unterschreitet. Nach Auffassung des BVerfG enthält Art. 139 WRV einen Schutzauftrag an den Gesetzgeber, der für die Arbeit an Sonn- und Feiertagen ein Regel-Ausnahme-Verhältnis statuiert.[313] D.h. dass der verfassungsrechtlich garantierte Sonn- und Feiertagsschutz nur begrenzt einschränkbar ist. Dem Gesetzgeber ist insoweit ein Ausgleich zwischen Art 140 GG i.V.m. Art. 139 WRV einerseits und Art. 12 Abs. 1, Art. 2 Abs. 1 andererseits aufgegeben.[314] Der Grundsatz

306 BVerfG, *Urteil* vom 1.12.2009 – 1 BvR 2857/07 u. 1 BvR 2858/07, Rn. 136 – BerlLadÖffG.
307 BVerfG, *Urteil* vom 1.12.2009 – 1 BvR 2857/07 u. 1 BvR 2858/07, Rn. 138 – BerlLadÖffG.
308 BVerfG, *Urteil* vom 1.12.2009 – 1 BvR 2857/07 u. 1 BvR 2858/07, Rn. 139 – BerlLadÖffG.
309 BVerfG, *Urteil* vom 1.12.2009 – 1 BvR 2857/07 u. 1 BvR 2858/07, Rn. 139 – BerlLadÖffG.
310 BVerfG, *Urteil* vom 1.12.2009 – 1 BvR 2857/07 u. 1 BvR 2858/07, Rn. 133 – BerlLadÖffG.
311 BVerfGE 92, 26 (46) – Zweitregister.
312 BVerfGE 92, 26 (46) – Zweitregister.
313 BVerfGE 87, 363 (393) – Sonntagsbackverbot; BVerfGE 111, 10 (53) – Ladenschlussgesetz III.
314 BVerfGE 111, 10 (50) – Ladenschlussgesetz III.

der Gewährleistung der Sonn- und Feiertagsruhe bedeutet aber auch, dass die Ausnahme eines dem Sonntagsschutz gerecht werdenden Sachgrundes bedarf: Ein bloß wirtschaftliches Umsatzinteresse der Verkaufsstelleninhaber und ein alltägliches Erwerbsinteresse („Shopping-Interesse") potenzieller Käufer genügt grundsätzlich nicht, um Ausnahmen von dem verfassungsunmittelbar verankerten Schutz der Arbeitsruhe und der Möglichkeit zur seelischer Erhebung an Sonn- und Feiertagen zu rechtfertigen.[315]

Im Ergebnis werden – nach der Auffassung des BVerfG – die angegriffenen Regelungen des BerlLadÖffG den grundrechtlichen Schutzpflichtanforderungen aus Art. 4 Abs. 1, 2 GG i.V.m. Art. 140 GG und Art. 139 WRV nicht in jeder Hinsicht gerecht. Der Berliner Landesgesetzgeber ist Adressat der grundrechtlichen Schutzpflicht, da ihm die Gesetzgebungsbefugnis für die in Rede stehende Materie zusteht. Die vom Landesgesetzgeber gewählte Schutzkonzeption ist auch formell verfassungsgemäß. Sie verfehlt jedoch in einem wesentlichen Teil das erforderliche Mindestniveau. Dies liegt in den Ausnahmeregelungen zur Ladenöffnung an Sonn- und Feiertagen begründet, welche dem Erfordernis des Regel-Ausnahme-Verhältnisses nicht hinreichend Rechnung tragen. Das Erreichen des Ziels des Sonntagsschutzes – des religiös wie des weltlich motivierten – setzt das Ruhen der typischen werktäglichen Geschäftigkeit voraus. Gerade die Ladenöffnung prägt aber wegen ihrer öffentlichen Wirkung den Charakter des Tages in besonderer Weise. Von ihr geht eine für jedermann wahrnehmbare Geschäftigkeits- und Betriebsamkeitswirkung aus, die typischerweise den Werktagen zugeordnet wird. Diese Wirkung wird nicht nur durch die in den Verkaufsstellen tätigen Arbeitnehmer und sonstigen Beschäftigten ausgelöst, sondern auch durch die Kunden. Sie erfasst überdies den Straßenverkehr und den öffentlichen Personennahverkehr in seiner Dichte und hat Rückwirkungen auf dessen Beschäftigte wie auch den verkehrsverursachten Lärm. Auf diese Weise bestimmt die Ladenöffnung maßgeblich das öffentliche Bild des Tages. Damit werden notwendig auch diejenigen betroffen, die weder arbeiten müssen noch einkaufen wollen, sondern Ruhe und seelische Erhebung suchen, namentlich auch die Gläubigen christlicher Religionen und die Religionsgemeinschaften selbst, nach deren Verständnis der Tag ein solcher der Ruhe und der Besinnung ist.[316] Die Zahl der durch die Ladenöffnung an Sonn- und Feiertagen potenziell Betroffenen ist somit vergleichsweise hoch. Zudem gewinnt die Arbeitsruhe an Sonn- und Feiertagen durch die maximale Ausweitung der werktäglichen Öffnungszeiten auf 24 Stunden noch größeres Gewicht. Hierdurch wird zugleich der Berufsausübungsfreiheit der Verkaufstelleninhaber wie auch der allgemeinen Handlungsfreiheit potenzieller Kunden in weitem Umfang Rechnung getragen.

Auf dieser Grundlage führt die Bestimmung über die voraussetzungslose siebenstündige Öffnung an allen vier Adventssonntagen wegen der vollständigen Herausnahme eines zusammenhängenden Monatszeitraums aus dem Schutz der Sonntage ohne hinreichend gewichtige Gründe zu einem Unterschreiten des Maßes an gebotenem Mindestschutz. Die flächendeckende Möglichkeit der Öffnung aufgrund einer Allgemeinverfügung an vier weiteren Sonn- oder Feiertagen bei öffentlichem Interesse

315 BVerfG, *Urteil* vom 1.12.2009 – 1 BvR 2857/07 u. 1 BvR 2858/07, Rn. 157 – BerlLadÖffG.
316 BVerfG, *Urteil* vom 1.12.2009 – 1 BvR 2857/07 u. 1 BvR 2858/07, Rn. 165 – BerlLadÖffG.

ohne zeitliche Begrenzung ist bei einschränkender Interpretation mit der Verfassung vereinbar.

Der Sache nach läuft die erste Regelung mithin darauf hinaus, den Sonn- und Feiertagsschutz für die Dauer eines Monates für die Verkaufsstellen, die den äußeren Charakter des Tages auch angesichts der Zahl der unmittelbar wie mittelbar Betroffenen und der Öffentlichkeitswirkung maßgeblich prägen, aufzuheben, ohne dass für eine derart intensive Beeinträchtigung eine hinreichend gewichtige Begründung gegeben würde oder sonst erkennbar wäre, die dem verfassungsrechtlichen Rang des Sonntagsschutzes gerecht werden könnte.[317]

Im Hinblick auf die zweite Regelung begegnet die weite, allgemeine Voraussetzung Bedenken. Erforderlich ist lediglich, dass die ausnahmsweise Öffnung „im öffentlichen Interesse" liegt. Dabei handelt es sich um einen ausfüllungsbedürftigen unbestimmten Rechtsbegriff, der es bei einem allein am Wortlaut orientierten Verständnis ermöglicht, jedes noch so geringe öffentliche Interesse genügen zu lassen. Hier ist eine der Wertung des Art. 139 WRV genügende Auslegung geboten. Danach ist ein öffentliches Interesse solchen Gewichts zu verlangen, das die Ausnahmen von der Arbeitsruhe rechtfertigt. Dazu genügen das alleinige Umsatz- und Erwerbsinteresse auf Seiten der Verkaufsstelleninhaber und das alltägliche „Shopping-Interesse" auf der Kundenseite nicht.[318] Zugleich ist nur eine zeitlich eingeschränkte Öffnung (in Anlehnung an die übrigen Vorschriften) von 13.00 bis 20.00 Uhr erforderlich.

Im Ergebnis ist der Auffassung der R im Wesentlichen zuzustimmen.

Abschnitt 3

Verfassungsrechtliche Rechtfertigung

Fälle

Fall 11

Luftsicherheitsgesetz – nach BVerfGE 115, 118 ff.

– Menschenwürde –

Die Ereignisse des 11. September 2001 haben zu einer Änderung der politischen Beurteilung der Sicherheitslage im Luftraum geführt. Befürchtet wird, dass Terroristen oder Kriminelle ohne politische Absichten Flugzeuge über Atomkraftwerken, Großstädten oder ähnlich sensiblen Gebieten zum Absturz bringen. Daher wird ein von der Regie-

317 BVerfG, *Urteil* vom 1.12.2009 – 1 BvR 2857/07 u. 1 BvR 2858/07, Rn. 175 – BerlLadÖffG.
318 BVerfG, *Urteil* vom 1.12.2009 – 1 BvR 2857/07 u. 1 BvR 2858/07, Rn. 181 – BerlLadÖffG.

rung erarbeiteter Gesetzentwurf, welcher die für einen wirksamen Schutz des Luftverkehrs gegen Flugzeugentführungen, Sabotageakte und sonstige gefährliche Eingriffe erforderlichen Regelungen enthält, mit folgendem Wortlaut von der X-Fraktion beim Bundestag eingebracht:

§ 1 (Zweck): Dieses Gesetz dient dem Schutz vor Angriffen auf die Sicherheit des Luftverkehrs, insbesondere vor Flugzeugentführungen, Sabotageakten und terroristischen Anschlägen.

§ 3 (Allgemeine Befugnisse der Luftsicherheitsbehörde): Die Luftsicherheitsbehörde trifft die notwendigen Maßnahmen, um eine im Einzelfall bestehende Gefahr für die Sicherheit des Luftverkehrs abzuwehren.

§ 14 (Einsatzmaßnahmen, Anordnungsbefugnis): (1) Zur Verhinderung des Eintritts eines besonders schweren Unglücksfalles dürfen die Streitkräfte im Luftraum Luftfahrzeuge abdrängen, zur Landung zwingen, den Einsatz von Waffengewalt androhen oder Warnschüsse abgeben. (2) Von mehreren möglichen Maßnahmen ist diejenige auszuwählen, die den Einzelnen und die Allgemeinheit voraussichtlich am wenigsten beeinträchtigt. Die Maßnahme darf nur so lange und so weit durchgeführt werden, wie ihr Zweck es erfordert. Sie darf nicht zu einem Nachteil führen, der zu dem erstrebten Erfolg erkennbar außer Verhältnis steht. (3) Die unmittelbare Einwirkung mit Waffengewalt ist nur zulässig, wenn nach den Umständen davon auszugehen ist, dass das Luftfahrzeug gegen das Leben von Menschen eingesetzt werden soll, und sie das einzige Mittel zur Abwehr dieser gegenwärtigen Gefahr ist.

Stellt ein hiernach möglicher Abschuss einer Passagiermaschine einen unzulässigen Eingriff in die Menschenwürde der Terroristen und/oder der Passagiere und des Personals dar?

Fall 12

Versammlungsverbot

– Versammlungsfreiheit; rechtsextremistische Versammlung; Versammlungsgesetz; verfassungskonforme Auslegung –

Die rechtsextremistische N-Partei hat bei der zuständigen Behörde für den 21. April 2010 eine Großdemonstration in der Stuttgarter Innenstadt angemeldet. Das Motto der Demonstration soll lauten: „Friede den Seelen unserer verstorbenen Helden". Es ist geplant, dass der französische Historiker H auf der Abschlusskundgebung einen „wissenschaftlichen Vortrag" mit dem Titel „Was in Auschwitz tatsächlich geschah" halten wird. Schon in der Vergangenheit ist H mit Äußerungen aufgefallen, welche die begangenen Verbrechen des nationalsozialistischen Regimes, insbesondere den Holocaust, leugneten. Die Versammlung wird von der Versammlungsbehörde mit Bescheid vom 12. April 2010 unter Anordnung der sofortigen Vollziehung verboten. In der Begründung heißt es, dass die Inhalte der Versammlung eine Gefährdung der öffentlichen Sicherheit und insbesondere auch der öffentlichen Ordnung befürchten lassen. Der angemeldete Versammlungstermin liege in verdächtiger Nähe zu dem Geburtstag von Adolf Hitler am 20. April. Hinzu komme, dass sich am Ort der geplanten Abschlusskundgebung ein beliebter Treffpunkt gewaltbereiter Autonomer befinde. In der Vergangenheit sei von diesen immer wieder gewaltsam in Demonstrationen eingegriffen worden, womit auch diesmal wieder zu rechnen wäre. Das Versammlungsverbot diene damit auch dem Schutz der N-Partei sowie der übrigen Versammlungsteilnehmer.

Ist der Eingriff in die Versammlungsfreiheit der N-Partei (Art. 8 Abs. 1 GG) verfassungsrechtlich gerechtfertigt?

Fall 13

Werbeverbot für Energieversorgungsunternehmen II

– Begriff des allgemeinen Gesetzes –

Kann der Eingriff in die Meinungsfreiheit der K-AG gerechtfertigt werden?

Fall 14

Osho III – nach BVerfGE 105, 279 ff.

– Gesetzesvorbehalt vs. Aufgabenzuweisung –

Ist die „Beeinträchtigung" des Vereins Osho e.V. gerechtfertigt?

Fall 15

Verkehrspilot

– Berufsfreiheit; Vereinbarkeit der Schranke mit Demokratie- und Rechtsstaatsprinzip –

A ist als Verkehrspilot bei einem gewerbsmäßigen Flugunternehmen beschäftigt. Er ist Inhaber einer gültigen Verkehrspilotenlizenz und ferner im Besitz eines Tauglichkeitszeugnisses für Verkehrspiloten. Dennoch darf er ab Vollendung seines 65. Lebensjahres am 30.08.2006 gemäß § 20 Abs. 2 LuftVZO (Luftverkehrszulassungsordnung), welche auf die Bestimmungen über die Lizenzierung von Piloten von Flugzeugen (JAR-FCL 1 deutsch) vom 15. April 2003 (BAnz. Nr. 80a vom 29. April 2003) sowie auf die Bestimmungen über die Anforderungen an die Tauglichkeit des Luftfahrtpersonals (JAR-FCL 3 deutsch) vom 27. März 2003 (BAnz. Nr. 94 a vom 23. Mai 2007) verweist, von gewerbsmäßigen Flugunternehmen nicht mehr als Verkehrspilot eingesetzt werden. Bei den JAR-FCL handelt es sich um Vorschriften über die Zulassung von Luftfahrtpersonal, welche unter deutscher Beteiligung durch eine internationale Institution (sog. Joint-Aviation Authorities) erarbeitet wurden. Es ist davon auszugehen, dass die Vorgaben der JAR (sog. Joint Aviation Requirements) durch die Verweisung in ihrer angegebenen Fassung zum Bestandteil des Verordnungstextes gemacht wurden. Der Verordnungsgeber hat sich hierdurch die in Bezug genommenen Vorschriften mit ihrem Inhalt zu eigen gemacht. Die LuftVZO ist mit Zustimmung des Bundesrates ergangen.

Ein Antrag des A an das zuständige Luftfahrt-Bundesamt mit der Bitte um schriftliche Bestätigung, dass er berechtigt sei, auch nach Vollendung seines 65. Lebensjahres gewerblich als Verkehrspilot zu fliegen, wird abgelehnt. A ist der Ansicht, dass er in verfassungswidriger Weise in seiner Berufsfreiheit verletzt werde. Es sei ihm jedenfalls die Möglichkeit zu gewähren, seine Tauglichkeit mit Hilfe eines medizinischen Gutachtens unter Beweis zu stellen. Zudem zweifelt er an der Vereinbarkeit des § 20 Abs. 2 LuftVZO mit dem Rechtsstaats- sowie dem Demokratieprinzip. Die Verweisung der Rechtsverordnung auf den Text der JAR-FCL gewähre nicht die nach dem Rechtsstaatsprinzip erforderliche Verlässlichkeit des Rechtstextes. Zudem sei die Vorgabe von einer internationalen Organisation ausgearbeitet worden und entspreche daher nicht den Erfordernissen demokratischer Legitimation.

Wird A in seinem Grundrecht aus Art. 12 Abs. 1 GG verletzt?

Gemäß § 32 Abs. 1 Nr. 4 Luftverkehrsgesetz (LVG) erlässt das Bundesministerium für Verkehr, Bau und Stadtentwicklung mit Zustimmung des Bundesrates die zur Durchführung dieses Gesetzes und von Verordnungen der Europäischen Gemeinschaft notwendigen Rechtsverordnungen über den Kreis der Personen (ausgenommen Personal für die Flugsicherung), die einer Erlaubnis nach diesem Gesetz bedürfen, einschließlich der Ausbilder und die Anforderungen an die Befähigung und Eignung dieser Personen, sowie das Verfahren zur Erlangung der Erlaubnisse und Berechtigungen und deren Entziehung oder Beschränkung.

Gemäß der Bekanntmachung der Bestimmungen über die Lizenzierung von Piloten (Flugzeug) (JAR-FCL 1 deutsch) vom 15. April 2003 (BAnz. Nr. 80a vom 29. April 2003) und der Bekanntmachung der Bestimmungen über die Anforderungen an die Tauglichkeit des Luftfahrtpersonals (JAR-FCL 3 deutsch) vom 27. März 2007 (BAnz. Nr. 94 a vom 23. Mai 2007) darf der Inhaber einer Lizenz nach Vollendung des 60. Lebensjahres nicht mehr als Pilot von Flugzeugen bei der gewerbsmäßigen Beförderung eingesetzt werden, es sei denn er ist Mitglied einer Flugbesatzung, die aus mehreren Piloten besteht und die anderen Piloten haben das 60. Lebensjahr noch nicht vollendet. Weiterhin darf der Inhaber einer Lizenz nach Vollendung des 65. Lebensjahres nicht mehr als Pilot von Flugzeugen bei der gewerbsmäßigen Beförderung eingesetzt werden.

Fall 16

Kopftuchverbot – nach BVerfGE 108, 282 ff.

– Glaubensfreiheit; vorbehaltlos gewährleistete Grundrechte; kollidierendes Verfassungsrecht –

B arbeitet seit einigen Jahren als Lehrerin an einem baden-württembergischen Gymnasium, das sich der christlichen Werteordnung verpflichtet fühlt. Seit kurzem hat sie sich dem islamischen Glauben zugewendet. Nach einer „Glaubensreise" in den letzten Sommerferien erklärt B bei ihrer Rückkehr, zukünftig nur noch mit Kopftuch unterrichten zu wollen. Ihr Glaubensverständnis habe sich durch den engen Kontakt mit der muslimischen Kultur dahingehend geändert, dass sie es nun nicht mehr vertreten könne, ihr Haar unbedeckt zu tragen. Dieses Ansinnen wird durch den zuständigen Schulleiter S, welcher auf die christliche Grundhaltung der Schule verweist, untersagt. Der Ansicht der B, das Kopftuch sei nicht ein Zeichen ihres Glaubens, sondern Merkmal ihrer Persönlichkeit, hält S die (seiner Meinung nach bestehende) Wirkung auf Öffentlichkeit, Elternschaft und Schülerschaft entgegen. Das Tragen des Kopftuchs sei mit dem staatlichen Neutralitätsgebot nicht zu vereinbaren. Als Lehrerin sei B Repräsentantin des Staates und verkörpere daher auch Werte und Normen der Grundordnung, wozu an entscheidender Stelle das Gebot der Toleranz gehöre. Jedenfalls sei zu berücksichtigen, dass das Grundgesetz in einem christlichen Menschenbild verwurzelt sei, was bereits durch die *„invocatio dei"* der Präambel zum Ausdruck komme. Demgegenüber fühlt sich B in ihrer Glaubensfreiheit beeinträchtigt, da das Kopftuchtragen zu ihrer islamischen Identität gehöre. Es diene nicht dazu, den Glauben nach außen zu dokumentieren, sondern sei ein Schutzinstrument zur Einhaltung der religiösen Gebote des Islam.

B fühlt sich in ihren Freiheitsgrundrechten verletzt. Ist diese Einschätzung richtig?

Fall 17

Allerheiligen

– Versammlungsbegriff; Berufsfreiheit; Eingriff durch konkretisierende Einzelmaßnahme; Verletzung spezifischen Verfassungsrechts –

Im Zuge der Föderalismusreform ging die Gesetzgebungskompetenz für das Versammlungsrecht vom Bund auf die Länder über. Im Bundesland L wird diese Situation genutzt, um eine Verschärfung des Versammlungsrechts voranzutreiben. Der Gesetzentwurf wird entsprechend der Vorgaben des Landesverfassungsrechts erlassen. Vor dem Hintergrund einer sich ausbreitenden Halloween-„Kultur" und der damit zusammenhängenden Befürchtung, dass hierdurch die Ruhe des katholischen Feiertags Allerheiligen am 1. November gestört wird, wird dem Gesetz in der dritten Sitzung folgender Art. 6 beigefügt: „(1) Zusammenkünfte im Rahmen öffentlicher Vergnügungsveranstaltungen sind an folgenden öffentlichen Feiertagen untersagt: a) Allerheiligen, b) .... (2) Das Verbot tritt ab 0 Uhr in Kraft. (3) Bei Zuwiderhandlungen können Gastwirte mit einem Bußgeld bis zu 10 000 € belegt werden."

Gastwirt B – Inhaber des Restaurants *Kultfabrik* – veranstaltet am 31. Oktober eine „geschlossene" Halloween-Party. Einlass erhalten nur geladene Gäste; eingeladen sind wiederum all jene Gäste des B, die in der Vergangenheit eine „Kundenkarte" ausgefüllt hatten, um regelmäßig über exklusive Veranstaltungen der *Kultfabrik* informiert zu werden. Nachdem die Veranstaltung des B mit Musik und Tanz bis weit in die Morgenstunden des 1. November hineinreicht, erlässt die zuständige Behörde auf der Grundlage des Art. 6 Abs. 3 LVersG B gegenüber einen Bußgeldbescheid in Höhe von 8000,- €. Nach erfolglos durchgeführtem Vorverfahren erhebt B hiergegen Klage, die letztinstanzlich abgewiesen wird. B fühlt sich durch das letztinstanzliche Urteil in seinen Grundrechten aus Art. 8 Abs. 1 GG und Art. 2 Abs. 1 GG sowie Art. 12 Abs. 1 GG verletzt. Es fehle bereits an der einschlägigen gesetzlichen Grundlage, da er ja gerade keine öffentliche Veranstaltung i.S.d. Art. 6 Abs. 1 LVersG angeboten habe.

Ist B in seiner Einschätzung zuzustimmen?

Der Eingriff in den Schutzbereich eines Grundrechts ist **verfassungsrechtlich gerechtfertigt**, wenn das Grundrecht **einschränkbar** ist und in diesem Rahmen durch ein **formell und materiell verfassungsgemäßes Gesetz** bzw. auf dessen Grundlage durch eine rechtmäßige **Einzelmaßnahme** eingeschränkt wird.

Weiterführende Literatur: *Lerche*, Grundrechtsschranken, in: Isensee/Kirchhof (Hrsg.), HStR V, § 122.

A. Einschränkbarkeit des Grundrechts

I. Ausdrückliche Einschränkbarkeit des Grundrechts

Grundrechte sind **einschränkbar** durch **a) eine verfassungsunmittelbare Grundrechtsschranke** (d.h. das Grundrecht selbst enthält eine Beschränkung; z.B. Art. 9 Abs. 2 GG, Art. 13 Abs. 3 1. Hs. GG; abzugrenzen von der verfassungsimmanenten Schutzbereichsverengung), **b) einen einfachen Gesetzesvorbehalt** (d.h. das Grundrecht ermöglicht den Eingriff *durch* Gesetz oder *aufgrund* eines Gesetzes; z.B. Art. 8 Abs. 2 GG, Art. 10 Abs. 2 S. 1 GG) oder **c) einen qualifizierten Gesetzesvorbehalt** (d.h. das einschränkende Gesetz muss besondere Anforderungen erfüllen; z.B. Art. 5 Abs. 2 1. Fall GG [hierzu ***Fall 5***], Art. 6 Abs. 3 GG, Art. 11 Abs. 2 GG, Art. 2 Abs. 2 S. 3 i.V.m. Art. 104 GG).

II. Vorbehaltlos gewährleistete Grundrechte

Daneben bestehen auch vorbehaltlos gewährleistete Grundrechte, die keine geschriebene, zu Eingriffen ermächtigende Schrankenregelung aufweisen. Prüfungsrelevant sind insbesondere Art. 4 Abs. 1, 2 sowie Abs. 3 GG (Glaubens- und Gewissensfreiheit), Art. 5 Abs. 3 GG (Wissenschaftsfreiheit) sowie Art. 9 Abs. 1 GG (Vereinigungsfreiheit)[319]. Da auch solche Grundrechte mit anderen (ggf. ebenfalls vorbehaltlos gewährleisteten) Grundrechten **kollidieren** können und die einander widersprechenden Rechtspositionen in einen **Ausgleich** zu bringen sind, besteht Einigkeit, dass auch die vorbehaltlos gewährleisteten Grundrecht einschränkbar sein müssen.

Weiterführende Literatur: *Lenz*, Vorbehaltlose Freiheitsrechte: Stellung und Funktion vorbehaltloser Freiheitsrechte in der Verfassungsordnung, 2006.

1. Schrankenübertragung

Hier stellt sich zunächst die Frage nach einer **Schrankenübertragung aus Art. 2 Abs. 1 GG** oder **aus Art. 5 Abs. 2 GG**. Eine solche wird **überwiegend abgelehnt**, da andernfalls die Entscheidung des Verfassungsgebers für die schrankenlose Gewährleistung konterkariert würde.

Im **Sonderfall des Art. 4 Abs. 1, 2 GG** kommt zudem eine **Schrankenübertragung aus der Weimarer Reichsverfassung** in Betracht; zu den Einzelheiten vgl. ***Fall 16.***

Speziell bei Eingriffen in die – nach h.M. gemäß Art. 140 GG i.V.m. Art. 137 Abs. 2 S. 1 WRV oder Art. 4 Abs. 1, 2 geschützte – **religiöse Vereinigungsfreiheit** wird daneben eine **Schrankenübertragung aus Art. 9 Abs. 2 GG** diskutiert.[320] Dagegen spricht

---

319 Str. im Hinblick auf Art. 9 Abs. 2 GG.

320 Bejahend BVerwG, NVwZ 2003, 986 (987); BVerwG, JZ 2007, 144 (145); *Schmieder*, VBlBW 2002, 146 (149); verneinend *Bauer*, in: Dreier (Hrsg.), GG I, 2. Aufl. 2004, Art. 9 Rn. 24, 43; *Kemper*, in: Mangoldt/Klein/Starck (Hrsg.), GG I, 5. Aufl. 2005, Art. 9 Abs. 1 GG Rn. 68.

insbesondere Art. 21 GG, der überwiegend als Spezialregelung der Vereinigungsfreiheit verstanden wird und mit seinen speziellen Anforderungen an ein Verbotsverfahren in Art. 21 Abs. 2 GG verdeutlicht, dass das Grundgesetz Sonderregelungen für besondere Vereinigungen bereithält.

Weiterführende Literatur: *Borowski*, Die Glaubens- und Gewissensfreiheit des Grundgesetzes, 2006, S. 483 ff.; *Fehlau*, Die Schranken der freien Religionsausübung, JuS 1993, 441 ff.; *Müller-Volbehr*, Das Grundrecht der Religionsfreiheit und seine Schranken, DÖV 1995, 301 ff.; *Obermayer*, Die Schranken des Grundrechts der Religionsfreiheit – Anmerkungen zu einigen aktuellen Problemen, ZevKR 27 (1982), 253 ff.

2. Kollidierendes Verfassungsrecht

Als Schranke kommt weiterhin **kollidierendes Verfassungsrecht** in Betracht. Abgeleitet aus dem Prinzip der **Einheit der Verfassung** können auch vorbehaltlose Grundrechte durch **kollidierendes Verfassungsrecht** eingeschränkt werden. Es handelt sich hierbei um sog. **verfassungsimmanente Schranken**, die Ausdruck der praktischen Konkordanz sind.

Hierauf beruhen bspw. §§ 5 und 13 VersG, welche die – an sich schrankenlos – gewährleistete Versammlungsfreiheit in geschlossenen Räumen (Art. 8 Abs. 1, 2 GG) beschränken.

Als kollidierendes Verfassungsrecht kommen **Grundrechte Dritter** oder andere **mit Verfassungsrang ausgestattete Rechtsgüter** in Betracht. Letzteres sind insbesondere Art. 20a GG – Umweltschutz und Ressourcenschonung – oder Art. 20 Abs. 1 GG – Sozialstaatsprinzip.

Strittig ist, ob eine Einschränkung über kollidierendes Verfassungsrecht auch im Fall **explizit einschränkbarer Grundrechte** möglich ist. Nach Auffassung des **BVerfG** und der **herrschenden Lehre** kann auch hier die Einschränkbarkeit über kollidierendes Verfassungsrecht begründet werden.[321] Nach **anderer Auffassung** besteht in diesen Fällen zur Anwendung kollidierenden Verfassungsrechts **kein Anlass**, da das Grundgesetz dort, wo es Gesetzesvorbehalte enthält, die Eingriffsmöglichkeiten so geschaffen habe, wie es die Eingriffsnotwendigkeit bejaht hat.[322] **Andererseits**: Wenn sogar die uneingeschränkt gewährleisteten Grundrechte über kollidierendes Verfassungsrecht einschränkbar sind, so muss dies **erst recht** für die schwächer geschützten Grundrechte mit Gesetzesvorbehalt gelten.

Bedeutung erlangt dieser Streit bspw. im Hinblick auf die Meinungsfreiheit, die unter Berufung auf kollidierendes Verfassungsrecht auch durch „nicht allgemeine" Gesetze eingeschränkt werden kann; vgl. **Fall 13.**

Als Schranke kommen grundsätzlich **formelle** und **materielle** Gesetze in Betracht. Grundrechtseinschränkungen durch Rechtsverordnungen oder Satzungen sind jedoch

321 So BVerfGE 66, 116 (136) – Springer/Wallraff; BVerfGE 111, 147 (157) – NPD-Kundgebung; *Jarass*, in: Jarass/Pieroth (Hrsg.), GG, 10. Aufl. 2009, Art. 5 GG Rn. 65; *Stern*, Staatsrecht IV/1, S. 1470 f. zu Art. 5 Abs. 2 GG.

322 *Pieroth/Schlink*, Grundrechte, 25. Aufl. 2009, Rn. 331.

beispielsweise nicht zulässig bei **Einschränkungen der persönlichen Freiheit**; vgl. Art. 2 Abs. 2 S. 2 GG, Art. 104 Abs. 1 GG. Eine weitere **Grenze** formuliert die Lehre vom Parlamentsvorbehalt (unter B. II.).

Rechtsprechung: (Im Speziellen zu Art. 4 Abs. 1, 2 GG) BVerfGE 33, 23 – Eidesverweigerung; BVerfGE 32, 98 – Gesundbeter; BVerfGE 53, 366 – Konfessionelle Krankenhäuser;

Weiterführende Literatur: *Thaysen*, Schrankenlose Toleranz oder Toleranz gegenüber Schranken? Eine Untersuchung der Schranken der Religionsfreiheit in Art. 4 GG, 2007; *Lenz/Leydecker*, Kollidierendes Verfassungsrecht, DÖV 2005, 841 ff.; *Winkler*, Kollisionen verfassungsrechtlicher Schutznormen, 2000.

B. Verfassungsgemäße Konkretisierung durch Gesetz

Der Eingriff in ein einschränkbares Grundrecht darf nur durch oder aufgrund eines Gesetzes erfolgen. Dies gilt unabhängig davon, ob das Grundrecht ausdrücklich oder nur implizit (also über kollidierendes Verfassungsrecht) einschränkbar ist. Nach **h.M.** ist auch in solchen Fällen eine gesetzliche Grundlage erforderlich, die zwischen den widerstreitenden Prinzipien abwägt (hierzu ***Fall 16***):

> „Die verfassungsrechtliche Notwendigkeit einer gesetzlichen Regelung folgt aus dem Grundsatz des Parlamentsvorbehalts. Rechtsstaatsprinzip und Demokratiegebot verpflichten den Gesetzgeber, die für die Grundrechtsverwirklichung maßgeblichen Regelungen selbst zu treffen. Dies gilt vor allem dann, wenn die betroffenen Grundrechte ... von der Verfassung ohne Gesetzesvorbehalt gewährleistet sind und eine Regelung damit notwendigerweise ihre verfassungsimmanenten Schranken bestimmen und konkretisieren muss. Nach der Verfassung sind die Einschränkung von grundrechtlichen Freiheiten und der Ausgleich zwischen kollidierenden Grundrechten aber dem Parlament vorbehalten, um sicherzustellen, dass in Entscheidungen von solcher Tragweite auch die Öffentlichkeit eingebunden wird."[323]

Weiterführende Literatur: *Hufen*, Die Grundrechte und der Vorbehalt des Gesetzes, in: Grimm (Hrsg.), Wachsende Staatsaufgaben – sinkende Steuerungsfähigkeit des Rechts, 1990, 273 ff.

Eine **Einschränkung** des Grundsatzes des Gesetzesvorbehalts nimmt das BVerfG (BVerfGE 105, 279 ff.; 105, 252 ff.) neuerdings im Hinblick auf staatliche Warnungen vor: Bei Vorliegen einer bloßen **Beeinträchtigung** – wie sie die Osho-Rechtsprechung entwickelt hat – verwandelt sich das Erfordernis gesetzlicher Ermächtigung in das Erfordernis einer Aufgabenzuweisung. Der Grund wird darin gesehen, dass die Ausweitung des Grundrechtsschutzes nicht automatisch zu einer „mitwachsenden" Ausweitung des Gesetzesvorbehalts im Hinblick auf mittelbar-faktische Eingriffe führt. Ein Gesetzesvorbehalt ist nur dann erforderlich, wenn der betroffene Sachbereich staatlicher Normierung zugänglich ist. Hierzu noch detailliert ***Fall 8***.

In diesem Sinne bereits die Rspr. des BVerwGE 82, 76, 80 f. (transzendentale Meditation); BVerwGE 87, 37, 39 ff., 50 (glykolhaltiger Wein); hierzu *Degenhart*, StaatsR I, Rn. 294 ff.

Die Schranke muss verfassungs- bzw. rechtmäßig sein. Die hiermit verbundenen Anforderungen variieren nach Art der Schranke.

323 BVerfGE 108, 282 – Kopftuch.

I. Verfassungsmäßigkeit des (Parlaments-)Gesetzes

Prüfungsschema

1. **Formelle Verfassungsmäßigkeit**
   a) Gesetzgebungskompetenz (Art. 71 ff. GG)
   b) Ordnungsgemäße Durchführung des Gesetzgebungsverfahrens
      aa) Einleitungsverfahren (Art. 76 Abs. 1 GG)
      bb) Hauptverfahren (Art. 77, 78 GG)
      cc) Abschlussverfahren (Art. 82 GG)
   c) Zitiergebot (Art. 19 Abs. 1 S. 2 GG)
2. **Materielle Verfassungsmäßigkeit** (Vereinbarkeit mit höherrangigem Recht), insbesondere
   a) Kein Verstoß gegen Rückwirkungsverbot (hierzu BVerfGE 109, 133 ff. – Sicherungsverwahrung)
   b) Bestimmtheitsgrundsatz
   c) Verbot des einschränkenden Einzelfallgesetzes (Art. 19 Abs. 1 S. 1 GG)
   d) Beachtung der Wesensgehaltsgarantie (Art 19 Abs. 2 GG)
   e) Spezielle Schranken-Schranken
   f) [Verhältnismäßigkeit; verfassungskonforme Auslegung der Schranke (Wechselwirkungslehre; vgl. § 14 Abs. 1 S. 1 VersG)]

Im Rahmen der materiellen Verfassungsmäßigkeit **nicht zu prüfen** ist die Vereinbarkeit mit **anderen** Grundrechten.

Als **Schranken-Schranken** (also Einschränkungen der Schranken) werden gemeinhin die sog. speziellen Schranken-Schranken (insbes. Art. 103 GG, Zensurverbot), darüber hinaus das Zitiergebot, das Verbot des einschränkenden Einzelfallgesetzes, die Wesensgehaltsgarantie und die Verhältnismäßigkeit der Schranke bezeichnet. Sie werden im Folgenden unter 1.b) und 2.c)–j) angesprochen

1. Formelle Verfassungsmäßigkeit

a) Gesetzgebungskompetenz und -verfahren

Diesbezüglich ist auf die einschlägige Lehrbuchliteratur im Bereich Staatsorganisationsrecht zu verweisen; vgl. etwa Winkler, Staatsorganisationsrecht, 2008, Rn. 2/20 ff. (zur Gesetzgebungskompetenz); Rn. 2/31 ff. (zum Gesetzgebungsverfahren).

b) Zitiergebot (Art. 19 Abs. 1 S. 2 GG)

Die Funktionen des **Zitiergebots** nach Art. 19 Abs. 1 S. 2 GG sind **zweifacher Art**: Zum einen soll es für den Gesetzgeber eine **Warn- und Besinnungsfunktion** entfalten, indem es ihm die möglichen Grundrechtseingriffe vor Augen führt.[324] Zugleich kommt Art. 19 Abs. 1 S. 2 GG eine **Transparenzfunktion** zu, welche sowohl gegenüber dem

324 BVerfGE 64, 72 (79 f.) – Prüfingenieure.

den Grundrechtseingriff vornehmenden Gesetzgeber als auch gegenüber dem von dieser Eingriffsmöglichkeit potentiell betroffenen Bürger besteht.[325]

Zu beobachten ist eine **beschränkte Bedeutung** des Zitiergebots, welche aus einer restriktiven Auslegung durch Rechtsprechung und herrschende Meinung herrührt. Aus dem Bezug von Art. 19 Abs. 1 S. 2 GG auf Satz 1 dieser Vorschrift entnehmen Rechtsprechung und herrschende Lehre die Einengung des Anwendungsbereichs auf sog. „Grundrechtseinschränkungen“. Damit sollen der Anwendung des Art. 19 Abs. 1 S. 2 GG ebenso wie S. 1 (hierzu unten) **zunächst** alle jene Gesetze **nicht unterfallen**, welche die immanenten Schranken vorbehaltlos gewährleisteter Grundrechte aktualisieren oder einen bestehen Konkretisierungsrahmen ausfüllen. Diese Argumentation setzt sich jedoch dem Vorwurf der **Zirkelschlüssigkeit** aus, wenn Art. 19 Abs. 1 S. 1 GG gerade mit Blick auf das Zitiergebot restriktiv ausgelegt wird.[326] Fraglich ist zudem, warum Warn- und Transparenzfunktion bei Eingriffen in vorbehaltlos gewährleistete Grundrechte nicht eingreifen soll. **Daneben** betont das BVerfG, dass Art. 19 Abs. 1 S. 2 GG eine **Formvorschrift** ist, die „enger Auslegung bedarf, damit sie nicht zu einer leeren Förmlichkeit erstarrt und den die verfassungsmäßige Ordnung konkretisierenden Gesetzgeber in seiner Arbeit unnötig behindert“.[327] Allerdings wird diese Reduktion der Formvorschrift auf eine bloße **Ordnungsvorschrift** einem modernen verfahrensorientierten Grundrechtsverständnis nicht gerecht.[328] **Darüber hinaus** hat das BVerfG **zwei weitere Ausnahmen** entwickelt: (1) Keine Anwendung findet das Zitiergebot hiernach „auf solche Gesetze, die bereits geltende Grundrechtsschranken unverändert oder mit geringen Abweichungen **wiederholen**“.[329] (2) Zugleich ergibt sich aus der Ratio der Vorschrift, dass sie auf **vorkonstitutionelle Normen** keine Anwendung finden kann.

In folgenden Fällen findet das Zitiergebot daher bspw. **keine** Anwendung:

- **Art. 2 Abs. 1 GG:** Nach Rechtsprechung und h.L. entfällt das Zitiergebot, da Art. 2 Abs. 1 GG nicht ausdrücklich die Einschränkbarkeit „durch Gesetz oder auf Grund eines Gesetzes“ vorsieht (BVerfGE 10, 89, 99; 28, 36, 46). Andernfalls wäre der Sinn des Zitiergebots (Warnfunktion) verfehlt, weil gesetzliche Ge- und Verbote stets in die Allgemeine Handlungsfreiheit eingreifen, sodass Zitate dieses Grundrechts zu einer Förmelei verkämen.
- **Art. 5 Abs. 1 GG:** Sinn eines „allg. Gesetzes“ i.S.d. Art. 5 Abs. 2 GG kann es gerade nicht sein, sich gegen eine Meinung an sich zu wenden. Daher schränkt das Gesetz die Meinungsfreiheit nur in einem konkreten Einzelfall ein.[330]

Weiterführende Literatur: *Schwarz*, Zitiergebote im Grundgesetz, 2002; *Selk*, Zum heutigen Stand der Diskussion um das Zitiergebot – Art. 19 I 2 GG, JuS 1992, 816 ff.

325 *Bröhmer*, Transparenz als Verfassungsprinzip, 2004, S. 172.
326 *Huber*, in: v. Mangoldt/Klein/Starck (Hrsg.), GG I, 5. Aufl. 2005, Art. 19 I Rn. 90.
327 BVerfGE 35, 185 (188) – Wiederholungsgefahr.
328 *Huber*, in: v. Mangoldt/Klein/Starck (Hrsg.), GG I, 5. Aufl. 2005, Art. 19 I Rn. 92.
329 BVerfGE 35, 185 (189) – Wiederholungsgefahr.
330 BVerfGE 28, 36 (46 f.) – Zitiergebot; 44, 197 (201 f.) – Solidaritätsadresse.

2. Materielle Verfassungsmäßigkeit

a) Rückwirkungsverbot

Ein Gesetz ist im Fall eines Verstoßes gegen das Rückwirkungsverbot materiell verfassungswidrig.

Der **1. Senat des BVerfG** unterscheidet hier zwischen echter und unechter Rückwirkung.[331] Eine **echte Rückwirkung** liegt danach vor, wenn die betreffende Rechtsnorm in abgewickelte, der Vergangenheit angehörende Tatbestände nachträglich ändernd eingreift, deren Rechtsfolgen vor der Verkündung des Gesetzes eingetreten sind. Eine solche ist grundsätzlich unzulässig. Ausnahmen bestehen nur, wenn sich kein Vertrauenstatbestand gebildet hat oder das Vertrauen nicht schutzwürdig ist.

Fallgruppen: (a) Mit der Neuregelung war (etwa aufgrund der Vorläufigkeit einer Regelung) zu rechnen. (b) Die bisherige Regelung war besonders unklar und verworren. (c) Die bisherige Regelung ist verfassungswidrig. (d) Durch die Neuregelung wird max. unerheblicher Schaden verursacht. (e) Zwingende Gründe des Gemeinwohls gehen ausnahmsweise dem Vertrauensschutz vor.

Eine **unechte Rückwirkung** liegt vor, wenn eine belastende Rechtsnorm auf gegenwärtige, noch nicht abgeschlossene Sachverhalte oder Rechtsbeziehungen für die Zukunft einwirkt[332] Diese ist grundsätzlich zulässig. Ausnahmen bestehen nur, soweit der Betroffene mit dem Eingriff nicht zu rechnen braucht **und** bei der Abwägung zwischen der Schutzwürdigkeit des erlangten Besitzstandes und der Bedeutung des gesetzgeberischen Anliegens für das Wohl der Allgemeinheit das Vertrauen auf die bestehende Rechtslage Vorrang verdient.

Der **2. Senat des BVerfG** unterscheidet hingegen zwischen (zulässiger) tatbestandlicher Rückanknüpfung und (unzulässiger) Rückbewirkung.[333] Eine **Rückbewirkung von Rechtsfolgen** durch eine Norm liegt demnach vor, wenn der Beginn ihres zeitlichen Anwendungsbereichs auf einen Zeitpunkt festgelegt ist, der vor dem Zeitpunkt liegt, zu dem die Norm gültig geworden ist. Eine **tatbestandliche Rückanknüpfung** liegt vor, wenn das Gesetz den Eintritt seiner Rechtsfolgen von Gegebenheiten aus der Zeit vor seiner Verkündung abhängig macht.

Die genannten Begriffspaare wählen unterschiedliche Anknüpfungspunkte (1. Senat: Tatbestand; 2. Senat: Rechtsfolge), unterscheiden sich jedoch in den sachlichen Unterscheidungskriterien kaum.

Für Normen des Strafrechts gilt die Spezialregelung des **Art. 103 Abs. 2 GG**, welche ein **absolutes Rückwirkungsverbot** ausspricht. In der Vergangenheit war problematisch, ob hierunter auch nachträgliche Anordnungen der Sicherungsverwahrung fallen.[334]

---

331 BVerfGE 11, 139 (145 f.); 72, 175 (196); 74, 129 (155); 88, 384 (404 ff.); 95, 64 (86 f.); 101, 239 (262 ff.); 103, 392 (403).
332 BVerfGE 30, 367 (386); 30, 392 (402); 63, 312 (328 ff.).
333 BVerfGE 72, 200 (242); 83, 89 (110).
334 Abl. BVerfGE 109, 130 (171 f.) – Sicherungsverwahrung.

b) Bestimmtheitsgrundsatz

Zweifel an der Vereinbarkeit gesetzlicher Regelungen mit dem **Bestimmtheitsgrundsatz** ergeben sich insbesondere bei der Anwendung von Verweisungen auf andere Vorschriften; hierzu ***Fall 15***. Unproblematisch sind insoweit **statische Verweisungen**, die auf eine bestimmte Gesetzesfassung zielen. Hier hätte der Gesetzgeber auch gleichermaßen den Gesetzestext abschreiben können. Hingegen verweisen **dynamische Verweisungen** auf die jeweils aktuelle Fassung einer anderen Vorschrift. Diese Technik weist Friktionen mit dem Rechtsstaats- und Demokratieprinzip auf, weil sich der Gesetzesinhalt ohne Tätigwerden des Gesetzgebers verändert.

c) Verbot des einschränkenden Einzelfallgesetzes (Art. 19 Abs. 1 S. 1 GG)

Art. 19 Abs. 1 S. 1 GG formuliert das sog. **Allgemeinheitsgebot** für solche Fälle, in denen ein Grundrecht durch Gesetz oder auf Grund eines Gesetzes „eingeschränkt" werden kann. Hinsichtlich des Tatbestands dieser Norm besteht jedoch Uneinigkeit, die sich auf den verwendeten Begriff der „**Einschränkung**" bezieht. Nach Auffassung des **BVerfG** bezieht sich diese Formulierung nur auf jene Fälle, in denen das Grundrecht einem spezifischen Gesetzesvorbehalt unterliegt, nicht hierunter fallen also bspw. Enteignungen.[335] Damit würden alle jene Grundrechte **nicht** dem **Anwendungsbereich** der Norm unterfallen, welche mit allgemeinen Schrankenvorbehalten oder Konkretisierungs- und Ausgestaltungsvorbehalten ausgestattet oder schrankenlos gewährleistet sind. Eine derartige „begriffsjurisprudentiell(e)" Beschränkung kann jedoch **nicht überzeugen** und wird daher zu Recht kritisch gewürdigt: Die oftmals eher zufällige Formulierung eines Schrankenvorbehalts in der Verfassung kann nicht der entscheidende Anwendungsfaktor des Allgemeinheitsgebots sein.[336] Das Verbot des einschränkenden Einzelfalls stellt vielmehr eine Konkretisierung des allgemeinen Gleichheitssatzes dar;[337] er beschreibt also das Verbot aus einer Reihe gleichartiger Sachverhalte willkürlich einen Fall herauszugreifen. Allerdings ist seine Bedeutung nicht hierin zu erschöpfen; dies erschließt sich in Fallgestaltungen, in denen ein Sachverhalt so singulär gelagert ist, dass sich seine Ungleichbehandlung nach Art. 3 Abs. 1 GG rechtfertigen ließe. Art. 19 Abs. 1 S. 1 GG lässt sich daher als „qualifiziertes Gleichheitsgebot" werten,[338] welches auch nicht durch gute „sachliche Gründe" aufgewogen werden kann.[339]

Das Verbot des Art. 19 Abs. 1 S. 1 GG betrifft sowohl das **echte Einzelfallgesetz** (d.h. jedes Gesetz, das tatsächlich nur auf eine Person bzw. einen bestimmten Sachverhalt zur Anwendung kommt) sowie das **getarnte (verdeckte) Einzelfallgesetz** (d.h. jedes Gesetz, das den Adressaten zwar abstrakt-generell bezeichnet, damit aber ausschließlich bestimmte Individuen umschreibt). Hiervon abzugrenzen sind sog. **Maßnahme-**

---

335 BVerfGE 24, 367 (396) – Hamburger Deichordnungsgesetz (zu Art. 14 Abs. 1 GG).
336 *P. M. Huber*, in: Mangoldt/Klein/Starck (Hrsg.), GG I, 5. Aufl. 2005, Art. 19 Abs. 1 GG Rn. 45.
337 *Jarass*, in: Jarass/Pieroth (Hrsg.), GG, 10. Aufl. 2009, Art. 19 GG Rn. 2; a.A. BVerfGE 25, 371 (399) – Lex Rheinstahl.
338 *Huber*, in: Mangoldt/Klein/Starck (Hrsg.), GG I, 5. Aufl. 2005, Art. 19 Abs. 1 Rn. 20 f.
339 *Herzog*, in: Maunz/Dürig (Hrsg.), GG III, 55. Lfg 2009, Art. 19 Abs. 1 GG (1981) Rn. 9.

gesetze, d.h. Gesetze welche mit Blick auf einen konkreten Sachverhalt erlassen werden, jedoch auf eine unbestimmte Zahl von Fällen Anwendung finden kann. Nach allgemeiner Ansicht sind solche Gesetze uneingeschränkt zulässig.[340]

Weiterführende Rechtsprechung und Literatur: BVerfGE 25, 371 ff. – Lex Rheinstahl; *Kunig*, Einzelfallentscheidungen durch Gesetz, Jura 1993, 308 ff.

d) Beachtung der Wesensgehaltsgarantie (Art. 19 Abs. 2 GG)

(1) Absoluter oder relativer Garantiegehalt

Im Rahmen des Art. 19 Abs. 2 GG bestehen Unklarheiten darüber, ob die Wesensgehaltsgarantie absolut oder relativ zu bestimmen ist.

- Nach der ***absoluten Theorie*** garantiert Art. 19 Abs. 2 GG einen Mindestbestand an geschützten Interessen im Anwendungsbereich des Grundrechts, der in keinem Fall angetastet werden darf. Diese kann sich in erster Linie auf den **Wortlaut** berufen, da die Norm eine apodiktische Formulierung („in keinem Fall antasten") aufweist. **Dagegen** wird vorgebracht, dass ein solches Verständnis im konkreten Fall nur schwer die unter den Schutz des Art. 19 Abs. 2 GG fallenden Interessen herausfiltern kann und daher einem individualisierten Verständnis weitgehend hilflos gegenüber steht.[341]
- Die ***relative Theorie*** begreift den Wesensgehalt eines Grundrechts nicht als feststehende, sondern als variable Größe. Danach bliebe es von den Gründen der fraglichen Grundrechtseinschränkung abhängig, ob die Wesensgehaltsgarantie angetastet wäre. **Jedoch** könnte eine solche *relative Theorie* niemals mehr als eine Teilmenge der vom Übermaßverbot ohnehin geschützten Interessen erfassen kann. Hiernach wäre der Wesensgehaltsgarantie eine eigenständige Bedeutung abzusprechen.[342]
- **Vermittelnd** vermag *R. Alexy* die Ergebnisse der absoluten Theorie auf der theoretischen Grundlage einer relativen Theorie zu erläutern:[343] Je stärker nämlich der Schutzbereich eines Grundrechts zurückgedrängt wird, desto stärkere gegenläufige Gründe verlangt – relativ betrachtet – die Rechtfertigung des Eingriffs. Ab einer bestimmten Eingriffstiefe kann daher „mit sehr hoher Sicherheit gesagt werden ..., daß kein gegenläufiges Prinzip vorgeht. Diese Bedingungen definieren den ‚Kernbereich privater Lebensgestaltung'". So betrachtet formuliert die Wesensgehaltstheorie eine absolute Grenze der Verhältnismäßigkeitsabwägung, welche ihren Widerklang in der verfassungsrechtlichen Sphärentheorie findet.

Legt man in diesem Sinne ein (relativ) absolutes Verständnis der Wesensgehaltsgarantie zu Grunde, bleibt zu klären, wie der jeweilige Wesensgehalt einer Grundrechtsbestimmung im Einzelnen festgelegt werden kann.

---

340 BVerfGE 25, 371 ff. – Lex Rheinstahl; *P. M. Huber*, in: Mangoldt/Klein/Starck (Hrsg.), GG I, 5. Aufl. 2005, Art. 19 Abs. 1 GG Rn. 63.
341 *Huber*, in: Mangoldt/Klein/Starck (Hrsg.), GG I, 5. Aufl. 2005, Art. 19 Abs. 2 GG Rn. 141.
342 *Huber*, in: Mangoldt/Klein/Starck (Hrsg.), GG I, 5. Aufl. 2005, Art. 19 Abs. 2 GG Rn. 143 ff.
343 *Alexy*, Theorie der Grundrechte, 1985, S. 271 f.

(2) Individuelle oder generelle Bedeutung

Bei Bejahung eines absoluten Garantiegehalt besteht weiterhin Uneinigkeit darüber, ob der Grundrechtsschutz einer personalistischen oder einer institutionellen Ausrichtung folgt.[344] Nach der **ersten Auffassung** zielt der (absolute) unantastbare Wesensgehalt eines Grundrechts auf die individuelle Grundrechtsposition eines **einzelnen Grundrechtsberechtigten** ab. **Hierfür** spricht, dass Grundrechte insbesondere im Hinblick auf ihren Menschenwürdegehalt in erster Linie einen individuellen Schutzzweck verfolgen.[345] **Zum anderen** ist zu berücksichtigen, dass sich Art. 19 Abs. 2 GG im Gegensatz zu den Anforderungen des Art. 19 Abs. 1 GG unmittelbar nicht nur an die Gesetzgebung richtet, sondern – mit der Festlegung, dass *in keinem Fall* ein Grundrecht in seinem Wesensgehalt angetastet werden darf – auch Exekutive und Judikative anspricht, deren Grundrechtsbeschränkungen den Einzelfall betreffen.[346] Diese Interpretation widerspricht jedoch der Entstehungsgeschichte der Norm, welche zunächst nur den Gesetzgeber im Auge hatte.[347] Schließlich führt eine solche Auffassung zu einer Verletzung des Schutzes von Minderheiten.[348]

Die **zweite Auffassung** spricht hingegen die generelle Bedeutsamkeit einer Grundrechtsbestimmung für die Verfassungsordnung insgesamt an. Diese Auffassung stützt sich im Wesentlichen auf den **Wortlaut** der Vorschrift, welche vom „Grundrecht" spricht, nicht hingegen von einem grundrechtlich geschützten Interesse, Schutzgut oder Ähnlichem. Dahinter wird der Gedanke vermutet, dass Art. 19 Abs. 2 GG die Eigenschaft der Grundrechte als objektive Wertentscheidungen erfassen wolle.[349]

Auch wenn einer individualistischen Ausrichtung der Vorzug gegeben wird, so ist jedenfalls im Falle des Grundrechts auf Leben nach Art. 2 Abs. 2 S. 1 GG eine **Ausnahme** zu machen. Dies ergibt sich aus der durch Art. 2 Abs. 2 S. 3 GG begründeten Möglichkeit, in das Lebensgrundrecht auf Grund eines Gesetzes einzugreifen. Im Eingriffsfalle bliebe durch die Tötung des Grundrechtsberechtigten von seiner individuellen Grundrechtsposition jedoch nichts mehr übrig, was noch unangetastet bleiben könnte.[350] Da mit der vorliegenden Regelung nur die Tötung Einzelner ermöglicht wird, bleibt ein generell zu bestimmender Wesensgehalt des Grundrechts auf Leben unangetastet, sodass ein Verstoß gegen Art. 19 Abs. 1 S. 2 GG abzulehnen ist.

Weiterführende Literatur: *Drews*, Die Wesensgehaltsgarantie des Art. 19 II GG, 2005; *Dürig*, Der Grundrechtssatz von der Menschenwürde – Entwurf eines praktikablen Wertsystems der Grundrechte aus Art. 1 Abs. I in Verbindung mit Art. 19 Abs. II des Grundgesetzes, AöR 81 (1956), 117 ff., *Middendorf*, Zur Wesensgehaltsgarantie des Grundgesetzes, Jura 2003, 232; *Mayer*, Untermaß, Übermaß und Wesensgehaltsgarantie, 2005.

344 Offengelassen in BVerfGE 2, 266 (285) – Notaufnahmegesetz; zur individuellen Perspektive tendierend BVerfGE 6, 32 (41) – Elfes.
345 So *Huber*, in: Mangoldt/Klein/Starck (Hrsg.), GG I, 5. Aufl. 2005, Art. 19 Abs. 2 GG Rn. 170.
346 *Sachs*, Verfassungsrecht II, 2. Aufl. 2003, A 10 Rn. 27.
347 *Huber*, in: Mangoldt/Klein/Starck (Hrsg.), GG I, 5. Aufl. 2005, Art. 19 Abs. 2 Rn. 105 ff., 168.
348 So *Huber*, in: Mangoldt/Klein/Starck (Hrsg.), GG I, 5. Aufl. 2005, Art. 19 Abs. 2 GG Rn. 171.
349 Vgl. *Huber*, in: Mangoldt/Klein/Starck (Hrsg.), GG I, 5. Aufl. 2005, Art. 19 Abs. 2 GG Rn. 167.
350 *Sachs*, Verfassungsrecht II, 2. Aufl. 2003, A 10 Rn. 26.

e) Spezielle Schranken-Schranken

Einige Grundrechte kennen spezielle Schranken-Schranken, welche nur für das jeweilige Grundrecht gelten. Zu nennen sind hier insbesondere das Zensurverbot des Art. 5 Abs. 3 GG sowie das Verbot der Todesstrafe gem. Art. 102 GG.

Weiterführende Literatur: *Breitbach/Rühl*, Versammlungsrecht und Zensurverbot, NJW 1988, 8 ff.

f) Verhältnismäßigkeit

Die Konzeption der Freiheitsrechte und ihrer Beschränkungen als Regel-Ausnahme-Verhältnis verlangt die abschließende Messung des Grundrechtseingriffs am Maßstab der Verhältnismäßigkeit.

▶ **Klausurhinweis:** Erfolgt der Eingriff durch Gesetz, so ist an dieser Stelle die Wechselwirkungslehre, die sonst bereits unter Kap. 2 Abschn. 3, A.III (Übereinstimmung von Schranke und Einzelmaßnahme) Bedeutung gewinnt, zu berücksichtigen.

Weiterführende Literatur: *von Arnaud*, Die normtheoretische Begründung des Verhältnismäßigkeitsgrundsatzes, JZ 2000, 276 ff.; *Heintzen*, Die einzelgrundrechtlichen Konkretisierungen des Grundsatzes der Verhältnismäßigkeit, DVBl. 2004, 721 ff.; *Kloepfer*, in: Schmidt-Aßmann u.a. (Hrsg.), FG 50 Jahre BVerwG, Die Entfaltung des Verhältnismäßigkeitsprinzips, 329 ff.; *Schnapp*, Die Verhältnismäßigkeit des Grundrechtseingriffs, JuS 1983, 850 ff.

Diese Prüfung erfolgt in einem mehrstufigen Verfahren: Der Eingriff darf nur einem *legitimen Zweck* dienen; er muss *geeignet*, *erforderlich* und *angemessen* sein.

Als **legitimer Zweck** kommt jeder Zweck in Betracht, der als solcher verfolgt werden darf, also nicht verboten ist. Erfolgt die Einschränkung über **kollidierendes Verfassungsrecht**, so kommt als legitimer Zweck nur der Schutz der Grundrechte Dritter oder anderer mit Verfassungsrang ausgestatteter Rechtsgüter in Betracht.

Geeignet ist der Eingriff immer dann, wenn mit seiner Hilfe das angestrebte Ziel gefördert werden kann.[351]

Erforderlich ist der Eingriff, wenn es kein milderes Mittel gibt, welches den gleichen Erfolg mit der gleichen Sicherheit und einem vergleichbaren Aufwand herbeiführen würde.[352]

Angemessen ist der Eingriff, wenn das mit ihm verfolgte Ziel in seiner Wertigkeit gegenüber der Intensität des Eingriffs nicht unverhältnismäßig ist. Hier finden auch Grundrechte Dritter Berücksichtigung, die im Wege **praktischer Konkordanz** gegeneinander abzuwägen sind. Im Rahmen des Art. 5 Abs. 1 S. 1 1. Hs. GG gewinnt hierbei die Wechselwirkungstheorie Bedeutung, wonach allgemeine Gesetze in ihrer das Grundrecht beschränkenden Wirkung ihrerseits im Lichte der Bedeutung dieses

---

351 BVerfGE 96, 10 (23) – Räumliche Aufenthaltsbeschränkung; BVerfGE 100, 313 (373) – Telekommunikationsüberwachung.

352 BVerfGE 67, 157 (177) – Post- und Telefonkontrolle; BVerfGE 92, 262 (273) – Forderungsausschluss; BVerfGE 102, 197 (217) – Spielbankgesetz Baden-Württemberg.

Grundrechts gesehen und so interpretiert werden, dass der besondere Wertgehalt dieses Rechts, der in der freiheitlichen Demokratie zu einer grundsätzlichen Vermutung für die Freiheit der Rede führt, in allen Bereichen auf jeden Fall gewahrt bleibt. Die Angemessenheitsprüfung erfolgt demnach unter dem Vorbehalt einer grundrechtskonformen Schrankenauslegung.

Weiterführende Literatur: *Fehn/Fehn*, Grundrecht versus Grundrecht – Die Problematik der Grundrechtskollisionen anhand von Fällen, VR 1994, 413 ff.

(1) Insbesondere: Die Drei-Stufen-Theorie

Der Grundsatz der Verhältnismäßigkeit erfährt bei einzelnen Grundrechten Konkretisierungen (hierzu *Heintzen*, DVBl. 2004, 721 ff.). Dies sind die Drei-Stufen-Theorie im Rahmen des Art. 12 Abs. 1 GG, die Sphärentheorie bei der Anwendung des Art. 2 Abs. 1 i.V.m. Art. 1 Abs. 1 GG sowie die Enteignungstheorien des Art. 14 Abs. 1, 2 GG. Dabei versucht die Drei-Stufen-Theorie eine Konkretisierung und Konstituierung der Abwägung im Rahmen der Verhältnismäßigkeitsprüfung durch die Unterscheidung verschiedener Eingriffstiefen und damit verbundener Rechtfertigungsanforderungen (vgl. ***Fall 15***):

- **(Bloße) Berufsausübungsregelungen** können durch **vernünftige Erwägungen des Gemeinwohls** legitimiert werden.[353]
- **Subjektive Berufszulassungsregelungen**, die auf persönliche Eigenschaften und Fähigkeiten abstellen, müssen dem **Schutz überragender Gemeinschaftsgüter** dienen.[354]
- **Objektive Berufszulassungsregelung**, die eine Berufszulassung von vom Einfluss des Einzelnen unabhängigen Umständen abhängig machen, sind nur zulässig, um nachweisbare oder höchst wahrscheinliche **schwere Gefahren für ein überragend wichtiges Gemeinschaftsgut** abzuwehren.

Als überragend wichtiges Gemeinschaftsgut wird bspw. die Volksgesundheit anerkannt.[355]

▶ **Klausurhinweis:** Die Drei-Stufen-Theorie ist zunächst auf der Ebene des legitimen Zwecks zu erwähnen.

(2) Insbesondere: Die Sphärentheorie (Art 2 Abs. 1 i.V.m. Art. 1 Abs. 1 GG)

Im Bereich der Sphärentheorie anerkennt das BVerfG einen unantastbaren Bereich privater Lebensgestaltung, welcher der öffentlichen Gewalt schlechthin entzogen ist.[356]

Weiterführende Rechtsprechung: BVerfGE 80, 367 ff. – Tagebuch.

353 BVerfGE 70, 1 (28) – Orthopädietechniker-Innungen; BVerfGE 103, 1 (10) – Singularzulassung.
354 BVerfGE 69, 209 (218) – Steuerberaterprüfung; BVerfGE 103, 172 (183) – Kassenärzte.
355 BVerfGE 37, 377 (414) – Apothekenurteil.
356 BVerfGE 80, 367 (373 f.) – Tagebuch.

II. Rechtmäßigkeit der Rechtsverordnung, insbesondere Parlamentsvorbehalt

Prüfungsschema

1. **Ordnungsgemäße Delegation gem. Art. 80 Abs. 1 S. 1, 2 GG**
   a) **Formelle** *Verfassungsmäßigkeit des Ermächtigungsgesetzes (Gesetzgebungskompetenz und -verfahren)*
   b) *Richtiger Ermächtigungsadressat nach Art. 80 I 1 GG: BReg, BMin, LReg*
   c) *Bestimmtheitsanforderung nach Art. 80 I 2 GG*
   d) **Materielle** *Verfassungsmäßigkeit des Ermächtigungsgesetzes:* Insbesondere Verstoß gegen Rechtsstaats- und Demokratieprinzip; Verbot der Delegation **wesentlicher** Entscheidungen = Parlamentsvorbehalt)
2. **Rechtmäßigkeit der Rechtsverordnung**
   a) Formelle Rechtmäßigkeit
      aa) *Zuständigkeit*
      bb) *Verfahren*; bspw. Zustimmung des Bundesrates nach Art. 80 Abs. 2 GG; Zustimmung des BT aus Ermächtigungsnorm (str.: nach h.M. Zulässigkeit des Zustimmungsvorbehalts als Minus zur vollen Delegation).
      cc) *Angabe der Ermächtigungsnorm nach Art. 80 I 3 GG*
      dd) *Form: Ausfertigung und Verkündung gem. Art. 82 I 2 GG*
      ee) *Zitiergebot (Art. 19 I 2 GG)*
   b) Materielle Rechtmäßigkeit
      aa) *(Materielle) Vereinbarkeit der RVO mit Ermächtigungsnorm*
      bb) *Vereinbarkeit mit höherrangigem Recht*

Materielle Gesetze sind nicht ausreichend, wenn es um **wesentliche** Grundrechtseinschränkungen geht. Hierzu gehören Maßnahmen, ohne die der Grundrechtsgebrauch unmöglich ist oder von denen eine erhebliche Gefahr für die gesicherte Freiheit ausgeht. Nach dieser sog. **Lehre vom Parlamentsvorbehalt** bedürfen alle den Einzelnen tangierenden wesentlichen Regelungen und Entscheidungen einer (formal-) gesetzlichen Grundlage, können also nur auf Bestimmungen beruhen, welche vom unmittelbar demokratisch legitimierten Gesetzgeber erlassen werden. Nicht wesentliche Entscheidungen können hingegen auch an die Exekutive delegiert werden, die in Form der Rechtssetzung (Rechtsverordnung, Satzung) tätig wird.

Weiterführende Rechtsprechung: BVerfGE 47, 46 ff. – Sexualerziehung; BVerfGE 57, 295 ff. – Saarländisches Rundfunkgesetz; BVerfGE 83, 130 ff. – Josefine Mutzenbacher.

Weiterführende Literatur: *Erichsen*, Zum Verhältnis von Gesetzgebung und Verwaltung nach dem Grundgesetz, VerwArch (70) 1979, 249 ff.

III. Bei qualifiziertem Schrankenvorbehalt: Vereinbarkeit des Gesetzes mit Vorgaben des Grundrechts

Spezielle Anforderungen enthalten Grundrechte mit **qualifiziertem Gesetzesvorbehalt**. Prominentestes Beispiel ist die Meinungsfreiheit (Art. 5 Abs. 1 S. 1, 1. Alt. GG), welche entsprechend Art. 5 Abs. 2 nur durch **allgemeine Gesetze** eingeschränkt werden darf. Der Begriff der allgemeinen Gesetze ist jedoch **umstritten.** Nach der **Sonderrechtslehre** sind *allgemeine Gesetze* nur solche, die sich nicht gegen eine bestimmte Meinung ‚als solche' richten.[357] Die **Abwägungslehre** versteht hingegen unter den *allgemeinen Gesetzen* diejenigen Vorschriften, deren geschütztes gesellschaftliches Gut wichtiger als die Meinungsfreiheit ist.[358] Das **BVerfG** hat im Lüth-Urteil beide Lehren miteinander **kombiniert** und versteht seitdem in st. Rspr. unter *allgemeinen Gesetzen*, die Gesetze „die nicht eine Meinung als solche verbieten, die sich nicht gegen die Äußerung der Meinung als solche richten, sondern die vielmehr den Schutz eines schlechthin, ohne Rücksicht auf eine bestimmte Meinung zu schützenden Rechtsguts dienen, dem Schutz eines Gemeinschaftswerts, der gegenüber der Betätigung der Meinungsfreiheit Vorrang hat".[359] In der **neueren Rechtsprechung** des BVerfG zeichnet sich allerdings eine Einschränkung der Definition ab, welche die Abwägungslehre in den Hintergrund treten lässt.[360]

Nimmt man eine Einschränkbarkeit der Glaubens- und Gewissensfreiheit (Art. 4 Abs. 1, 2 GG) entsprechend Art. 136 Abs. 1 WRV (vgl. ***Fall 16***) an, so werden die dort genannten staatsbürgerlichen Rechte und Pflichten entsprechend ausgelegt.

c. (Ggf.) Übereinstimmung von Gesetz und konkretisierender Einzelmaßnahme

Soweit der Eingriff nicht unmittelbar durch das Gesetz, sondern eine dieses konkretisierende Einzelmaßnahme (in erster Linie: einen Verwaltungsakt) erfolgt, ist zudem die Übereinstimmung von (verfassungskonform ausgelegtem!) Gesetz und Einzelmaßnahme zu prüfen.

In diesem Rahmen spielt auch die **Verhältnismäßigkeit** der Einzelfallmaßnahme eine Rolle. An dieser Stelle gewinnt insbesondere die **Wechselwirkungslehre** Bedeutung.

▶ **Klausurhinweis:** Diese im Hinblick auf die **Meinungsfreiheit** entwickelte Theorie des **BVerfG** gibt (an sich) den Maßstab für die Verhältnismäßigkeitsprüfung in modifizierter Art vor[361] – soweit jedoch der Grundrechtseingriff durch eine die gesetzliche Grundlage konkretisierende Einzelmaßnahme erfolgt, deren Übereinstimmung mit dieser zu prüfen ist, ist die mit der Wechselwirkungslehre angesprochene verfassungskonforme Auslegung an dieser Stelle zu thematisieren.

Das BVerfG hat einen entsprechenden Ansatz nunmehr für **Art. 8 GG** entwickelt. Demnach ist jede Grundrechtsbeschränkung nach Art. 8 Abs. 2 GG ihrerseits „im Lichte der grundlegenden Bedeutung des Art. 8 Abs. 1 GG auszulegen".[362] Sie ist „nur zum Schutz gleichwertiger anderer Rechtsgüter unter strikter Wahrung des Grundsatzes der Verhältnismäßigkeit"[363] möglich.

---

357 *Anschütz*, VVDStRL 4 (1928), 74 f.
358 *Baumbach/Hefermehl*, Wettbewerbsrecht, 23. Aufl. 2004, UWG, Einl., Rn. 42, 51, 55.
359 BVerfGE 7, 198 (209 f.) – Lüth.
360 BVerfGE 93, 266 (291) – „Soldaten – Mörder"; BVerfGE 95, 220 (235) – Aufzeichnungspflicht.
361 Dies betonend *Heintzen*, DVBl. 2004, 721 (723); *Pieroth/Schlink*, Grundrechte, 25. Aufl. 2009, Rn. 594.
362 BVerfGE 87, 399 (407) – Versammlungsauflösung.
363 BVerfGE 69, 315 (348 f.) – Brokdorf.

In der **Fallprüfung** kann dies zur **Folge** haben, dass ein verfassungskonform – eingeschränkt – ausgelegtes Gesetz, die eingreifende Einzelmaßnahme nicht deckt.

Relevanz gewinnt dies insbesondere im **Versammlungsrecht**: Als Gesetz i.S.d. Art. 8 Abs. 2 GG fungiert hier insbesondere das Versammlungsgesetz (VersG). Hiernach besteht die Möglichkeit der Auflösung einer öffentlichen Versammlung unter freiem Himmel insbesondere gemäß § 15 Abs. 3, 1. und 4. Alt. VersG, also (a) im Fall der Missachtung der nach **§ 14 VersG erforderlichen Anmeldung** oder (b) wenn die **öffentliche Sicherheit** oder Ordnung bei Durchführung der Versammlung oder des Aufzuges unmittelbar gefährdet ist. Im Fall (a) scheint jedoch die **Verfassungskonformität einer ausnahmslosen Anmeldepflicht** fraglich. Zwar erkennt die h.M. eine grundsätzliche Anmeldepflicht als mit Art. 8 Abs. 1 GG vereinbar an,[364] da hierdurch einerseits Beeinträchtigungen Dritter und Störungen der öffentlichen Sicherheit oder Ordnung von vornherein begrenzt, andererseits ein störungsfreier Ablauf der Versammlung gewährleistet werden kann, somit insgesamt das Ziel praktischer Grundrechtskonkordanz verfolgt wird; eine ausnahmslose Anmeldepflicht würde jedoch dem Verhältnismäßigkeitsgrundsatz widersprechen, da hierdurch bestimmte Versammlungsformen generell verboten würden. Es handelt sich hierbei um sog. Spontan- und Eilversammlungen. Dementsprechend wird § 14 VersG verfassungskonform dahingehend ausgelegt, dass die Pflicht zur rechtzeitigen Anmeldung bei Versammlungen, die sich aus aktuellem Anlass augenblicklich bilden (sog. Spontanversammlungen), **entfällt**.

Ein Versammlungsverbot ist nach § 15 Abs. 3, 4. Alt. VersG weiterhin möglich, wenn nach den zur Zeit des Erlasses der Verfügung erkennbaren Umständen die öffentliche Sicherheit oder Ordnung bei Durchführung der Versammlung oder des Aufzuges unmittelbar gefährdet ist. Im Fall (b) stellt sich daher die Frage, ob bereits jeder **„kleinste" Verstoß** gegen die öffentliche Sicherheit (oder Ordnung) zu einer entsprechenden Auflösung ermächtigt. Das BVerfG hat die Grundrechtseinschränkung nach Art. 8 Abs. 2 GG auf den **„Schutz gleichwertiger** anderer **Rechtsgüter** unter strikter Wahrung des Grundsatzes der Verhältnismäßigkeit" beschränkt. Eine Auflösung ist mithin allein **ultima ratio** möglich. Unter Berücksichtigung dieser Einschränkungen ist § 15 Abs. 3, 4. Alt. VersG i.V.m. § 15 Abs. 1 VersG verfassungsgemäß. Dementsprechend deckt diese Vorschrift eine Versammlungsauflösung dann nicht, wenn *unbeabsichtigte* Nebenfolge der Grundrechtsausübung bspw. die Beeinträchtigung von Passanten in ihrer Fortbewegungsfreiheit ist.[365]

Weiterführende Rechtsprechung: BVerfGE 69, 315 – Brokdorf (zu § 15 Abs. 2 VersG); BVerfGE 87, 399 ff. – Versammlungsrecht (zu § 29 Abs. 1 Nr. 2 VersG).

Weiterführende Literatur zur Reichweite der Schranken von Art. 5 Abs. 1 S. 1 1. Hs., Art. 5 Abs. 2 GG (Meinungsfreiheit): *Enders*, Eingriffe in die Meinungsfreiheit (Art. 5 I 1/II GG), JuS 1997, L 9 ff.; *Gornig*, Die Schrankentrias des Art. 5 II GG, JuS 1988, 274 ff.; **Art. 5 Abs. 3 S. 1 1. Alt. GG (Kunstfreiheit):** BVerfGE 30, 173 ff. – Mephisto; v. *Mutius*, Zu den Schranken der Kunstfreiheit sowie zur Prüfungskompetenz des Bundesverfassungsgerichts, VerwArch (63) 1972, 75 ff.; **Art. 5 Abs. 3 S. 1 2. Alt. GG (Wissenschaftsfreiheit):** *Nettesheim*, Grund und Grenzen der Wissenschaftsfreiheit, DVBl. 2005, 1072 ff.; **Art. 8 Abs. 1 GG (Versammlungsfreiheit):** *Enders*, Der Schutz der Versammlungsfreiheit (Teil II), Jura 2003, 103 ff.; *Kniesel*, Die Versammlungs- und Demonstrationsfreiheit – Verfassungsrechtliche Grundlagen und versammlungsgesetzliche Konkretisierung, NJW 1992, 857 ff.

---

364 Vgl. nur BVerfGE 69, 315 (350) – Brokdorf; *Hoffmann-Riem*, in: Denninger u.a. (Hrsg.), AK, 3. Aufl. 2001, Art. 8 GG Rn. 60. A.A. *Höfling*, in: Sachs (Hrsg.), GG, 5. Aufl. 2009, Art. 8 GG Rn. 58; jedenfalls krit. *Jarass*, in: Jarass/Pieroth (Hrsg.), GG, 10. Aufl. 2009, Art. 8 GG Rn. 22.

365 BVerfGE 73, 206 (250) – Sitzblockade; *Dietel/Kinzel/Kniesel*, § 15 VersG, Rn. 109.

Lösungen

Fall 11 [Luftsicherheitsgesetz – nach BVerfGE 115, 118 f.]

Die Regelung des § 14 Abs. 1 LuftSiG (Luftsicherheitsgesetzes) könnte die **Menschenwürde** der Betroffenen verletzen. Die Menschenwürde (Art. 1 Abs. 1 S. 1 GG) umfasst den **sozialen Wert- und Achtungsanspruch**, der dem Mensch wegen seines Menschseins zukommt.[366] Das dieses Grundrecht allen natürlichen Personen zusteht, also etwa auch Ausländern bzw. Straftätern,[367] ist der Schutzbereich sowohl hinsichtlich der Gefahrverantwortlichen als auch hinsichtlich möglicher nicht-verantwortlicher Dritter (etwa der Flugzeugpassagiere) eröffnet. Die aus der Menschenwürde fließende **Subjektsqualität** wird verletzt, wenn ein Mensch „zum Objekt, zu einem bloßen Mittel, zur vertretbaren Größe"[368] herabgewürdigt wird, wenn „seine Subjektqualität prinzipiell in Frage" gestellt wird,[369] „dem Betroffenen seinen Achtungsanspruch als Mensch" abgesprochen wird.[370] Die Tötung alleine führt noch nicht zu einer Würdeverletzung. Menschenwürde und Lebensschutz sind grundsätzlich zu entkoppeln. Erforderlich ist hier vielmehr das Einhergehen mit Verhaltensweisen, die dem Betroffenen den Achtungsanspruch als Mensch absprechen. Der Eingriff kann zum einen aus der Art einer Tötung (etwa Erniedrigung, Ächtung), zum anderen aus ihrer Zielrichtung resultieren. Vorliegend kommt nur ein Eingriff nach der zweiten Alternative in Betracht. Übereinstimmend wird eine Tötung in Notwehr oder der polizeiliche Todesschuss zur Rettung einer Geisel nicht als Verletzung der Menschenwürde des rechtswidrigen **Angreifers** oder des Geiselnehmers betrachtet.[371] In entsprechender Anwendung lässt sich auch im Hinblick auf die Tötung der **Gefahrverantwortlichen** ein Würdeverstoß verneinen.

Anders liegt die Situation möglicherweise bei betroffenen **nicht-verantwortlichen Dritten**. Ihre Tötung ist nicht durch die Abwehr der drohenden Gefahr charakterisiert, da von ihnen gerade keine Gefahr ausgeht. Vielmehr ist ihre Tötung gleichsam ein Nebenprodukt der Gefahrenabwehr. Rückt man den Umstand in den Vordergrund, dass das Leben der Betroffenen zur Rechnungsgröße degradiert wird, liegt die Bejahung einer Würdeverletzung nahe. Unter Berücksichtigung der Tatsache, dass einziges Ziel der Tötung die Rettung anderer Menschenleben ist, erscheint eine Verletzung der Menschenwürde eher fernliegend. Andererseits entzieht die Verfassung mit der Unantastbarkeitsformel die Menschenwürde dem grundrechtlichen Abwägungsprozess.[372] Danach erscheint es schwer vertretbar ein Abwägungselement in den Eingriffsbegriff zu integrieren.

366 BVerfGE 87, 209 (228) – Tanz der Teufel. Zu den verschiedenen Begründungsansätzen vgl. *Dreier*, in: Dreier (Hrsg.), GG I, 2. Aufl. 2004, Art. 1 I Rn. 54 ff.
367 So explizit *Jarass*, in: Jarass/Pieroth (Hrsg.), GG, 10. Aufl. 2009, Art. 1 Rn. 8.
368 *Dürig*, AöR 81 (1956), 117 (127); *Stern*, StaatsR III/2, 1994, S. 24 ff.
369 BVerfGE 50, 166 (175) – Ausweisung; BVerfGE 87, 209 (228) – Tanz der Teufel; BVerfGE 96, 375 (399) – Kind als Schaden.
370 BVerfGE 107, 633 ff. – Benetton II.
371 *Dreier*, in: Dreier (Hrsg.), GG I, 2. Aufl. 2004, Art. 1 I Rn. 68.
372 *Höfling*, in: Sachs (Hrsg.), GG, 5. Aufl. 2009, Art. 1 GG Rn. 11.

Die Regelung in § 14 Abs. 1 LuftSiG könnte weiterhin gegen **Art. 2 Abs. 2 S. 1 GG** verstoßen. Da der Abschuss des Flugzeugs mit tödlichen Folgen für die Insassen und damit der Auslöschung ihres körperlichen Daseins verbunden ist, ist ein **Eingriff** in den **Schutzbereich** des Art. 2 Abs. 2 S. 1 GG gegeben. Das LuftSiG konkretisiert die **Schranke** des Art. 2 Abs. 2 S. 3 GG dar. Vorliegend greift die **Schranken-Schranke** des **Art. 102 GG** nicht ein, da es sich bei der Tötung eines Menschen zur Verhinderung der Begehung einer Straftat um eine Präventionsmaßnahme handelt, während die Todesstrafe als staatliche Reaktion auf die Verwirklichung einer Straftat repressiv wirkt. Mangels genauerer Angaben im Sachverhalt ist davon auszugehen, dass die Anforderungen des **Zitiergebots** (Art. 19 Abs. 1 S. 2 GG) gewahrt sind. Die Tötung der Betroffenen könnte gegen die **Wesensgehaltsgarantie** des Art. 19 Abs. 2 GG verstoßen, da dem einzelnen Beteiligten von seinem Grundrecht auf Leben nichts verbleibt. Im Rahmen des Art. 19 Abs. 1 S. 2 GG bestehen Unklarheiten darüber, ob die Wesensgehaltsgarantie absolut oder relativ zu bestimmen ist. Nach der **absoluten Theorie** garantiert Art. 19 Abs. 2 GG einen Mindestbestand an geschützten Interessen im Anwendungsbereich des Grundrechts, der in keinem Fall angetastet werden darf. Die **relative Theorie** begreift den Wesensgehalt eines Grundrechts nicht als feststehende, sondern als variable Größe. Danach bliebe es von den Gründen der fraglichen Grundrechtseinschränkung abhängig, ob die Wesensgehaltsgarantie angetastet wäre. Jedoch könnte eine solche *relativen Theorie* niemals mehr als eine Teilmenge der vom Übermaßverbot ohnehin geschützten Interessen erfassen kann.[373] Hiernach wäre der Wesensgehaltsgarantie eine eigenständige Bedeutung abzusprechen. Legt man in diesem Sinne ein absolutes Verständnis der Wesensgehaltsgarantie zu Grunde, bleibt zu klären, wie der jeweilige Wesensgehalt einer Grundrechtsbestimmung im Einzelnen festgelegt werden kann. Bei Bejahung eines absoluten Garantiegehalts besteht weiterhin Uneinigkeit darüber, ob der (absolute) unantastbare Wesensgehalt eines Grundrechts auf die **individuelle** Grundrechtsposition eines einzelnen Grundrechtsberechtigten abzielt oder die **generelle** Bedeutsamkeit einer Grundrechtsbestimmung für die Verfassungsordnung insgesamt anspricht. Jedenfalls im Hinblick auf das Lebensgrundrecht aus **Art. 2 Abs. 2 S. 1 GG** kommt nur die zweite Auslegungsvariante in Betracht. Dies ergibt sich aus der durch **Art. 2 Abs. 2 S. 3 GG** begründeten Möglichkeit, in das Lebensgrundrecht auf Grund eines Gesetzes einzugreifen, da im Eingriffsfalle durch die Tötung des Grundrechtsberechtigten von seiner individuellen Grundrechtsposition nichts mehr übrig wäre, was noch unangetastet bleiben könnte.[374] Da mit der vorliegenden Regelung nur die Tötung Einzelner ermöglicht wird, bleibt ein generell zu bestimmender Wesensgehalt des Grundrechts auf Leben unangetastet, sodass ein Verstoß gegen Art. 19 Abs. 1 S. 2 GG abzulehnen ist.

Der Eingriff müsste schließlich **verhältnismäßig** sein. Der Abschuss des Flugzeugs ist **geeignet**, die drohenden Leibes- und Lebensgefahren für die geplanten Anschlagsopfer abzuwenden. Der legitime Zweck darf nicht durch ein gleich wirksames, aber **weniger belastendes Mittel** erreichbar sein. Ein solches Mittel ist hier nicht ersichtlich,

373 *Huber*, in: Mangoldt/Klein/Starck (Hrsg.), GG I, 5. Aufl. 2005, Art. 19 Abs. 2 GG Rn. 143.
374 *Sachs*, Verfassungsrecht II, 2. Aufl. 2003, A 10 Rn. 26.

zumal die gesetzgeberische Regelung (§ 14 Abs. 2 LuftSiG) ein abgestuftes Maßnahmenpaket vorsieht, welches das im Einzelfall mildeste Mittel zur Anwendung bringt und damit den verfassungsrechtlichen Verhältnismäßigkeitsgrundsatz konkretisiert. Der Eingriff muss zudem in einem **angemessenen** Verhältnis zu dem Gewicht und der Bedeutung des Grundrechts stehen, sodass bei einer Gesamtabwägung zwischen der Schwere des Eingriffs und dem Gewicht und der Dringlichkeit der ihn rechtfertigenden Gründe die Grenze der Zumutbarkeit gewahrt bleibt. Es ist allgemein anerkannt, dass (auch) der gezielte Eingriff in das Leben angemessen sein kann. Dies ergibt sich bereits aus der verfassungsrechtlich gem. Art. 2 Abs. 2 S. 3 GG gewährten Möglichkeit des Eingriffs. Da ein solcher Eingriff das Rechtsgut „Leben" immer vernichten wird, muss auch dieses Rechtsgut abwägungsfähig sein. Angemessenheit ist etwa gegeben, soweit eine Notwehrsituation vorliegt.[375] Nur die Tötung der **gefahrverantwortlichen Geiselnehmer bzw. Flugzeugentführer** kann den von diesen ausgehenden Angriff auf Leib und Leben der zivilen Bevölkerung verhindern. Zudem ähnelt die Tötung der Gefahrverantwortlichen der Rechtslage bei Ausübung des gezielten polizeilichen Todesschusses. Dessen Rechtfertigung ist jedenfalls soweit anerkannt, als zur Rettung vor einem Angriff auf Leben, körperliche Unversehrtheit oder ein vergleichbar hochwertiges Rechtsgut kein anderes Mittel zur Verfügung steht.[376] Damit ist die Angemessenheit des Grundrechtseingriffs insoweit zu bejahen. Schwieriger ist die Rechtslage hinsichtlich möglicher **nicht-verantwortlicher Dritter**, etwa der Passagiere eines gekidnappten Flugzeugs, da von ihnen kein Angriff ausgeht. Insbesondere die Argumentation zum finalen Rettungsschuss ist nicht übertragbar, da nicht nur die Täter, sondern bewusst und unvermeidlich auch die Opfer getroffen werden. Ebensowenig übertragbar ist die rechtliche Situation bei Vorliegen einer rechtfertigenden Notstandslage, da im Strafrecht eine Rechtfertigungssituation ausgeschlossen wird, wenn ein Mensch getötet wird, um einen anderen zu retten. Die Verhältnismäßigkeit lässt sich hiernach nur bejahen, sofern man eine Abwägung zwischen den jeweils betroffenen Menschenleben vornimmt: auf der einen Seite eine begrenzte Anzahl an Passagieren (etwa zwei- bis dreihundert), auf der anderen Seite eine unbegrenzte Zahl an Opfern (im Fall des 11. September mehrere Zehntausend). Fraglich ist jedoch, ob eine derartige **Abwägung Leben gegen Leben** verfassungsrechtlich zulässig ist. **Dagegen** spricht die Nichtquantifizierbarkeit von Leben. **Dafür** ist auf der anderen Seite zu berücksichtigen, dass das (ohnehin verlorene) Leben der Flugzeugpassagiere durch den Abschuss nur um einen geringfügigen Zeitraum verkürzt wird, während andererseits einer unbestimmte Zahl von Menschenleben gerettet werden kann. Daher kann die Angemessenheit hier mit geeigneter Begr. auch bejaht werden.[377]

Weiterführende Literatur: *Höfling/Augsberg*, Luftsicherheit, Grundrechtsregime und Ausnahmezustand, JZ 2005, 1080 ff.; *Winkler*, Verfassungsmäßigkeit des LuftSiG – Zugleich: Anmerkung zum Urteil des BVerfG vom 15.02.2006, NVwZ 2006, 536 ff.

375 *Murswiek*, in: Sachs (Hrsg.), GG, 5. Aufl. 2009, Art. 2 GG Rn. 171.
376 *Murswiek*, in: Sachs (Hrsg.), GG, 5. Aufl. 2009, Art. 2 GG Rn. 182.
377 In diesem Sinne *Murswiek*, in: Sachs (Hrsg.), GG, 5. Aufl. 2009, Art. 2 GG Rn. 182a.

Fall 12 [Versammlungsverbot]

In Betracht kommt eine Verletzung des N-Partei in ihrem Recht auf Versammlungsfreiheit gem. Art. 8 Abs. 1 GG. Hierfür müsste ein **Eingriff** in den **Schutzbereich** des Grundrechts festzustellen sein, der **nicht verfassungsrechtlich gerechtfertigt** werden kann. Als **sachlichen Schutzbereich** nennt Art. 8 Abs. 1 GG die Veranstaltung einer Versammlung, welche friedlich und ohne Waffen verlaufen wird. **Versammlung** i.S.d. Art. 8 GG ist (jedenfalls) eine örtliche Zusammenkunft mehrerer Personen zur gemeinschaftlichen, auf die Teilhabe an der öffentlichen Meinungsbildung gerichteten Erörterung oder Kundgebung [so der enge Versammlungsbegriff des BVerfG].[378] Eine solche ist vorliegend gegeben. [Unerheblich ist, ob eine Versammlung „ortsfest" ist; geschützt werden auch Aufzüge].

▶ **Klausurhinweis:** Da selbst die Voraussetzungen dieses nun vom BVerfG vertretenen sog. engen Versammlungsbegriffs erfüllt sind, ist eine weitere Beschäftigung mit abweichenden Meinungen vorliegend nicht erforderlich.

Die Versammlung muss weiterhin friedlich und ohne Waffen erfolgen. **Unfriedlich** ist eine Versammlung, wenn Handlungen von einiger Gefährlichkeit durch aggressive Ausschreitungen gegen Personen oder Sachen oder sonstige Gewalttätigkeiten stattfinden.[379] Alleine die Absicht der Verbreitung nationalsozialistischen Gedankenguts macht eine Versammlung hingegen noch nicht zu einer unfriedlichen. Andernfalls würde der Schutzbereich der Teilnehmer unter Anknüpfung an den Versammlungsinhalt unangemessen eingeschränkt. Darüber hinausgehende Anhaltspunkte dafür, dass die Demonstration insgesamt einen unfriedlichen Verlauf nehmen könne oder als unfriedliche geplant ist, bestehen nicht.

Unerheblich ist bei der Bestimmung des Schutzbereichs zudem, ob von anderer Seite (Gegendemonstranten) mit Gewaltbereitschaft zu rechnen ist. Dies wird erst bei der Frage der Zulässigkeit des Eingriffs relevant.

Grundsätzlich können sich nur natürliche Personen auf Grundrechte berufen. In Erweiterung dieses Grundsatzes spricht Art. 19 Abs. 3 GG jedoch auch inländischen juristischen Personen des Privatrechts Grundrechtsschutz zu, soweit diese ihrem Wesen nach auf die jur. Pers. anwendbar sind und erstreckt den **persönlichen Schutzbereich** der Grundrechte daher auch auf diese.

Zunächst müsste die N-Partei, um sich auf die Vorschrift berufen zu können, juristische Person des Privatrechts sein. Als juristische Personen i.S.d. Art. 19 Abs. 3 GG gelten jedenfalls vollrechtsfähige Organisationseinheiten, denen **unbeschränkte Rechtsfähigkeit** zukommt. Als nichtrechtsfähiger Verein (§ 54 BGB) kommt der N-Partei zwar nur **Teilrechtsfähigkeit** zu. Dennoch wird ihr eine **(Teil-)Grundrechtsfähigkeit** zuerkannt, da die durch die Teilrechtsfähigkeit im Rahmen der allgemeinen Rechtsordnung begründeten Erleichterungen der Rechtswahrnehmung für die so zusammengeschlossenen Personen konsequenterweise auch auf den Grundrechtsbereich auszu-

---

378 BVerfGE 104, 92 (104) – Blockadeaktion.
379 BVerfGE 104, 92 (105 f.) – Blockadeaktion.

dehnen sind. Art. 19 Abs. 3 GG findet also grundsätzlich auch auf politische Parteien Anwendung.

Zugleich müsste das Grundrecht der Versammlungsfreiheit **seinem Wesen nach** auf die Personenvereinigung anwendbar sein. Die Formulierung bezieht sich gleichermaßen auf die Art der „juristischen Person" wie auf das in Rede stehende Grundrecht. Hinsichtlich der ersten Voraussetzungen muss auf der Grundlage der sog. Durchgriffsthese die Beeinträchtigung einer Personenvereinigung jedenfalls möglicherweise auf die dahinter stehenden natürlichen Personen durchgreifen. Der N-Partei bietet insoweit das erforderliche „personale Substrat". Daneben kommt es aber auch auf die Anwendbarkeit gerade des in Rede stehenden Grundrechts auf die Vereinigung an. Diese ist insbesondere bei jenen Grundrechten zweifelhaft, welche in besonderer Weise im Aspekt des Menschseins wurzeln. Dies trifft nicht auf die Versammlungsfreiheit zu. Vielmehr können juristische Personen als Veranstalter von Versammlungen auftreten, so dass die Gewährleistung der Versammlungsfreiheit diese ihrem Wesen nach erfasst.[380] Der Schutzbereich ist demnach eröffnet.

Fehlerhaft wäre es hier, an eine Verwirkung des Grundrechtsschutzes zu denken. Gemäß Art. 18 GG und insbesondere Art. 21 Abs. 2 GG (Parteienprivileg!) kann eine entsprechende Aberkennung nur im Rahmen des Parteiverbotsverfahrens (Art. 21 Abs. 2 2 GG) ergehen.

In diesen Schutzbereich müsste weiterhin eingriffen worden sein. Ein **Eingriff** ist jede Maßnahme des Staates, die dem Einzelnen ein Verhalten, das in den Schutzbereich des Grundrechts fällt, unmöglich macht oder erschwert, gleichgültig ob diese Wirkung unmittelbar oder mittelbar, individuell oder generell, absichtlich oder unabsichtlich, rechtlich oder faktisch, mit oder ohne Befehl und Zwang erfolgt (weiter Eingriffsbegriff). Der Schutzbereich des Art. 8 Abs. 1 GG ist im Speziellen betroffen, wenn eine Versammlung verboten oder aufgelöst oder die Art und Weise ihrer Durchführung durch staatliche Maßnahmen beschränkt wird. Das vorliegende Versammlungsverbot stellt daher einen (sogar klassischen) Eingriff in diesen Schutzbereich dar.

Dieser könnte jedoch **verfassungsrechtlich gerechtfertigt** sein. Hierfür müsste das Grundrecht grundsätzlich einschränkbar und im speziellen Fall zulässigerweise eingeschränkt worden sein. Versammlungen „unter freiem Himmel" sind nach Art. 8 Abs. 2 GG durch oder aufgrund eines Gesetzes **einschränkbar**. Entscheidend für eine entsprechende Qualifikation ist, dass die Versammlung nicht durch feste seitliche Wände von der Umgebung abgegrenzt wird.[381] Vorliegend ist diese Voraussetzung erfüllt. Im Sinne seiner Wechselwirkungslehre schränkt das BVerfG diesen Gesetzesvorbehalt allerdings über den Wortlaut dahingehend ein, dass die Ausübung der Versammlungsfreiheit „nur zum Schutz *gleichgewichtiger* anderer Rechtsgüter unter strikter Wahrung des Grundsatzes der Verhältnismäßigkeit" begrenzt werden darf.[382] Dies ist im Folgenden zu berücksichtigen. Da der hoheitliche Eingriff gerade an den Meinungsinhalt der

380 *Enders*, Jura 2003, 34 (36).
381 *Seidel*, DÖV 2002, 283 (284).
382 BVerfGE 69, 315 (348 f.) – Brokdorf.

Versammlung anknüpft, muss das Beschränkungsgesetz zudem den Anforderungen des Art. 5 Abs. 2 GG genügen.[383]

Als Schranke kommt vorliegend insbesondere **§ 15 Abs. 1 VersG** in Betracht. Inwiefern diese den genannten Voraussetzungen entspricht, ist aufgrund des generalklauselartigen Charakters der Vorschrift erst vor dem Hintergrund ihrer Anwendung im Einzelfall zu erörtern. Ein Versammlungsverbot kann nach § 15 Abs. 1 VersG ergehen, wenn aufgrund der Versammlung ein Verstoß gegen die öffentliche Sicherheit oder gegen die öffentliche Ordnung zu befürchten ist. Der Begriff der **öffentlichen Sicherheit** umfasst die Unverletzlichkeit der objektiven Rechtsordnung, der subjektiven Rechte und Rechtsgüter des einzelnen (insbesondere Gesundheit, Ehre, Freiheit, Vermögen) sowie der Einrichtungen des Staates oder sonstiger Träger der Hoheitsgewalt.[384]

Hinsichtlich möglicher Verstöße gegen die öffentliche Sicherheit ist im Folgenden zu differenzieren zwischen den Gefahren, welche von der Versammlung als solcher ausgehen, und jenen, die ihren Ursprung in dem „wissenschaftlichen Vortrag" des Historikers H haben: Die aufgrund des Titels und vergangener ähnlicher Ereignisse als Vortragsgegenstand nahe liegende **„Ausschwitzlüge"** könnte einen Verstoß gegen § 130 Abs. 3 StGB darstellen. Sofern allerdings alleine der Vortrag zu einer unmittelbaren Gefährdung der „öffentlichen Sicherheit" führen würde, wäre die Verbotsanordnung unverhältnismäßig, da nicht erforderlich. Als milderes Mittel wäre die Anordnung einer Auflage (Verbot des Auftretens des H) in Betracht gekommen. Um das Versammlungsverbot verfassungsrechtlich zu rechtfertigen, bedarf es daher der Prüfung, inwieweit die Versammlung als solche eine unmittelbare Gefährdung der öffentlichen Sicherheit oder Ordnung begründet.

Die Teilnehmer der Versammlung unter dem Motto „Friede den Seelen unserer verstorbenen Helden" könnten gegen **§ 130 Abs. 4 StGB** verstoßen. Hierzu müssten sie den öffentlichen Frieden in einer die Würde der Opfer verletzenden Weise stören, indem sie die nationalsozialistische Gewalt- und Willkürherrschaft billigen, verherrlichen oder rechtfertigen. (Um die Versammlung zu untersagen, bedarf es jedoch nicht der absoluten Gewissheit des Schadenseintritts; vielmehr reicht bereits eine unmittelbare Gefährdung der öffentlichen Sicherheit, d.h. die Drohung eines Schadens, der jederzeit eintreten kann.[385]) „Billigung" i.S.d. § 130 Abs. 4 StGB meint prinzipiell die vorbehaltlose Zustimmung.[386] Eine konkludente Billigung des 3. Reichs liegt bereits in der Verherrlichung von Repräsentanten des Nationalsozialismus.[387] Die Annahme einer derartigen Verherrlichung würde den Rahmen der vorliegenden Anhaltspunkte sprengen. Insbesondere das Versammlungsmotto deutet primär darauf hin, dass lediglich ein Ge-

383 BVerfG (K), NJW 2001, 2069 (2070 – 2. Ls.) – NVU-Versammlungsverbot. Vgl. auch *Schulze-Fielitz* , in: Dreier (Hrsg.), GG I, 2. Aufl. 2004, Art. 8 GG Rn. 125.
384 BVerfGE 69, 315 (352) – Brokdorf.
385 *Dietel/Gintzel/Kniesel*, Demonstrations- und Versammlungsfreiheit, 15. Aufl. 2008, § 15 Rn. 28.
386 *Lenckner/Sternberg-Lieben*, in: Schönke/Schröder (Hrsg.), StGB, 27. Aufl. 2006, § 130 StGB Rn. 22b.
387 BT-Drs. 15/5051, S. 12. Einschränkend allerdings *Poscher*, NJW 2005, 1316 (1318): Symbolfiguren müssen etwa systematische Würdeverletzungen organisiert haben.

denken an die deutschen Kriegsopfer geplant ist. Weitergehende Vermutungen zuungunsten der N-Partei sind zuwenig untermauert. *Eine Bejahung des § 130 Abs. 4 StGB wäre als Überinterpretation des Sachverhalts zu werten.* Die unmittelbare Gefahr eines Verstoßes gegen § 130 Abs. 4 StGB ist daher zu verneinen.

Des Weiteren käme ein Verstoß gegen **§ 118 OWiG** in Betracht. Dafür müsste die Durchführung der Versammlung eine grob ungehörige Handlung darstellen, welche geeignet ist , die Allgemeinheit zu belästigen oder zu gefährden. Eine *grob ungehörige Handlung* liegt vor, wenn sich das Tun oder Unterlassen bewusst nicht in die für das gedeihliche Zusammenleben der jeweiligen Rechtsgemeinschaft erforderliche Ordnung einfügt und dadurch im deutlichen Widerspruch zur Gemeinschaftsordnung steht.[388] Entsprechend der obigen Darlegung wäre auch diese Annahme als Überinterpretation des Sachverhalts zu werten.

Zudem könnte in der Versammlungsthematik ein Verstoß gegen das in **Art. 26 Abs. 1 GG** (i.V.m. Art. 1 Abs. 2 GG, Art. 24 Abs. 2 GG) normierte Friedlichkeitsgebot liegen. Das Friedlichkeitsgebot wird tangiert im Falle der Verharmlosung von Verbrechen gegen die Menschlichkeit sowie der Verherrlichung von Willkürherrschaft einschließlich nationalsozialistischer Führer- und Rassenpolitik.[389] Insofern müsste die Versammlung jedenfalls die Verharmlosung der nationalsozialistischen Gewalt- und Willkürherrschaft zum Gegenstand haben. Auch insoweit ist hinsichtlich der Versammlungsthematik zu wenig bekannt.

Schließlich käme ein Verstoß gegen den (Lebens- und) **Gesundheitsschutz** (Art. 2 Abs. 2 S. 1 GG; §§ 223 ff. StGB) bei Durchführung der Versammlung in Betracht. Laut Angabe der Versammlungsbehörde sei mit gewaltsamen Gegenaktionen Autonomer zu rechnen. Allerdings reichen die vorgebrachten Anhaltspunkte der Versammlungsbehörde nicht dazu aus, eine unmittelbare Gefährdung der öffentlichen Sicherheit zu begründen. Lediglich die Vermutung der Auseinandersetzung begründet nicht die Befugnis der Versammlungsauflösung. Zudem würde es sich hierbei um einen Eingriff gegen den Nichtstörer (die Versammlung der N-Partei) handeln, deren Erforderlichkeit von Seiten der Versammlungsbehörde näher zu erläutern gewesen wäre.

Nach nunmehr geltender Rspr. des BVerfG kann auch der **Verstoß gegen die öffentliche Ordnung** eine Versammlungsauflösung nach sich ziehen.[390] Fraglich ist allerdings, ob dies auch Gefährdungen betrifft, die aus dem Inhalt der Äußerungen resultieren. Der Begriff der *öffentlichen Ordnung* umfasst die Gesamtheit der ungeschriebenen Regeln, deren Befolgung nach den jeweils herrschenden und *mit dem Wertgehalt des Grundgesetzes zu vereinbarenden* sozialen und ethischen Anschauungen als unerlässliche Voraussetzung eines geordneten staatsbürgerlichen Zusammenlebens betrachtet

388 *Senge*, in: Senge (Hrsg.), Karlsruher Kommentar zur OWiG, 3. Aufl. (2006), § 118 OWiG Rn. 7.
389 *Seidel*, DÖV 2002, 283 (289).
390 BVerfG, NJW 2004, 2814 (3. Ls., 2815) – NPD-Kundgebung. Anders noch die Brokdorf-Entscheidung (BVerfGE 69, 315 (353)), welche bei drohenden Verstößen gegen die öffentliche Ordnung lediglich Auflagen, jedoch kein Verbot zuließ.

wird.[391] Die Verwendung dieses Begriffs ist problematisch, weil dessen Kriterien vage sind und die herrschende – möglicherweise aber intolerante – Meinung verrechtlicht wird und über das Polizeirecht die Beschränkung der Meinungsfreiheit oder anderer Grundrechte herbeiführen kann. Problematisch erscheint außerdem die Abgrenzung der relevanten Mehrheit.[392] Andererseits kann man die verfassungsrechtliche Anerkennung des Begriffs in Art. 13 Abs. 7 und Art. 35 Abs. 2 S. 1 GG feststellen.[393]

Unabhängig hiervon erlebt der Begriff der öffentlichen Ordnung im Versammlungsrecht eine Renaissance. In einer Auseinandersetzung zwischen **OVG Münster** und **BVerfG** wurde in der jüngeren Vergangenheit diskutiert, ob neonazistische Aufmärsche, welche nicht die öffentliche Sicherheit tangieren, alleine aufgrund ihres Meinungsinhalts eine Gefährdung der öffentlichen Ordnung herbeiführen können. Zunächst ging das BVerfG davon aus, dass neonazistische Aufmärsche zuzulassen sind, solange sie unter der Strafbarkeitsschwelle bleiben, da ein Verstoß gegen die öffentliche Ordnung zur Begründung eines Versammlungsverbots nicht ausreichend ist.[394] Zur Begründung wurde vorgebracht, dass ein Verstoß gegen die öffentliche Ordnung allenfalls aufgrund der Symbolkraft des gewählten Ortes oder des gewählten Datums hervorgerufen werden kann.[395] In diesen Fällen sollten allenfalls Auflagen (Orts- oder Datumsänderung) nach der Systematik des § 15 Abs. 1 VersG erlaubt sein. Mittlerweile hat das BVerfG zwar anerkannt, dass etwa eine Datumsänderung einer Versammlungsauflösung gleichkommt, also auch bei Gefährdung der öffentlichen Ordnung eine Auflösungsentscheidung zulässig sein kann. Jedenfalls soll aber die öffentliche Ordnung nur aufgrund der *Art und Weise* der Veranstaltung, nicht aufgrund ihres *Inhalts* tangiert sein: Der Maßstab zur Beurteilung der Rechtmäßigkeit versammlungsbezogener Maßnahmen, die Inhalte von Meinungsäußerungen beschränken, ergibt sich nicht aus dem Grundrecht der Versammlungsfreiheit, sondern aus dem der Meinungsfreiheit: Das Verbot einer *bestimmten* Meinungsäußerung findet jedoch in Art. 5 Abs. 2 GG regelmäßig keine Rechtfertigung und kann damit auch eine Einschränkung der Versammlungsfreiheit nicht legitimieren. § 15 Abs. 1 VersG stellt daher kein allgemeines Gesetz dar, soweit über den Begriff der öffentlichen Ordnung die Äußerung bestimmter Meinungen verboten wird.[396] Dahinter steht der Gedanke, dass der Begriff der öffentlichen Ordnung seinerseits auf eine unbestimmte Vielzahl einzeln nachweisbarer sozialer Ordnungsvorstellungen verweist. Daher ist im Einzelfall zu prüfen, ob die

391 BVerfGE 69, 315 (352) – Brokdorf. Vgl. insbesondere die Erweiterung um den Zusatz „Wertgehalt des Grundgesetzes" durch BVerfG (K), NJW 2001, 2071, 2072; NVwZ 2004, 2814 – NPD-Kundgebung.

392 Zur Kritik *Denninger*, in: Lisken/Denninger (Hrsg.), Hdb. des PolR, 4. Aufl. (2007), E Rn. 26; insbesondere zur Frage der Verfassungswidrigkeit des Begriffs *Götz*, AllgPOR, 13. Aufl. (2001), Rn. 127.

393 OVG NRW, NWVBl. 2001, 94.

394 BVerfG (K), NJW 2001, 2069 ff.; NJW 2001, 2075 ff.; NJW 2001, 2076 ff.; zuletzt BVerfG (K), NJW 2004, 2814 ff. Krit. zu dieser Rspr. *Battis/Grigoleit*, NVwZ 2001, 121 ff.; *dies.*, NJW 2001, 2051 (2053 ff.); dies., NJW 2004, 3459 ff.; hingegen zustimmend *Dietel/Gintzel/Kniesel*, VersR, 15. Aufl. 2008, § 15 Rn. 179 ff.; *Musil*, LKV 2002, 115 (118).

395 BVerfG (K), NJW 2001, 1409 (3. Ls).

396 BVerfG (K), NJW 2004, 2814 (2815 f.). Krit. hierzu *Battis/Grigoleit*, NJW 2004, 3459 (3460 f.).

jeweilige „Sozialnorm" meinungsneutral ausgestaltet ist. Dies wäre im Hinblick auf die Sittenwidrigkeit nationalsozialistischer Äußerungen zu verneinen.[397]

Auch nach Auffassung des BVerfG liegt ein Verstoß gegen die öffentliche Ordnung bei solchen Versammlungen vor, die durch aggressives und provokatives, die Bürger einschüchterndes Verhalten ein Klima der Gewaltdemonstration und potenzieller Gewaltbereitschaft erzeugen[398] oder einen Aufzug an einem speziell der Erinnerung an das Unrecht des Nationalsozialismus und den Holocaust dienenden Feiertag so durchführen, dass von seiner Art und Weise Provokationen ausgehen, die das sittliche Empfinden der Bürgerinnen und Bürger erheblich beeinträchtigen.[399]

Vorliegend soll die Veranstaltung in zeitlicher Nähe zum Geburtstag von Adolf Hitler stattfinden. Nach Feststellung des BVerfG[400] kann jedoch aus der bloßen zeitlichen *Nähe* des Zeitpunkts der Versammlung zu einem solchen Gedenktag noch keine provokative Wirkung – auch nicht unter dem Gesichtspunkt der Ausstrahlungswirkung – abgeleitet werden. Unter Zugrundelegung der Auffassung des BVerfG ist daher ein Verstoß gegen die öffentliche Ordnung zu verneinen.

Nach Auffassung des **OVG Münster** können hingegen Versammlungen, die durch ein Bekenntnis zum Nationalsozialismus geprägt sind, wegen Verstoßes gegen die öffentliche Ordnung verboten werden.[401] Dies gilt insbesondere dann, wenn die nationalsozialistische Diktatur verharmlost oder ihre führenden Vertreter und Symbolfiguren verherrlicht werden.[402] Aus dem für die grundgesetzliche Ordnung zentralen Wert der Menschenwürde, dem Friedensstaatsgebot, den Ausprägungen der wehrhaften Demokratie sowie den sich aus Art. 79 Abs. 3 und 20 Abs. 4 GG ergebenden Grenzen der demokratischen Willensbildung ist eine auf die Abwehr neonazistischer Tendenzen gerichtete verfassungsimmanente Schranke für die demonstrative Äußerung neonazistischer Meinungsinhalte abzuleiten. **Aber:** Indem der Begriff der „öffentlichen Ordnung" durch Wertmaßstäbe des GG aufgeladen wird, verschwimmen Grenzen zwischen öffentlicher Sicherheit und öffentlicher Ordnung.[403] Darüber hinaus verstößt eine Auslegung des § 15 Abs. 1 VersG, welche politisch unliebsame Meinungsäußerungen unterbinden könnte, gegen das Erfordernis eines *allgemeinen Gesetzes* als Schranke des Art. 5 Abs. 2 S. 1, 1. Alt. GG. Die Argumentation des BVerfG ist daher vorzugswürdig.

Ein Versammlungsauflösung gemäß **§ 15 Abs. 2 Nr. 2 VersG** wäre möglich, wenn nach den zur Zeit des Verfügungserlasses feststellbaren Umständen zu besorgen ist, dass

397 Nach a.A. ist der Begriff der öffentlichen Ordnung als solcher meinungsneutral ausgestaltet, da als Schutzgut die „vorgefundenen Bedingungen der Sozialverträglichkeit" zu benennen sind; vgl. *Battis/Grigoleit*, NJW 2004, 3459 (3461).
398 BVerfG (K), NJW 2001, 2069 (2071).
399 BVerfG (K), NJW 2001, 1409 (1410).
400 BVerfG (K), DVBl. 2006, 368 (368).
401 OVG NRW, NJW 2001, 2111; OVG NRW, NJW 2001, 2113; OVG NRW, NJW 2001, 2214; OVG NRW, NJW 2001, 2986; vgl. zuletzt OVG NRW, Beschl. vom 2.3.2004; Az. 5 B 392/04; BeckRS 2004 21977. Krit. *Wiefelspütz*, KritV 2002, 19 (32 ff.).
402 OVG NW, DVBl. 2001, 584.
403 *Wiefelspütz*, KritV 2002, 19 (32).

durch die Versammlung oder den Aufzug die Würde der Opfer des Nationalsozialismus beeinträchtigt wird. Auch für eine solche Annahme bietet der Sachverhalt zu wenige Anhaltspunkte. Insbesondere unter Beachtung des Art. 5 Abs. 2 GG müsste die Würdeverletzung aus der besonderen Art und Weise der Veranstaltung, nicht aus ihrem Inhalt resultieren. Ein Verstoß gegen § 15 Abs. 2 Nr. 2 VersG liegt daher fern. Eine Schranke der Versammlungsfreiheit ist vorliegend nicht ersichtlich. Die N-Partei ist in ihrem Recht auf Versammlungsfreiheit verletzt.

Fallbeispiel: *Kahl*, (Original-)Referendarexamensklausur – Öffentliches Recht: Versammlungsrecht, JuS 2004, 894 ff.

Weiterführende Literatur: *Gröpl*, Grundstrukturen des Versammlungsrechts, Jura 2002, 18 ff.; *Kraujuttis*, Versammlungsfreiheit zwischen liberaler Tradition und Funktionalisierung, 2005; *Laubinger/ Repkewitz*, Die Versammlung in der verfassungs- und verwaltungsgerichtlichen Rechtsprechung, VerwArch 92 (2001), 585 ff. und VerwArch 93 (2002), 149 ff.

Fall 13 [Werbeverbot für Energieversorgungsunternehmen II]

Der Eingriff in die Meinungsfreiheit der K-AG wäre **verfassungsrechtlich gerechtfertigt**, wenn das Grundrecht einschränkbar ist, eine grundrechtskonforme Schranke besteht und diese den Einschränkungen der Schranken-Schranken entspricht. § 5 EnWiG n.F. müsste demnach ein **allgemeines Gesetz i.S.d. Art. 5 Abs. 2 GG** darstellen.

Bei § 5 EnWiG müsste es sich dementsprechend zunächst um ein **formell verfassungsmäßiges Gesetz** handeln. **Gesetzgebungskompetenz** besteht gem. Art. 74 Abs. 1 Nr. 11 GG. Das Erfordernis bundesgesetzlicher Regelung gem. Art. 72 Abs. 2 GG besteht, da sich das Versorgungsgebiet eines Energieunternehmens über Teile verschiedener Bundesländer erstrecken kann. Die Durchführung eines **ordnungsgemäßen Gesetzgebungsverfahrens** ist vorauszusetzen. Fraglich ist allerdings, ob § 5 EnWiG die Voraussetzungen eines **„allgemeinen Gesetzes" i.S.d. Art. 5 Abs. 2 GG** erfüllt. Der Begriff des „allgemeinen Gesetzes" ist umstritten: Nach der **Sonderrechtslehre** sind allgemeine Gesetze diejenigen, die nicht eine Meinung als solche verbieten. (*Arg.:* Ansicht erklärt Funktion der Schranken des Ehren- und Jugendschutzes). Vorliegend richtet sich das Gesetz zwar gegen Werbung als solche, diese kann jedoch unterschiedlichen Inhalt haben. Daher richtet sich das Verbot nicht gegen eine bestimmte Meinung. Nach der **Abwägungslehre** sind Gesetze allgemein, wenn das von ihnen geschützte Rechtsgut höherwertiger ist als die Meinungsfreiheit. D.h. die Qualifikation als *allgemeines Gesetz* ist Ergebnis eines Abwägungsprozesses, der schwanken kann. Vorliegend dient das Gesetz dem Gemeinschaftswert des Umwelt- und Ressourcenschutzes (Art. 20a GG). Nach der Auffassung des **BVerfG** ist ein allgemeines Gesetz ein solches, welches nicht eine Meinung als solche verbietet, sondern vielmehr dem Schutz eines schlechthin, ohne Rücksicht auf eine bestimmte Meinung zu schützenden Rechtsguts dient, dem gegenüber der Meinungsfreiheit Vorrang zukommt. Vorliegend ist auch nach dieser zusammenfassenden Interpretation die Einstufung als allgemeines Gesetz zu bejahen.

Der Eingriff müsste sich zudem im Rahmen der **Schranken-Schranken** bewegen. Zunächst müsste das **Zitiergebot gemäß Art. 19 Abs. 1 S. 2 GG** eingehalten sein. Zwar sind die Anforderungen des Zitiergebots nicht eingehalten, jedoch handelt es sich nach Auffassung des BVerfG bei Art. 19 Abs. 1 S. 2 GG um eine Formvorschrift, die enger Auslegung bedarf, damit sie nicht zu leerer Förmlichkeit erstarrt.[404] Im Falle des Art. 5 Abs. 2 GG ist die Vorschrift daher nicht anzuwenden. Der Sinn eines „allg. Gesetzes" i.S.d. Vorschrift kann es gerade nicht sein, sich gegen eine Meinung an sich zu wenden. Das Gesetz müsste schließlich **verhältnismäßig** sein, also einen legitimen Zweck verfolgen sowie geeignet, erforderlich und angemessen sein. Als **legitimer Zweck** ist der Klima- und Ressourcenschutz zu verstehen. Die Werbung der Energieunternehmen zielt darauf ab, den Kunden zu stärkerem Stromverbrauch, d.h. zu umweltschädlicherem Verhalten, zu bewegen. **Geeignet** ist das Gesetz immer dann, wenn mit seiner Hilfe das angestrebte Ziel gefördert werden kann. Dies ist vorliegend der Fall. **Erforderlich** ist ein Gesetz, wenn es kein milderes Mittel gibt, welches den gleichen Erfolg mit der gleichen Sicherheit und einem vergleichbaren Aufwand herbeiführen würde. Hier käme als milderes Mittel allenfalls eine staatliche Gegenkampagne in Betracht. Dieser mittelbare Eingriff ist jedoch nicht schwächer als der unmittelbare. **Angemessen** ist das Gesetz, wenn das mit ihm verfolgte Ziel in seiner Wertigkeit gegenüber der Intensität des Eingriffs nicht unverhältnismäßig ist (Zumutbarkeit der Belastung). Vorliegend ist eine Abwägung von Umwelt- und Ressourcenschutz gegenüber der Meinungsfreiheit erforderlich. Besonders zu berücksichtigen ist hierbei die Bedeutung des Umweltschutzes in der heutigen Situation. Eine Grundrechtsverletzung der K-AG in ihrem Grundrecht aus Art. 5 Abs. 1 S. 1, 1. Hs. GG scheidet aus.

Fall 14 [Osho III – nach BVerfGE 105, 279 ff.]

Im Rahmen einer **Beeinträchtigung** verwandelt sich das Erfordernis gesetzlicher Ermächtigung (Schrankenvorbehalt) in das Erfordernis einer **Aufgabenzuweisung**. Der Grund hierfür soll darin liegen, dass die Ausweitung des Grundrechtsschutzes nicht automatisch zu einer „mitwachsenden" Ausweitung des Gesetzesvorbehalt im Hinblick auf **mittelbar-faktische Eingriffe** führt. Ein Gesetzesvorbehalt ist daher nur dann erforderlich, wenn der betroffene Sachbereich **staatlicher Normierung zugänglich** ist. **Faktisch-mittelbare Beeinträchtigungen** entstehen hingegen regelmäßig aus einem komplexen Geschehensablauf, bei dem Folgen grundrechtserheblich werden, die indirekt mit dem eingesetzten Mittel oder dem verwirklichten Zweck zusammenhängen. Derartige Wirkungen entziehen sich typischerweise einer Normierung. **Insbesondere staatliche Informationstätigkeit** lässt sich aufgrund der Vielgestaltigkeit und Veränderlichkeit der Regelungsbereiche gesetzlich nicht sinnvoll regeln. Das **Ziel**, die Entscheidung grundsätzlicher Fragen aus Gründen demokratischer Legitimation dem parlamentarischen Gesetzgeber vorzubehalten, wird angesichts der zwangsläufig weiten und unbestimmten Fassung einer einfachgesetzlichen Ermächtigung zum Informationshandeln mit einer solchen Ermächtigung nicht erreicht.

404 BVerfGE 28, 36 (46) – Zitiergebot.

Fraglich ist daher, ob **erstens** eine entsprechende **Aufgabenzuweisung** vorliegt. Erforderlich ist hierfür, dass die Bundesregierung im Rahmen ihrer **Informationskompetenz** gehandelt hat. Die Ermächtigung zur Erteilung derartiger Informationen ergibt sich aus der der Bundesregierung zugewiesenen Aufgabe, im Rahmen ihrer Öffentlichkeitsarbeit auf aktuelle streitige, die Öffentlichkeit erheblich berührende Fragen einzugehen und damit **staatsleitend** tätig zu werden. Die Informationstätigkeit muss **zweitens** im Rahmen der **Kompetenzordnung** erfolgt sein. Insbesondere ist die **föderale Kompetenzaufteilung** zwischen Bund und Ländern zu wahren. Die Regierungskompetenz zur Staatsleitung wird entsprechend der Gesetzgebungs- und Verwaltungskompetenzen verteilt, d.h. die Bundesregierung ist überall dort zur Informationsarbeit berechtigt, wo ihr eine **gesamtstaatliche Verantwortung** zukommt. Der Bund ist zur Staatsleitung insbesondere berechtigt, wenn Vorgänge wegen ihres Auslandsbezugs oder ihrer länderübergreifenden Bedeutung **überregionalen Charakter** haben und eine bundesweite Informationsarbeit der Regierung die Effektivität der Problembewältigung fördert. Maßgebend für die Kompetenz der Bundesregierung im Bereich des Informationshandelns sind **nicht die Art. 83 ff. GG**. Die Regierungstätigkeit ist nicht Verwaltung im Verständnis dieser Normen. Das Informationshandeln der Bundesregierung ist eine Reaktion auf Vorgänge im gesellschaftlichen Raum, welche die Öffentlichkeit im Hinblick auf die erwähnte Gefahrenlage bewegen. Dabei ging es der Bundesregierung nicht um Gefahrenabwehr im ordnungsrechtlichen Sinne durch Verwaltungshandeln, sondern darum einen **Beitrag in der gesellschaftlichen Auseinandersetzung** zu leisten. Die über die Osho-Bewegung abgegebenen Bewertungen sind durch Vorgänge und Erscheinungen geprägt, die nicht auf den Bereich eines Bundeslandes oder einiger weniger Länder beschränkt waren. Ein Handeln der Regierungen der Bundesländer würde dem öffentlichen Handlungsbedarf nicht gerecht.

Weiterhin müssen die Beschränkungen der **Schranken-Schranken**, insbesondere des Verhältnismäßigkeitsgebots, Beachtung gefunden haben. Als **legitimer Zweck** kann der Schutz und die Warnung der Bevölkerung vor der Beeinflussung durch gefährliche religiöse Vereinigungen verstanden werden. Die Information ist **geeignet**, den Zweck zu erfüllen. Ein **milderes Mittel** ist nicht ersichtlich. Das verfolgte Ziel steht jedoch nicht in einem **angemessenen Verhältnis** zu der Grundrechtsbeeinträchtigung von Seiten der Bundesregierung. Die Beeinträchtigung des Osho e.V. sind erheblich. Die Bewegung hat durch die Äußerungen schwerwiegende Nachteile zu befürchten, etwa den Verlust vorhandener oder das Ausbleiben neuer Mitglieder oder das Unterbleiben finanzieller Unterstützungsleistungen. Demgegenüber ist die Bundesregierung aufgrund ihrer staatlichen Neutralitätspflicht in besonderer Weise gehalten, hinreichend gewichtige, durch konkrete Tatsachen gestützte Gründe abzuwarten, welche eine entsprechende Äußerung rechtfertigen.

Das Grundrecht des Osho e.V. auf Glaubensfreiheit gem. Art. 4 Abs. 1, 2 GG ist verletzt, soweit die Bezeichnung als „pseudoreligiös" und „destruktiv" bzw. der Vorwurf der Manipulation betroffen sind.

Fall 15 [Verkehrspilot]

A könnte in seinem Recht auf Berufsfreiheit nach Art. 12 Abs. 1 GG verletzt sein. Hierfür müsste zunächst der **Schutzbereich** eröffnet sein. **Sachlicher Schutzbereich** des Art. 12 Abs. 1 GG ist der „Beruf" in einem umfassenden Sinne. Entgegen dem Wortlaut des Art. 12 Abs. 1 S. 1, 2 GG, der auf eine Differenzierung zwischen Berufswahl- und Berufsausübungsfreiheit hinzuweisen scheint, begreift das BVerfG diese beiden Facetten nur als Elemente eines einheitlichen Grundrechts der Berufsfreiheit.[405] Auf der Schutzbereichsebene (anders auf der Eingriffsrechtfertigungsebene!) ist daher nicht zwischen Beruf*swahl* und Beruf*sausübung* zu trennen. Der Begriff des **„Berufs"** wird als jede auf eine gewisse Dauer angelegte, der Schaffung und Erhaltung einer Lebensgrundlage dienende Tätigkeit definiert. Die Tätigkeit als Verkehrspilot lässt sich unproblematisch unter diese Definition subsumieren.

▶ **Klausurhinweis:** Da die Abgrenzung zwischen Berufswahl und Berufsausübung auf der Rechtfertigungsebene Bedeutung gewinnt, kann bereits an dieser Stelle eine Einordnung des beeinträchtigten Verhaltens in eine der beiden Aspekte des Oberbegriffs „Beruf" vorgenommen werden. Gleichfalls richtig wäre es, diese Differenzierung erst an späterer Stelle (bei der Frage nach der Reichweite der Einschränkbarkeit oder bei der Frage der Verhältnismäßigkeit) anzusprechen.

Die **Freiheit der Berufswahl** umfasst als äußerlich wahrnehmbarer Akt der Selbstbestimmung die erstmalige Ergreifung eines Berufes, die Wahl eines Zweit- oder Nebenberufes, den Berufswechsel, die Freiheit, auf das Ergreifen eines Berufs zu verzichten (negative Berufsfreiheit), sowie die freie Entscheidung über die Berufsbeendigung. Hingegen gewährleistet die **Freiheit der Berufsausübung** die Gesamtheit der mit der Berufstätigkeit, ihrem Ort, ihren Inhalten, ihrem Umfang, ihrer Dauer, ihrer äußeren Erscheinungsform, ihren Verfahrensweisen und ihren Instrumenten zusammenhängenden Modalitäten der beruflichen Tätigkeit. Kurz gesagt: Die Berufsausübung betrifft das „Wie", die Berufswahl das „Ob". Das A betreffende Verbot, weiterhin als Pilot im gewerbsmäßigen Flugverkehr tätig zu sein, betrifft seine freie Entscheidung über die Berufsbeendigung und damit im Speziellen die Freiheit der Berufswahl.

Beispiel: Tätigkeit als Kassenarzt,[406] als Nachtkrankenschwester, Eröffnen einer zweiten Apotheke[407] usw.

▶ **Klausurhinweis:** Die Abgrenzung kann jedoch im Einzelfall Schwierigkeiten aufwerfen, welche die Frage der Weite des Berufsbildes betreffen.[408] Die Zuordnung des Eingriffs zum Bereich der Berufswahl oder der Berufsausübung erfolgt danach, ob die Tätigkeiten selbst einen Beruf darstellen oder nur Teilbereiche eines umfassenderen Berufes betreffen.[409]

---

405 BVerfGE 7, 377 (401 f.) – Apothekenurteil; BVerfGE 33, 303 (329 f.) – numerus clausus; BVerfGE 92, 140 (151) – Sonderkündigung.

406 BVerfGE 11, 30 (41) – Kassenarzt; BVerfGE 12, 144 (147) – Kassenzahnarzt; BVerfGE 33, 125 (161) – Facharzt.

407 BVerfGE 17, 232 (241) – Apotheken-Mehrbetrieb.

408 Hierzu *Ipsen*, JuS 1990, 634 (634 f.); *Papier*, DVBl. 1984, 801 (803); *Tettinger*, AöR 108 (1983), 92 (100).

409 BVerfGE 77, 84 (105 ff.) – Arbeitnehmerüberlassung.

Vom **persönlichen Schutzbereich** des Art. 12 Abs. 1 GG werden alle Deutschen erfasst. Mangels entgegenstehender Angaben im SV ist davon auszugehen, dass A Deutscher ist.

Nach dem herrschenden weiten Verständnis ist **Eingriff** jedes (zurechenbare) staatliche Handeln, das dem Einzelnen ein Verhalten, das in den Schutzbereich eines Grundrechts fällt, unmöglich macht oder erschwert. Im Falle des Art. 12 Abs. 1 GG wird jedoch ein **verengter** Eingriffsbegriff zugrunde gelegt, der (a) einen **Berufsbezug** oder (b) zumindest eine objektiv **berufsregelnde Tendenz** verlangt. Dies ist der Fall, wenn die Regelung (a) sich unmittelbar auf einen, mehrere oder alle Berufe bezieht oder (b) die Rahmenbedingungen der Berufsausübung verändert und in Folge ihre Gestaltung in einem engen Zusammenhang mit der Ausübung des Berufs steht.[410] Das Verbot, weiterhin als Verkehrspilot tätig zu sein, stellt einen solchen – unmittelbar berufsbezogenen – Eingriff dar.

▶ **Klausurhinweis:** Fehlt es an einem Berufsbezug in diesem Sinne, kann ein Eingriff in die allgemeine Handlungsfreiheit des Art. 2 Abs. 1 „in ihrer Ausgestaltung als wirtschaftliche Betätigungsfreiheit" vorliegen.[411] Daher ist die Subsidiarität des Art. 2 Abs. 1 GG zu thematisieren.

Um **verfassungsrechtlich gerechtfertigt** zu sein, müsste der Grundrechtseingriff durch Grundrechtschranken gedeckt sein und sich innerhalb der Grenzen der Schranken-Schranken bewegen. Da Art. 12 Abs. 1 GG ein einheitliches Grundrecht gewährleistet, gilt auch der in Art. 12 Abs. 1 S. 2 GG genannte Gesetzesvorbehalt unterschiedlos für Berufswahlfreiheit und Berufsausübungsfreiheit (hier darf man sich nicht vom Wortlaut verwirren lassen!). Als Konkretisierung der **Schranke** kommt vorliegend § 20 Abs. 2 LuftVZO in Betracht. Diese Vorschrift müsste auf einer verfassungsmäßigen Ermächtigungsgrundlage beruhen und selbst formell und materiell rechtmäßig zustande gekommen sein. **Ermächtigungsgrundlage** der Rechtsverordnung ist § 32 Abs. 1 Nr. 4 LuftVG. An der **formellen Verfassungsmäßigkeit** der Vorschrift bestehen keine Zweifel; die (ausschließliche) Bundesgesetzgebungskompetenz resultiert aus Art. 73 Abs. 1 Nr. 6 GG. Zugleich entspricht die Vorschrift den einschränkenden Voraussetzungen des **Art. 80 Abs. 1 GG**, insbesondere richtet sie die Ermächtigung an einen Bundesminister (S. 1) und bestimmt Inhalt, Zweck und Ausmaß der Ermächtigung (S. 2). Sie ist zudem mit anderem **höherrangigem Recht vereinbar**. Die Ermächtigungsgrundlage ist demnach formell und materiell verfassungsgemäß ergangen. Durch die Ermächtigung zur Regelung der Befähigung und Eignung und des Verfahrens zur Erlangung von Erlaubnissen wie auch deren Entziehung oder Beschränkung hat der Gesetzgeber Eingriffe in Art. 12 Abs. 1 GG durch Gesetz zugelassen und damit dem Parlamentsvorbehalt Genüge getan.

Auch die **Rechtsverordnung** ist **formell rechtmäßig** zustande gekommen. Insbesondere ist sie mit Zustimmung des Bundesrates ergangen. Zugleich müsste die Rechtsverordnung **materiell rechtmäßig** sein. Sie ist zunächst mit ihrer **Ermächtigungsgrund-**

410 Hierzu BVerfGE 111, 191 (213) – Notarkassensatzung.

411 BVerfGE 37, 1 (18) – Weinwirtschaftsabgabe; BVerfGE 55, 7 (25 ff.) – Allgemeinverbindlichkeitserklärung II.

lage vereinbar, hält sich insbesondere im Rahmen der Ermächtigung. Nach § 32 Abs. 1 S. 1 Nr. 4 LuftVG ist der Verordnungsgeber ermächtigt, Anforderungen an die Befähigung und Eignung von Personen festzulegen, die einer Erlaubnis nach dem Luftverkehrsgesetz bedürfen. Neben Anforderungen an die gesundheitliche Tauglichkeit stellt wegen des mit fortschreitendem Lebensalter regelmäßig zu erwartenden Nachlassens der körperlichen und geistigen Kräfte auch eine Höchstaltergrenze eine Anforderung der Eignung und Befähigung dar. Die Altersgrenze für Verkehrspiloten steht in engem Zusammenhang mit den technischen und medizinischen Details der Voraussetzung von Erlaubnissen und Berechtigungen, deren Regelung und Anpassung an neue Erkenntnisse dem Verordnungsgeber gerade auch wegen seiner Möglichkeit zu einer zügigen Reaktion obliegt.

Darüber hinaus dürfte sie auch nicht gegen **sonstiges Verfassungs- oder Gesetzesrecht** verstoßen. In Betracht käme vorliegend ein Verstoß gegen das Prinzip der **Rechtssicherheit** als Bestandteil des Rechtsstaatsprinzips (Art. 20 Abs. 2 S. 2, Abs. 3 GG [möglicherweise i.V.m. Art. 28 Abs. 1 S. 1 GG). Die Existenz des Rechtsstaatsprinzips ist (ungeachtet der Unstimmigkeiten hinsichtlich seiner normativen Verankerung) unumstritten. Als Bestandteil des Rechtsstaatsprinzip ist der Grundsatz der Rechtssicherheit anerkannt, welcher die Verlässlichkeit des Rechts betrifft. Diese könnte hier insoweit zweifelhaft sein, als die Verordnungsvorschrift auf den Inhalt anderer Vorschriften verweist. Es handelt sich hierbei allerdings um eine Verweisung auf einen bestimmten, nicht veränderbaren Inhalt. Solche sog. **statischen Verweisungen** auf schon verkündete Normen bieten eine ausreichende Verlässlichkeit, soweit die Verweisungsnorm hinreichend klar erkennen lässt, welche ihrerseits hinreichend bestimmten Vorschriften im Einzelnen gelten sollen. Dieser Voraussetzung ist vorliegend genügt (anders würde es sich verhalten, wenn vorliegend eine sog. **dynamische Verweisung** auf Normen in ihrem jeweiligen Bestand vorliegen würde). Ein Verstoß gegen das Rechtsstaatsprinzip ist daher zu verneinen.[412]

Darüber hinaus käme ein Verstoß gegen das **Demokratieprinzip** in Betracht. Dieser könnte darin liegen, dass die Rechtsverordnung auf Normen Bezug nimmt, welche von einer **internationalen Organisation** ausgearbeitet wurden. Allerdings ist vorliegend eine ausdrückliche Einbeziehung bestimmter Regeln durch den Verordnungsgeber erfolgt, um im Rahmen der Ermächtigung deutsches Recht zu setzen. Wie der deutsche Verordnungsgeber seine Regelungen vorbereitet, durch eigene Ausarbeitung oder durch Bezugnahme auf eine bestehende Ausarbeitung, ist nicht entscheidungserheblich, so lange feststeht, dass der Inhalt dem Willen des Verordnungsgebers entspricht und sich im Rahmen der formell gesetzlichen Grundlage hält.[413] Da der Inhalt der Verordnung unmittelbar auf den Willen des deutschen Verordnungsgebers rückführbar ist, ist auch ein Verstoß gegen das Demokratieprinzip zu verneinen. Der Legislativakt ist unmittelbar demokratisch legitimiert.

Die **gerichtliche Entscheidung** bewegt sich im Rahmen der Schranke.

412 So auch BVerfG (K), GewArch 2007, 149 f.
413 BVerfG (K), GewArch 2007, 149 f.

Zu prüfen ist weiterhin die Einhaltung der **Schranken-Schranken**. Zunächst müsste das **Zitiergebot (Art. 19 Abs. 1 S. 2 GG)** eingehalten sein. Da der Begriff der „Regelung" in Art. 12 Abs. 1 S. 2 GG nicht die Einschränkung des Art. 12 Abs. 1 GG, sondern dessen grundrechtsgeleitete Ausgestaltung, Konturierung und Konkretisierung meinen soll, wendet das BVerfG Art. 19 Abs. 1 S. 2 GG bei Eingriffen in die Berufsfreiheit nicht an.[414] Der Eingriff müsste weiterhin **verhältnismäßig** sein; er müsste also einen legitimen Zweck verfolgen, geeignet, erforderlich und angemessen sein. Im Rahmen der Prüfung des Art. 12 Abs. 1 GG wird die allgemeine Forderung nach einem **legitimen Zweck** in Abhängigkeit von der jeweiligen Eingriffstiefe durch die sog. **„Drei-Stufen-Theorie"** konkretisiert bzw. verschärft. Hiernach werden *bloße Berufsausübungsregeln* bereits durch vernünftige Erwägungen des Gemeinwohls, *subjektive Zulassungsvoraussetzungen* als gebotene Vorkehrung zum Schutze besonders wichtiger Gemeinschaftsgüter, welche der Freiheit des einzelnen vorgehen, sowie *objektive Zulassungsvoraussetzungen* nur als Mittel zur Abwehr nachweisbarer oder höchstwahrscheinlich schwerwiegender Gefahren für ein überragend wichtiges Gemeinschaftsgut legitimiert.

Wie bereits im Rahmen der Schutzbereichsprüfung erörtert, liegt vorliegend ein Eingriff in die **Berufswahlfreiheit** vor; es wird also eine **Zulassungsvoraussetzung** aufgestellt. Diese ist **subjektiv**, wenn sie an der Vorliegen persönlicher Eigenschaften, Fähigkeiten oder Leistungsnachweise knüpft und **objektiv**, wenn sie nicht an persönlicher Qualifikation, sondern an allgemeinen Kriterien orientiert ist.

Das Differenzierungskriterium „Lebensalter" lässt sich als persönliche Eigenschaft und damit als **subjektive Einschränkung** qualifizieren;[415] allerdings ist zu berücksichtigen, dass diese Eigenschaft, anders als etwa Qualifikationserfordernisse, von dem Betroffenen unbeeinflussbar ist und daher in ihrer Eingriffstiefe in die Nähe der objektiven Zulassungsvoraussetzung rückt. Desungeachtet geht die vorliegende Regelung auf medizinische Erfahrungswerte zurück, nach denen Flugzeugführer überdurchschnittlichen psychischen und physischen Belastungen ausgesetzt sind, in deren Folge das Risiko altersbedingter Ausfallerscheinungen und unerwarteter Fehlreaktionen zunimmt. Die Altersgrenze sichert daher nicht nur die ordnungsgemäße Erfüllung der Berufstätigkeit, sondern dient darüber hinaus dem Schutz von Leben und Gesundheit der Besatzungsmitglieder und der Passagiere. Besonders wichtige, in der Tendenz sogar überragend wichtige Gemeinschaftsgüter sollen daher geschützt werden. Ein ausreichender **legitimer Zweck** ist daher gegeben. Die Altersbeschränkung ist auch **geeignet**, den genannten Gefahren entgegenzuwirken. Weiterhin dürfte **kein milderes Mittel** ersichtlich sein. Als milderes Mittel käme etwa die Einzelfallprüfung bzw. wenigstens die ausnahmsweise Zulassung überdurchschnittlich leistungsfähiger Piloten über 65 Jahre in Betracht. Jedoch darf der durchschnittlichen altersbedingten Abnahme der Leistungsfähigkeit jedenfalls in den Bereichen generalisierend Rechnung getragen werden, in denen erhebliche Sicherheitsrisiken mit katastrophalen Folgen auftreten können und in denen andere Maßnahmen, wie Tauglichkeitsprüfungen in zeitlichen Abstän-

414 BVerfGE 13, 97 (122) – Befähigungsnachweis; BVerfGE 64, 72 (79 ff.) – Prüfingenieure.
415 BVerfG (K), NVwZ 1997, 1207 (1208).

den, nicht in gleicher Weise wirksam sind. Es ist daher festzustellen, dass mögliche mildere Mittel nicht in gleicher Weise geeignet wären. Die absolute Altersgrenze ist daher auch erforderlich. Dies bestätigt zugleich die vorgehende Regelung in JAR-FCL 1.060 sowie 3.060, wonach bereits der Inhaber einer Lizenz nach Vollendung des 60. Lebensjahres nicht mehr als Pilot von Flugzeugen bei der gewerbsmäßigen Beförderung eingesetzt werden darf, es sei denn, dass er Mitglied einer Flugbesatzung ist, die aus mehreren Piloten besteht und die anderen Piloten das 60. Lebensjahr noch nicht vollendet haben. Der Einsatz von Piloten ist daher bereits nach Vollendung des 60. Lebensjahres aus Sicherheitsgründen nicht mehr als unbedenklich und problemlos anzusehen. In der Abwägung zwischen Eingriffstiefe und verfolgtem Zweck erscheinen die geschützten Gemeinschaftsgüter als vorrangig. Auch wenn dies im Einzelfall zu einem besonders schwerwiegenden Eingriff führt, sind doch die verfolgten Zwecke derart bedeutend, dass eine **Angemessenheit** zu bejahen ist.

Eine Verletzung des A in seinem Recht aus Art. 12 Abs. 1 GG ist abzulehnen.

Fall 16 [Kopftuchverbot – nach BVerfGE 108, 282 ff.]

Durch das Kopftuchverbot könnte B in ihrer **Glaubensfreiheit** verletzt sein. Hierzu müsste der **sachliche Schutzbereich** des Art. 4 Abs. 1, 2 GG verletzt sein. **Fraglich** ist insoweit, ob das Tragen eines Kopftuchs als religiöse Handlung zu verstehen ist. Nach Auffassung des **VG Lüneburg** wird ein Verhalten, das sich als Bekenntnisakt darstellt, unabhängig davon von der Bekenntnisfreiheit umfasst, ob es generell Erfüllung einer religiösen Pflicht für die Angehörigen des Bekenntnisses ist oder lediglich eine religiöse Tradition oder einen religiösen Brauch darstellt, der sich eingebürgert hat. Art. 4 Abs. 1, 2 GG schützt demnach nicht nur den Kern- oder Gebotsbereich eines Bekenntnisses, sondern alle traditionellen, regionalen und nicht zuletzt individuellen Anforderungen. Andernfalls würde der Staat eine Bewertung von Glaubenshaltungen oder die Prüfung theologischer Lehren aufgebürdet, die er als religiös-weltanschaulich neutraler Staat nicht leisten kann und darf. Im Hinblick auf das Kopftuchtragen ist es daher entscheidend, ob die betroffene Frau das Kopftuch für sich aus religiösen Gründen als verbindlich ansieht. Anders sieht der **BayVGH**[416] – allerdings im Hinblick auf die Pflicht einer iranischen Asylbewerberin, zur Abschiebung ein Passfoto mit Kopftuch vorzulegen – das Kopftuch als profanes Kleidungsstück an. Hiernach beinhalten die den Kopftuchzwang umfassenden iranischen Bekleidungsvorschriften ein ordnungsrechtliches Regelwerk, das jede iranische Staatsangehörige unabhängig von ihrer Religionszugehörigkeit verpflichtet. Mit dem VG Lüneburg ist der sachliche Schutzbereich als eröffnet anzusehen. Der **persönliche Schutzbereich** umfasst **jedermann**. Abweichend von der früher geltenden Lehre vom sog. *besonderen Gewaltverhältnis* ist heute anerkannt, dass sich auch Beamte auf Grundrechte berufen können.

Die Anordnung des Schulleiters stellt einen **Eingriff** dar, da B die Ausübung eines religiösen Brauchs untersagt wird.

416 BayVGH, NVwZ 2000, 952.

Fraglich ist, ob dieser Eingriffs **verfassungsrechtlich gerechtfertigt** werden kann. Da Art. 4 Abs. 1, 2 GG nach dem Wortlaut der Regelung **vorbehaltlos gewährleistet** ist, stellt sich zunächst die Frage nach der **Einschränkbarkeit** des Grundrechts. Zunächst käme eine **Schrankenübertragung aus der Weimarer Reichsverfassung** in Betracht. **Art. 137 Abs. 3 S. 1 WRV**, wonach jede Religionsgesellschaft ihre Angelegenheiten selbständig innerhalb der Schranken des für alle geltenden Gesetzes ordnet und verwaltet, kommt nicht in Betracht, da die Vorschrift nur einen Schrankenvorbehalt enthält, sofern es um die Regelung eigener Angelegenheiten einer religiösen oder weltanschaulichen Vereinigung geht.[417] Gleiches gilt für **Art. 136 Abs. 3 S. 2 WRV**, wonach die Behörden (nur) soweit das Recht haben, nach der Zugehörigkeit zu einer Religionsgesellschaft zu fragen, als davon Rechte und Pflichten abhängen oder eine gesetzlich angeordnete statistische Erhebung dies erfordert. Diese Vorschrift gestattet nur soweit Eingriffe in die negative Glaubens- und Bekenntnisfreiheit, als sie Behörden unter bestimmten Voraussetzungen gestattet, nach der Zugehörigkeit einer Religionsgemeinschaft zu fragen. Als mögliche Schranke kommt allein **Art. 136 Abs. 1 WRV** in Betracht. **Hiernach werden die bürgerlichen und staatsbürgerlichen Rechte und Pflichten durch die Ausübung der Religionsfreiheit weder bedingt noch beschränkt.** Ob Art. 136 Abs. 1 WRV eine Schranke für Art. 4 Abs. 1, 2 GG statuiert, ist **umstritten**. Nach Auffassung des **BVerwG und des herrschenden Teils der Literatur** kann Art. 4 Abs. 1, 2 GG auf der Grundlage *allgemeiner Gesetze* (also solcher, die gem. Art. 136 Abs. 1 WRV bürgerliche und staatsbürgerliche Rechte und Pflichten festschreiben und sich nicht gezielt gegen die Religionsfreiheit richten) begrenzt werden.[418] Es würde sich damit um eine Schranke ähnlich der des Art. 5 Abs. 2 GG handeln. Diese Auffassung kann darauf verweisen, dass die Bestimmungen der Weimarer Reichsverfassung nach der Rechtsprechung des BVerfG (BVerfGE 19, 206, 219) vollgültiges Verfassungsrecht sind. Nur die Fortgeltung des Art. 136 Abs. 1 WRV erkläre, dass Art. 4 Abs. 1, 2 GG keine Schrankenregelung enthalte. Nach entgegenstehender Auffassung des **BVerfG und weiterer Literaturstimmen** wird Art. 136 Abs. 1 WRV von Art. 4 Abs. 1, 2 GG „überlagert" und somit in seiner Anwendung gesperrt.[419] Eine Schrankenübertragung gem. Art. 140 GG i.V.m. Art. 136 Abs. 1 WRV scheidet daher aus; Art. 4 Abs. 1, 2 GG ist nur über kollidierendes Verfassungsrecht einschränkbar. Hierfür spricht die – im Gegensatz zur Weimarer Reichsverfassung – erheblich verstärkte Bedeutung der Glaubens- und Gewissensfreiheit ebenso wie die **Entstehungsgeschichte**: Zwar wurden die Art. 136 ff. WRV in das Grundgesetz aufgenommen, nicht aber Art. 135 WRV, der die Religionsfreiheit gewährleistet und in Satz 3 unter den Vorbehalt des allgemeinen Gesetzes stellt. Art. 136 Abs. 1 WRV hingegen erfüllte unter der Geltung der Weimarer Reichs-

417 *Sachs*, JuS 2004, 12 (14).

418 BVerwGE 112, 227 (231); vgl. andererseits BVerwGE 112, 314 (318); aus der Literatur *Ipsen*, StaatsR II, 12. Aufl. 2009, Rn. 385; *Jarass*, in: Jarass/Pieroth (Hrsg.), GG, 10. Aufl. 2009, Art. 4 GG Rn. 28; *Kokott*, in: Sachs (Hrsg.), GG, 5. Aufl. 2009, Art. 4 Rn. 120 f.; *Starck*, in: Mangoldt/Klein/Starck (Hrsg.), GG I, 5. Aufl. 2005, Art. 4 Abs. 1, 2 GG Rn. 87 f.; *Schoch*, FS Hollerbach, 2001, 163 f.

419 BVerfGE 33, 23 (31) – Eidesverweigerung; BVerfGE 102, 370 (387) – Zeugen Jehovas; BVerfG (K), NJW 2002, 206 (207); *Korioth*, in: Maunz/Dürig (Hrsg.), GG VI, 55. Lfg 2009, Art. 140 GG/Art. 136 WRV (2003) Rn. 54; *Morlok*, in: Dreier (Hrsg.), GG I, 2. Aufl. 2004, GG, Art. 4 GG Rn. 112; *Mückl*, in: Dolzer/Waldhoff/Graßhof (Hrsg.), GG II, 140. Lfg. 2009, Art. 4 GG (2008), Rn. 160 ff.

verfassung, insbesondere vor dem Hintergrund der in Art. 135 S. 3 normierten Grundrechtsschranke, nicht (oder jedenfalls nicht unabhängig von Art. 135 S. 3 WRV) die Funktion eines Gesetzesvorbehalts. Unter Zugrundelegung des Art. 136 Abs. 1 WRV würde zudem die Gewissensfreiheit **systemwidrig** stärker als die Glaubensfreiheit geschützt, da nur letztere einem Gesetzesvorbehalt unterworfen wird. Schließlich kann man auch über die Anwendung kollidierenden Verfassungsrechts die widerstreitenden Interessen zu einem vernünftigen Ausgleich bringen.

Die Einschränkbarkeit des Art. 4 Abs. 1 GG könnte folglich aus **kollidierendem Verfassungsrecht** resultieren. In Betracht käme zunächst der **Bildungs- und Erziehungsauftrag der staatlichen Schule i.V.m. dem Prinzip religiös-weltanschaulicher Neutralität** (Art. 7 Abs. 1 GG). Nach Auffassung des VG Lüneburg erscheint die Schule als Lebensbereich, in dem sich staatlich-pädagogisches Handeln, verschiedenartigste Standpunkte, Anschauungen, Überzeugungen und Werthaltungen sowie bürgerliche Freiheiten – auch solche der Lehrer – unmittelbar begegnen (= Schule als Begegnung von Staat und Gesellschaft). Daher kann das Neutralitätsgebot nicht dazu dienen, den Lehrer zu einer – letztlich standpunktlosen – „absoluten Neutralität" in allen wertungsabhängigen Fragen und Problemstellungen zu verpflichten. Im Ergebnis besteht eine offene religiös-weltanschauliche Neutralität der Schule, welche religiös-weltanschaulichen Fragen und Bekundungen **Raum und Freiheit zur Entfaltung** gibt, ohne sich damit zu identifizieren, zu missionieren oder zu indoktrinieren. Daneben kommt als kollidierendes Verfassungsrecht die **negative Religionsfreiheit der Schüler bzw. deren Eltern (Art. 4 Abs. 1, 2 GG i.V.m. Art. 6 Abs. 2 S. 1 GG)** in Betracht. **Fraglich** ist, ob der Anblick eines aus religiösen Gründen getragenen Kleidungsstücks einen Eingriff in die negative Religionsfreiheit darstellen kann. Nach Auffassung des **VG Stuttgart** besteht die Symbolkraft des Kleidungsstücks auch im Hinblick auf die mit dem Anblick einer kopftuchtragenden Lehrerin konfrontierten Schülern. Hiernach handelt es sich beim Kopftuchtragen um ein **„demonstratives religiöses Bekenntnis"** und ist der Kopf seit jeher prominentester Körperteil zur Markierung von Gruppenzugehörigkeiten. Das Grundrecht der B auf Glaubensfreiheit kann daher unter Rückgriff auf kollidierendes Verfassungsrecht, nämlich die negative Glaubensfreiheit der Schüler und ihrer Eltern, eingeschränkt werden – allerdings nur, soweit man der negativen Glaubensfreiheit auch den Anspruch zuspricht, die Begegnung mit der Religionsausübung anderer vermeiden zu können (vgl. hierzu die Rechtsprechung zum sakralen Glockenläuten).

Als Konkretsierung der **Schranke** kommt vorliegend **§ 41 Abs. 1 S. 2, Abs. 2 S. 1 SchulG BW** in Betracht: „(I 2) (Der Schulleiter) leitet und verwaltet die Schule und ist ... verantwortlich für die Besorgung aller Angelegenheiten der Schule und für eine geordnete und sachgemäße Schularbeit.... (II 1) Der Schulleiter ist zur Erfüllung seiner Aufgaben weisungsberechtigt gegenüber den Lehrern seiner Schule." [Auch in vorbehaltlos gewährleistete Grundrechte darf nur *durch oder aufgrund eines Gesetzes* eingegriffen werden.]

Weiterhin müsste die konkrete **Maßnahme mit der gesetzlichen Vorschrift vereinbar** sein. Entsprechend § 41 Abs. 1 S. 2 SchulG BW müsste die Weisung des Schulleiters der **geordneten und sachgemäßen Schularbeit** dienen. **Fraglich** ist die Bedeutung dieser Formulierung. Als unbestimmter Rechtsbegriff ist sie **grundrechtskonform auszu-**

legen. Dementsprechend muss der Begriff der *geordneten und sachgemäßen Schularbeit* den Grundrechtsschutz der Schüler bzw. Eltern einerseits sowie den Grundrechtsschutz der betroffenen Lehrerin andererseits berücksichtigen. Bereits bei der Auslegung dieser Begriffe ist daher Abwägung zwischen beiden Belangen vorzunehmen.

▶ **Klausurhinweis:** An dieser Stelle werden bereits im Wesentlichen die Ausführungen zur „Verhältnismäßigkeit" des Eingriffs vorweggenommen. Teilweise wird daher die Prüfung der *richtigen Anwendung der Schranke* und die Prüfung der Einhaltung der *Schranken-Schranken* (in erster Linie: der Verhältnismäßigkeit des Eingriffs) nicht in der vorliegenden Form getrennt, sondern vielmehr zusammen geprüft; vgl. etwa Hausarbeit 2 (von *Hahghu*), in: Pieroth (Hrsg.), Hausarbeit im Staatsrecht, Rn. 32 ff.

Das Grundgesetz kennt **keinen Vorrang** bestimmter Religionen. Im Gegensatz zum Aufhängen eines Kruzifixes im Klassenzimmer als unmittelbar staatlichem Handeln stellt das Kopftuch (als Zeichen religiöser Identität) einen **persönlichen Bekenntnisakt** der Lehrerin dar; ihre Repräsentation des Staates ist auch nur eine eingeschränkte, die etwa nicht in gleicher Weise wie die Repräsentation durch den Richter in der Gerichtsverhandlung oder den Verwaltungsbeamten erfolgt. Das Kopftuchverbot würde einem **faktischen Berufsverbot** der Muslima im staatlichen Bereich gleichkommen. Unter Abwägung der betroffenen Interessen dient das Kopftuchverbot nicht der Herstellung *geordneter und sachgemäßer Schularbeit*, sodass die Anordnung mit der Ermächtigung des § 41 Abs. 1 S. 2, Abs. 2 S. 1 SchulG BW nicht vereinbar ist.

B wird durch die Anordnung in ihrem Grundrecht aus Art. 4 Abs. 1, 2 GG verletzt.

Rechtsprechung: BVerfGE 93, 1 – Kruzifix; BVerfGE 108, 282 – Islamisches Kopftuch; in diesem Zusammenhang VG Stuttgart, Urt. vom 24.3.2000, NVwZ 2000, 959 einerseits; VG Lüneburg NJW 2001, 767 andererseits (zustimmend *Böckenförde*, NJW 2001, 723); BayVGH, NVwZ 2000, 952; hierzu *Janz/Rademacher*, JuS 2001, 440 ff.

Weiterführende Literatur: *Baer/Wrase*, Staatliche Neutralität und Toleranz: Das Kopftuch-Urteil des BVerfG – BVerfG, NJW 2003, 3111 ff.; *Böckenförde*, „Kopftuchstreit" auf dem richtigen Weg?, NJW 2001, 723 ff.; *Debus*, Machen Kleider wirklich Leute? – Warum der „Kopftuch-Streit" so „spannend" ist, NVwZ 2001, 1355 ff.; *Halfmann*, Der Streit um die „Lehrerin mit Kopftuch" – Die Religionsfreiheit von Beamten im Konflikt mit dem religiös-weltanschaulichen Neutralitätsgebot des Staates, NVwZ 2000, 862 ff.; *Holzke*, Die „Neutralität" des Staates in Fragen der Religion und Weltanschauung, NVwZ 2002, 903 ff.; *Ipsen*, Glaubensfreiheit als Beeinflussungsfreiheit? – Anmerkungen zum „Kruzifix-Beschluß" des Bundesverfassungsgerichts, FS Kriele, 1997, S. 301 ff.; *Janz/Rademacher*, Das Kopftuch als religiöses Symbol oder profaner Bekleidungsgegenstand? – BayVGH, NVwZ 2000, 952 und VG Stuttgart, NVwZ 2000, 959, JuS 2001, 440 ff.; *dies.*, Islam und Religionsfreiheit – Die religiöse und weltanschauliche Neutralität des Staates auf dem Prüfstand, NVwZ 1999, 706 ff.; *Link*, Stat Crux? – Die „Kruzifix"-Entscheidung des Bundesverfassungsgerichts, NJW 1995, 3353 ff.; *Neureither*, Kopftuch – BVerwG, NJW 2002, 3344 ff.; *Pofalla*, Kopftuch ja – Kruzifix nein? – Zu den Widersprüchen der Rechtsprechung des BVerfG, NJW 2004, 1218 ff.; *Sacksofsky*, Die Kopftuch-Entscheidung – von der religiösen zur föderalen Vielfalt, NJW 2003, 3297 ff.

Fall 17 [Allerheiligen]

B könnte durch das letztinstanzliche Urteil in seinen Grundrechten aus Art. 8 Abs. 1 GG, Art. 12 Abs. 1 GG, Art. 2 Abs. 1 GG verletzt sein.

Zu beachten ist die Rechtsprechung des BVerfG zu **Urteilsverfassungsbeschwerden**. Prüfungsgegenstand ist hier die letztinstanzliche fachgerichtliche Entscheidung. Prüfungsmaßstab ist daher die Frage, ob im Rahmen dieser Entscheidung Grundrechte verletzt sind. Über den in Art. 20 Abs. 3 GG verbürgten Vorrang des Gesetzes wird allerdings jeder Gesetzesverstoß zu einem Verfassungsverstoß. Das BVerfG ist jedoch **keine Superrevisionsinstanz**. Es überprüft also nicht das streitgegenständliche Urteil auf Richtigkeit, sondern beschränkt seine Prüfung auf die Frage, ob **spezifisches Verfassungsrecht** verletzt wurde.[420] Der Obersatz ist daher – wie folgt – zu formulieren:

Eine Grundrechtsverletzung in Art. 8 Abs. 1 GG liegt vor, wenn in den Schutzbereich des Grundrechts in verfassungsrechtlich nicht gerechtfertigter Weise eingegriffen und **dabei spezifisches Verfassungsrecht verletzt worden** ist. Fraglich ist bereits die Eröffnung des **sachlichen Schutzbereichs** von Art. 8 Abs. 1 GG. Geschützt wird die friedliche Versammlung. Nach dem sog. engen Versammlungsbegriff – dem Art. 1 Abs. 1 LVersG entspricht – ist *Versammlung* i.S.d. Art. 8 GG eine örtliche Zusammenkunft mehrerer Personen zur gemeinschaftlichen, auf die Teilhabe an der öffentlichen Meinungsbildung gerichteten Erörterung oder Kundgebung. Ein weiterer Versammlungsbegriff nimmt auch die private Meinungsbildung hinzu. Eine Entscheidung zwischen den beiden Alternativen ist vorliegend nicht erforderlich, da die Veranstaltung des B nicht auf eine gemeinschaftliche Meinungsäußerung bezogen ist. In Anwendung der *Loveparade*-Rechtsprechung des BVerfG[421] ist die Halloween-Party des B daher aus dem Versammlungsbegriff des Art. 8 Abs. 1 GG auszuscheiden. *Bei Zugrundelegung des weitesten Versammlungsbegriffs ist die Abgrenzung zur bloßen „Ansammlung" vorzunehmen. Hier ist fraglich, ob ein gemeinsamer Zweck verfolgt wird.* B ist nicht in seinem Grundrecht aus Art. 8 Abs. 1 verletzt.

Eine Grundrechtsverletzung in **Art. 12 Abs. 1 GG** liegt vor, wenn in den Schutzbereich des Grundrechts in verfassungsrechtlich nicht gerechtfertigter Weise eingegriffen und *dabei spezifisches Verfassungsrecht* verletzt worden ist. Der **sachliche Schutzbereich** umfasst den Beruf als jede auf eine gewisse Dauer angelegte, der Schaffung und Erhaltung einer Lebensgrundlage dienende Tätigkeit. Die Tätigkeit des B lässt sich unproblematisch unter diese Definition subsumieren. Das B betreffende Verbot, die Halloween-Veranstaltung in der „Kultfabrik" nach eigenem Ermessen auszugestalten, bezieht sich auf den Inhalt und Umfang seiner Berufsausübung. Er ist daher in seiner Berufs*ausübungs*freiheit betroffen. Vom **persönlichen Schutzbereich** des Art. 12 Abs. 1 GG werden alle Deutschen erfasst. Mangels entgegenstehender Angaben im Sachverhalt ist davon auszugehen, dass B Deutscher ist.

420 BVerfGE 18, 85 ff. – Spezifisches Verfassungsrecht.

421 BVerfG (K), NJW 2001, 2459 – Loveparade. Noch enger fordert das BVerfG in seiner Entscheidung sogar eine *öffentliche* Meinungskundgabe; eine *private* Meinungskundgabe als ausreichend erachtend hingegen *Kunig*, in: Münch/Kunig (Hrsg.), GG I, 5. Aufl. 2000, Art. 8 GG Rn. 17.

Die höchstrichterliche Bestätigung der Verhängung des Ordnungsgeldes stellt einen **Eingriff** in die Berufsausübungsfreiheit des B dar, welcher auch einen unmittelbaren Berufsbezug aufweist.

Das Grundrecht des Art. 12 Abs. 1 GG ist entsprechend Art. 12 Abs. 1 S. 2 GG **einschränkbar** (= Regelungsvorbehalt). Der Eingriff in ein einschränkbares Grundrecht darf nur durch oder aufgrund eines Gesetzes erfolgen. Dieses Gesetz muss **verfassungsgemäß** ergangen sein. Dies ist vorliegend der Fall. Das Land ist zur Gesetzgebung befugt. Das Gesetzgebungsverfahren ist nicht Prüfungsgegenstand.

Das Gesetz selbst darf keinen *unverhältnismäßigen Eingriff* in die Berufsfreiheit darstellen. Ein solch unverhältnismäßiger Eingriff ist vorliegend abzulehnen. Das Zweck der Regelung (Feiertagsschutz) stellt ein wichtiges Schutzgut dar; demgegenüber erscheint der Eingriff in die Berufsfreiheit gering. In der Abwägung der beiden Güter muss daher dem Feiertagsschutz Vorrang eingeräumt werden. Dies gilt auch bei einer *engen* Auslegung des Begriffs der „öffentlichen" Veranstaltung.

Die gesetzliche Regelung muss zugleich die *konkretisierende Einzelmaßnahme* decken. Dies ist vorliegend im Hinblick auf das Merkmal der „öffentlichen Veranstaltung" fraglich. Dafür gilt es zu klären, wie der Begriff **„öffentlich"** auszulegen ist. Hierunter fallen jedenfalls solche Veranstaltungen, die einem unbestimmten Personenkreis zugänglich sind. B hat die Teilnahme an der Veranstaltung zwar an das Erfordernis einer Einladung gebunden, diese Einladungen aber an alle Inhaber sog. Kundenkarten verschickt. *Hier gilt es zu argumentieren; im Erg. können beide Alt. mit guten Arg. vertreten werden.* Nach dem Sinn und Zweck der Regelung ist der Begriff der „öffentlichen" Veranstaltung im Gegensatz zu einer privaten Veranstaltung zu sehen. Die inflationäre Versendung von Einladungen entspricht diesem Zweck nicht. Entsprechend ist der Eingriff durch Art. 6 LVersG gedeckt. Er müsste aber auch *verhältnismäßig* sein. Hinsichtlich der Angemessenheit gilt es zu überlegen, ob ein Bußgeld in Höhe von 8000,– € adäquat ist. Davon ist auszugehen, da die Behörde nicht den oberen Rahmen des Ermessensspielraums ausgenutzt hat.

B ist weder in seinem Grundrecht aus Art. 8 Abs. 1 GG noch in seinem Grundrecht aus Art. 12 Abs. 1 GG verletzt.

Kapitel 3

Gleichheitsrechte

Fälle

Fall 18

Chancengleichheit politischer Wählervereinigungen

– einfach-gesetzliche Ausgestaltung des Gleichbehandlungsgrundsatzes –

Im Vorfeld der Bundestagswahl 2009 wird den politischen Parteien von den öffentlich-rechtlichen Rundfunkanstalten Sendezeit für Wahlwerbungen zur Verfügung gestellt. Dabei wird die Sendezeit je nach Größe der Parteien gestaffelt. Die beiden großen Volksparteien SPD und CDU erhalten täglich vier Minuten Sendezeit, die kleineren, im Bundestag vertretenen Parteien „Bündnis 90/Die Grünen", die FDP sowie „Die Linke" erhalten jeden zweiten Tag eine Sendezeit von vier Minuten. Sonstige Parteien, die bislang noch nicht im Bundestag vertreten sind, wie etwa „Die Partei der gläubigen Christen", die „Autofahrerpartei", die „Grauen Panther" oder die „Atomkraftgegner", werden mit einer Wahlwerbezeit von vier Minuten pro Woche ausgestattet. Der NPD, die ebenfalls nicht im Bundestag vertreten ist, wird die Möglichkeit der Darstellung mit Hilfe eines Wahlwerbespots mit dem Hinweis darauf gänzlich untersagt, dass sie verfassungsfeindliche Ziele verfolge und damit nicht als Partei i.S.d. Art. 21 Abs. 1 GG einzustufen sei. Sowohl die NPD als auch die „Autofahrerpartei" sehen sich in ihrem Recht auf Gleichbehandlung aus § 5 Abs. 1 S. 1 PartG und Art. 3 Abs. 1 GG verletzt. Die „Autofahrerpartei", welche sich bereits bei den vergangenen Bundestagswahlen um Parlamentssitze beworben hat, jedoch bislang nicht mehr als 0,1 % der Wählerstimmen auf sich vereinigen konnte, verlangt eine Wahlwerbezeit von vier Minuten pro Tag, die NPD fordert die Gleichstellung mit den kleinen, nicht im Bundestag vertretenen Parteien.

Wie ist die Rechtslage?

Fall 19

Schwellenwerte Vergaberecht – nach BVerfGE 116, 135

– Anwendbarkeit des Art. 3 Abs. 1 GG; Rechtfertigungsanforderungen; Willkürverbot –

Als Vergaberecht wird die Gesamtheit der Normen bezeichnet, die ein Träger öffentlicher Verwaltung bei der Beschaffung von sachlichen Mitteln und Leistungen, die er zur Erfüllung von Verwaltungsaufgaben benötigt, zu beachten hat. In Deutschland ist Grundlage der staatlichen Beschaffung traditionell das Haushaltsrecht. Entsprechend den Grundsätzen der wirtschaftlichen und sparsamen Verwendung der Haushaltsmittel legt § 30 Haushaltsgrundsätzegesetz (HGrG) die öffentliche Ausschreibung als

Regelform der Auftragsvergabe fest. Dieser Grundsatz wird in den bundes- und landesrechtlichen Haushalts(ver)ordnungen sowie den zu deren Umsetzung erlassenen Verdingungsordnungen sowie im Gesetz gegen Wettbewerbsbeschränkungen (GWB) wie folgt konkretisiert: Hinsichtlich solcher Aufträge, die einen bestimmten Schwellenwert (bei Bauaufträgen 5 Mio. €) überschreiten, bestimmen §§ 97 ff. GWB – in Anlehnung an europarechtliche Vorgaben – eine detaillierte Regelung des Vergabeverfahrens hinsichtlich Verfahrenswahl, Bekanntmachung, Eignungsprüfung und Zuschlag. Entsprechend der europäischen Rechtsmittelrichtlinie (RL 98/665/EWG) ist auf nationaler Ebene zudem ein formelles Nachprüfungsverfahren für die Einhaltung des Verfahrens der Vergabe öffentlicher Aufträge eingerichtet. Um den Rechtsschutz des unterlegenen Mitbewerbers sicherzustellen, ist hier insbesondere festgelegt, dass dieser spätestens 14 Tage vor Vertragsschluss über den Namen des erfolgreichen Bieters und den Grund der vorgesehenen Nichtberücksichtigung seines Angebots informiert wird, um rechtzeitig vor dem Zuschlag jedenfalls vorläufigen Rechtsschutz erlangen zu können. Für Aufträge, deren Volumen den maßgeblichen Schwellenwert nicht erreicht, bleibt das – von europäischen Vorgaben unberührte – Vergaberecht Teil des öffentlichen Haushaltsrechts und insofern Innenrecht der Verwaltung. Gegebenenfalls bestehende Unterlassungsansprüche sind hier faktisch nicht durchsetzbar, da sie jedenfalls mit Zuschlagserteilung untergehen, die erfolglosen Mitbewerber von ihrer Nichtberücksichtigung allerdings erst mit oder nach dem Zuschlag erfahren.

A ist Inhaber eines Unternehmens, dass seinen Umsatz ausschließlich durch öffentliche Aufträge erwirtschaftet. Das Volumen dieser Aufträge liegt stets unterhalb der für Bauaufträge maßgebenden Schwellenwerte. Bei der Vergabe eines dieser Aufträge wird A, der das günstigste Angebot eingereicht hat, mit der Begründung ausgeschlossen, es entspreche nicht in allen Bedingungen den Vorgaben der Ausschreibung. Das hierauf von A angestrengte Rechtsschutzverfahren wird als offensichtlich erfolglos zurückgewiesen, da der Zuschlag bereits erteilt wurde. A ist der Auffassung, dass durch die unterschiedliche Regelung von Vergabeverfahren oberhalb und unterhalb bestimmter Schwellenwerte gegen den Grundsatz der Gleichbehandlung nach Art. 3 Abs. 1 GG verstoßen werde.

Ist der Auffassung des A zuzustimmen?

Eine Verletzung des Art. 3 Abs. 1 GG ist gegeben, wenn eine Ungleichbehandlung vorliegt, die verfassungsrechtlich nicht zu rechtfertigen ist.

Prüfungsschema: Verletzung eines Gleichheitsgrundrechts

A. Anwendungsbereich

I. Persönlich: Grundrechtsträger (nur relevant im Hinblick auf Art. 19 Abs. 3 GG; Deutsche i.S.v. Art. 33 Abs. 1-3 GG)

II. Sachlich: Ggf. Anwendbarkeit besonderer Gleichheitsrechte; Art. 3 Abs. 3 S. 1 GG usw.

B. Beeinträchtigung: (Benachteiligende) Ungleichbehandlung (von wesentlich Gleichem oder Gleichbehandlung von wesentlich Ungleichem).

C. (Keine) Verfassungsrechtliche Rechtfertigung

I. Willkürverbot vs. „Neue Formel"

II. Ggf. Rechtfertigung über kollidierendes Verfassungsrecht (insbes. Art. 3 Abs. 2 S. 2 GG = Begünstigungen von Frauen zum Ausgleich faktischer Benachteiligungen; hierzu BVerfGE 92, 91 ff. – Feuerwehrabgabe).

III. Besondere Differenzierungsverbote – Kausalitätsprüfung

Der dreistufige Prüfungsaufbau (Schutzbereich, Eingriff, Rechtfertigung) wurde für die Freiheitsgrundrechte entwickelt und wird zumeist nicht auf die Gleichheitsgrundrechte angewendet. Hier wird stattdessen ein zweistufiger Prüfungsaufbau bevorzugt.[422] Dies findet seinen Grund darin, dass zumeist die eigenständige Bedeutung des ersten Prüfungspunkts „Schutz- bzw. Anwendungsbereich" verneint wird. Bei der Prüfung des Art. 3 Abs. 1 GG kann dieser in der Tat weggelassen werden. Zudem scheint es sinnvoller, hier von Anwendungs-, nicht von Schutzbereich zu sprechen.

Weiterführende Rechtsprechung: BVerfGE 85, 191 ff. – Nachtarbeitsverbot; BVerfGE 96, 288 ff. – Integrativer Unterricht.

Weiterführende Literatur: *Kirchhof*, Der allgemeine Gleichheitssatz, in: Isensee/Kirchhof (Hrsg.), HStR V, 2. Aufl. 2000, § 124; *Pfütze*, Die Verfassungsmäßigkeit von Landeskinderklauseln. Eine Untersuchung zu Art. 33 Abs. 1 GG unter besonderer Berücksichtigung der verfassungshistorischen Entwicklung und veranschaulicht an Anwendungsbeispielen, 1998; *Sachs*, Besondere Gleichheitsgarantien, in: Isensee/Kirchhof (Hrsg.), HStR V, 2. Aufl. 2000, § 126.

A. Allgemeine und besondere Gleichheitsrechte

I. Der allgemeine Gleichheitssatz: Art. 3 Abs. 1 GG

Nach Art. 3 Abs. 1 GG sind alle Menschen *vor* dem Gesetz gleich. An sich ist damit lediglich die Rechtsanwendungsgleichheit angesprochen. Mittlerweile herrscht allerdings Einigkeit darüber, dass auch der Gesetzgeber – in Form der **Rechtssetzungsgleichheit** – durch Art. 3 Abs. 1 GG gebunden ist.

Gegenüber den spezielleren Gleichheitsrechten (Art. 3 Abs. 2 S. 1, Abs. 3 S. 1 GG, Art. 33 Abs. 1, 2 GG) tritt Art. 3 Abs. 1 GG **subsidiär** zurück.

II. Besondere Differenzierungsverbote: Art. 3 Abs. 2, 3 GG

Art. 3 Abs. 2, 3 GG lassen sich besondere **Differenzierungsverbote** entnehmen. **Strittig** ist, ob sich Art. 3 Abs. 3 GG ein **selbständiges Diskriminierungsverbot** (i.S.d. Art. 3 Abs. 2 GG) entnehmen lässt.[423] „Ein *Differenzierungs*verbot setzt stets ein Vergleichs-

422 In diesem Sinne *Osterloh*, in: Sachs (Hrsg.), GG, 5. Aufl. 2009, Art. 3 GG Rn. 77 ff. Dennoch auf das allgemeine Schema zurückgreifend *Jarass*, in: Jarass/Pieroth (Hrsg.), GG, 10. Aufl. 2009, Vorb. vor Art. 1 GG Rn. 15; *ders.*, AöR 1995, 361 f. (365 ff.).

423 In diesem Sinne *Ipsen*, StaatsR II, 12. Aufl. 2009, Rn. 845.

paar voraus und ist deshalb notwendig mit dem allgemeinen Gleichheitssatz verknüpft. Ein *Diskriminierungs*verbot kann darüber hinaus auch als **Schutz vor Nachteilen** wirken, die ein Grundrechtsträger *wegen* der in Art. 3 Abs. 3 Satz 1 GG genannten Merkmale erfährt, ohne dass hierbei ein vergleichbarer Sachverhalt vorausgesetzt würde."[424] Dies ist abzulehnen.

Der über das Diskriminierungsverbot des Art. 3 Abs. 3 GG hinausreichende Regelungsgehalt von Art. 3 Abs. 2 GG ist daher darin zu sehen, dass er ein Gleichberechtigungs**gebot** aufstellt und dieses auch auf die gesellschaftliche Wirklichkeit erstreckt. Hierdurch wird eine Angleichung der Lebensverhältnisse angestrebt: Überkommene Rollenverteilungen, die zu einer höheren Belastung oder sonstigen Nachteilen für Frauen führen, dürfen durch staatliche Maßnahmen nicht verfestigt werden. Faktische – typischerweise Frauen treffende – Nachteile dürfen durch begünstigende Regelungen ausgeglichen werden.[425]

Fraglich ist auch das **Verhältnis** von Art. 3 Abs. 3 S. 1, 1. Alt. GG zu Art. 3 Abs. 2 S. 1 GG – jedenfalls in Differenzierungsfragen; in Diskriminierungsfragen nur, soweit Art. 3 Abs. 3 S. 1 GG ein Diskriminierungsverbot entnommen wird. Nach der neueren Rechtsprechung des BVerfG ist in Fragen der Abwehr von Ungleichbehandlungen Art. 3 Abs. 3 S. 1, 1. Alt. GG **lex specialis** gegenüber Art. 3 Abs. 2 S. 1 GG.[426] Letzterer Vorschrift verbliebe dann allenfalls eine leistungsrechtliche Komponente, die mittlerweile jedoch durch Art. 3 Abs. 2 S. 2 GG aufgenommen wird.

▶ **Hinweis zur Fallprüfung:** Geht man davon aus, dass die Prüfungsmaßstäbe der Normen identisch sind, kann der Prüfungseinstieg über Art. 3 Abs. 3 S. 1, 1. Alt. GG oder über Art. 3 Abs. 2 S. 1 (ggf. i.V.m. Art. 3 Abs. 3 S. 1, 1. Alt. GG) erfolgen.

B. Grundrechtsträger

Grundrechtsträger kann grundsätzlich **„jedermann"**, also: jede natürliche Person sein. Eine Ausnahme besteht nur bei Art. 33 Abs. 1-3 GG, der nur deutsche **Staatsbürger** schützt.

Fraglich ist, ob hinsichtlich einzelner Diskriminierungsverbote des Art. 3 Abs. 3 GG auch die **Grundrechtsträgerschaft** juristischer Personen zu bejahen ist. „Juristische Personen" i.S.d. Art. 19 Abs. 3 GG können Träger des Grundrechts aus Art. 3 Abs. 3 S. 1 GG sein, wenn der Zusammenschluss und die Betätigung wegen der in Art. 3 Abs. 3 S. 1 GG genannten Merkmale erfolgt (*Bsp.: Kirchen und Religionsgemeinschaften*[427]*;*

---

424 *Ipsen*, StaatsR II, 12. Aufl. 2009, Rn. 846.
425 BVerfGE 85, 191 (207) – Nachtarbeitsverbot.
426 So BVerfGE 92, 91 (109) – Feuerwehrabgabe; diff. *Osterloh*, in: Sachs (Hrsg.), GG, 5. Aufl. 2009, Art. 3 GG Rn. 259: Vorrang des Art. 3 Abs. 3 S. 1, 1. Alt. GG jedenfalls bei direkten rechtlichen Diskriminierungen; a.A. *Ipsen*, StaatsR II, 12. Aufl. 2009, Rn. 835.
427 BVerfGE 19, 1 (11) – Gebührenfreiheit.

politische Vereinigungen[428]). Dies gilt allerdings nach h.M. **nicht**, soweit die Merkmale des Art. 3 Abs. 3 S. 1 GG **höchstpersönlich** sind.[429]

Beispiel

Juristische Personen können sich nicht auf das Differenzierungsverbot „Geschlecht" berufen, auch wenn die juristischen Personen sich nur aus Angehörigen eines Geschlechts zusammensetzen und deren Ziele verfolgen. Folge: Im Falle der Benachteiligung einer juristischen Person aus Gründen des Geschlechts ihrer Mitglieder wird auf Art. 3 Abs. 1 GG zurückgegriffen, in dessen Rahmen das Differenzierungsverbot wegen des Geschlechts als objektiver Verfassungsrechtssatz herangezogen werden kann.[430]

C. Ungleichbehandlung

Nach Auffassung des BVerfG liegt eine Ungleichbehandlung vor, wenn vergleichbare Sachverhalte ungleich behandelt werden. Hiernach muss wesentlich Gleiches gleich, wesentlich Ungleiches ungleich behandelt werden.[431] Entscheidend (!) ist daher die Frage der Vergleichbarkeit.

Anders verhält es sich bei Diskriminierungsverboten (Art. 3 Abs. 2 S. 1 GG; ggf. Art. 3 Abs. 3 S. 1 GG (str.), die auch in Fällen fehlender Vergleichbarkeit eingreifen.

Die Ungleichbehandlung kann durch den **Gesetzgeber** und durch die **Exekutive** erfolgen. In letzterem Fall ist allerdings zu beachten, dass es **keine Gleichheit im Unrecht**, d.h. keinen Anspruch gegen die Verwaltung auf Fehlerwiederholung gibt.[432] Der **Grundsatz der Gesetzmäßigkeit der Verwaltung** (Art. 20 Abs. 3 GG) wirkt hier vorrangig – andernfalls könnte eine rechtswidrige Verwaltungspraxis gesetzesderogierende Kraft erlangen.

D. Keine verfassungsrechtliche Rechtfertigung

I. Alte Formel des BVerfG: Willkürverbot

Nach der ursprünglichen Rechtsprechung des BVerfG ist eine Ungleichbehandlung gerechtfertigt, wenn sie **nicht** als **willkürlich** bezeichnet werden kann.[433] Das Willkürverbot ist verletzt, wenn sich **kein sachlicher Grund** für Ungleichbehandlung findet. Im

---

428 Exemplarisch *Starck*, in: Mangoldt/Klein/Starck (Hrsg.), GG I, 5. Aufl. 2005, Art. 3 Abs. 3 GG Rn. 374; *Gubelt*, in: Münch/Kunig (Hrsg.), GG I, 5. Aufl. 2000, Art. 3 GG Rn. 94a.

429 *Jarass*, in: Jarass/Pieroth (Hrsg.), GG, 10. Aufl. 2009, Art. 3 Rn. 117; *Starck*, in: Mangoldt/Klein/Starck (Hrsg.), GG I, 5. Aufl. 2005, Art. 3 Abs. 3 GG Rn. 308, 374; ohne Einschränkung hingegen *Heun*, in: Dreier (Hrsg.), GG I, 2. Aufl. 2004, Art. 3 GG Rn. 117.

430 *Starck*, in: Mangoldt/Klein/Starck (Hrsg.), GG I, 5. Aufl. 2005, Art. 3 Abs. 3 GG Rn. 308.

431 Exemplarisch BVerfGE 3, 58 (135) – Beamtenurteil.

432 Vgl. nur BVerfGE 50, 142 (166) – Unterhaltspflichtverletzung sowie die ganz h.M. Nach a.A. werden unter bestimmten Umständen Ausnahmen zugelassen; in diesem Sinne *Borowski*, Grundrechte als Prinzipien, 1998, S. 399 ff.; *Götz*, DVBl. 1972, 188 (189); *Osterloh*, in: Sachs (Hrsg.), GG, 5. Aufl. 2009, Art. 3 GG Rn. 51 f.; *Ulrich*, Das Verfassungsphänomen der Gleichheit contra legem, 2000, 81 ff.

433 Vgl. nur BVerfGE 1, 14 (52) – Südweststaat; zustimmend *Hesse*, Grundzüge des VerfR, 20. Aufl. 1995, Rn. 438 f.; *Leibholz*, Die Gleichheit vor dem Gesetz, 2. Aufl. 1959, 72 ff.; Hesse, AöR 109 (1984), 174 (181).

Ergebnis wird die verfassungsgerichtliche Kontrolle auf eine **Evidenzkontrolle** beschränkt. Begründet wird dieses Ergebnis mit dem Verweis des allgemeinen Gleichheitssatzes auch auf weite und überpositive Maßstäbe und Gerechtigkeitsvorstellungen. Die Begrenzung der verfassungsrechtlichen Prüfung auf eine Willkürkontrolle begegne der Gefahr, diese mit diesen schwer greifbaren Gerechtigkeitsvorstellungen zu be- und überfrachten.

II. „Neue Formel" des BVerfG

Nach der sog. **Neuen Formel** des BVerfG[434] ist der Gleichheitsgrundsatz dann verletzt, wenn eine Gruppe von Normadressaten im Vergleich zu anderen Normadressaten anders behandelt wird, obwohl zwischen beiden Gruppen **keine Unterschiede von solcher Art und solchem Gewicht** bestehen, die die ungleiche Behandlung rechtfertigen könnten. Im Ergebnis bedeutet dies eine Ausdehnung der verfassungsgerichtlichen Kontrolle auf die Einhaltung des Verhältnismäßigkeitsgrundsatzes. Die **Verhältnismäßigkeitsprüfung** besteht darin, dass **erstens** das Differenzierungsziel als solches verfassungsrechtlich zulässig sein muss; **zweitens**, dass das Differenzierungskriterium als solches verfassungsrechtlich zulässig sein muss; **drittens**, dass das Differenzierungskriterium im Hinblick auf das Differenzierungsziel geeignet, notwendig und angemessen sein muss. Diese Neue Formel soll nach Auffassung des BVerfG (jedenfalls) in solchen Fällen **Anwendung** finden, in denen entweder das Kriterium der Ungleichbehandlung **personenbezogen** ist oder wenn die Ungleichbehandlung sich auch auf die **Ausübung grundrechtlich geschützter Freiheiten** auswirkt. Nach **anderer Auffassung** wird die Differenzierung danach vorgenommen, ob mit der Ungleichbehandlung **interne oder externe Zwecke** verfolgt werden: Im Falle **interner Zwecke**, die an Gleich- oder Ungleichheiten der Vergleichspersonen anknüpfen, um entsprechende Gleich- oder Ungleichheiten zu berücksichtigen oder auszugleichen, soll weiterhin eine Willkürprüfung erfolgen, während **externe Zwecke**, die als außenstehende Interessen der Allgemeinheit und Dritter Gleich- oder Ungleichbehandlungen erfordern, am Maßstab der Verhältnismäßigkeit zu messen sind.[435] Daneben wird im Schrifttum **zum Teil** eine generelle Anwendung des Grundsatzes der Verhältnismäßigkeit vorgeschlagen, der allerdings unterschiedlich intensiv anzuwenden ist.[436]

Für eine solche Verhältnismäßigkeitsprüfung spricht **insbesondere**, dass eine Willkürprüfung in Wahrheit gar keine Gleichheitsprüfung vornehmen kann, weil es letztlich an der logischen Voraussetzung des Gleichheitsurteils – nämlich der Mehrheit von zu bildenden Vergleichsgruppen – fehlt. Eine bloße Willkürkontrolle eröffnet **darüber hin-**

---

434 St. Rspr. seit BVerfGE 82, 126 (146) – Kündigungsschutz; zuletzt BVerfGE 105, 73 (110 f.) – Rentenbesteuerung; zustimmend *Jarass*, AöR 120 (1995), 345 (362, 375 ff.); *ders.*, in: Jarass/Pieroth (Hrsg.), GG, 10. Aufl. 2009, Art. 3 GG Rn. 15; *Robbers*, DÖV 1988, 748 (751 f.); *Schoch*, DVBl. 1988, 863 (875 ff.); ähnlich *Bryde/Kleindiek*, Jura 1999, 36 (38 ff.); krit. *Starck*, in: Mangoldt/Klein/Starck (Hrsg.), GG I, 5. Aufl. 2005, Art. 3 Abs. 1 GG Rn. 11.

435 In diesem Sinne *Huster*, JZ 1994, 541 (543 ff.); ihm folgend *Neumann*, DVBl. 1997, 92 (95); Sachs, JuS 1997, 124 (129).

436 *Brüning*, JZ 2001, 669 ff.; *Herzog*, in: Maunz/Dürig (Hrsg.), GG I, 55. Lfg. 2009, Art. 3 Anh. (1994) Rn. 10; *Martini*, Prinzip absoluter Rechtsgleichheit, 1997, S. 192 ff.

aus aufgrund der Offenheit des Prüfungsmaßstabs die Möglichkeit, dass die Gerichte eigene Wertungen an die Stelle des Gesetzgebers setzen.

Fallbeispiel: Klausur Nr. 2 (von *Brinktrine*), in: Brinktrine/Sarcevic (Hrsg.), Fallsammlung, 2003.

Weiterführende Literatur: *Brüning,* Gleichheitsrechtliche Verhältnismäßigkeit, JZ 2001, 669 ff.; *Di Fabio*, Die Gleichberechtigung von Mann und Frau, AöR 1997, 404 ff.; *Huster,* Gleichheit und Verhältnismäßigkeit – Der allgemeine Gleichheitssatz als Eingriffsrecht –, JZ 1994, 541 ff.; *Kölbel*, Gleichheit im Unrecht, 1998; *Leibholz*, Die Gleichheit vor dem Gesetz, 2. Aufl. 1959; *Martini*, Art. 3 I GG als Prinzip absoluter Rechtsgleichheit, 1997; *Raff*, Besteht ein Anspruch auf sog. Gleichbehandlung im Unrecht?, 1988; *Robbers,* Der Gleichheitssatz, DÖV 1988, 749 ff.; *Sachs*, Die Maßstäbe des allgemeinen Gleichheitssatzes – Willkürverbot und neue Formel, JuS 1997, 124 ff.; *ders.*, Grenzen des Diskriminierungsverbots, 1987; *Schoch,* Der Gleichheitssatz, DVBl. 1988, 863 ff.; *Ulrich*, Das Verfassungsphänomen der Gleichheit contra legem, 2000.

Lösungen

Fall 18 [Chancengleichheit politischer Wählervereinigungen]

Die „**Autofahrerpartei**" ist der Auffassung, sie hätte einen Anspruch auf Zuteilung von 4 Minuten Sendezeit pro Tag. Dieser Anspruch könnte sich aus § 5 Abs. 1 S. 1 PartG ergeben. Dafür müssten die Voraussetzungen des § 5 Abs. 1 S. 1 PartGG gegeben sein und die abgeschwächte Beteiligung der „Autofahrerpartei" dürfte nicht durch § 5 Abs. 1 S. 2 PartG zugelassen sein. **§ 5 Abs. 1 S. 1 PartG** verlangt die Gewährung öffentlicher Leistungen durch einen Träger öffentlicher Gewalt an die Parteien. Mit der Gewährung von Sendezeiten durch ARD und ZDF als öffentlich-rechtliche Rundfunkanstalten sind die beiden ersten Voraussetzungen erfüllt. **Fraglich** ist nur, ob die „Autofahrerpartei" eine Partei i.S.d. § 5 Abs. 1 S. 1 PartG ist. Der Begriff der Partei ist in § 2 Abs. 1 S. 1 PartG legaldefiniert; es ist mangels anderer Anhaltspunkt im Grundgesetz davon auszugehen, dass es sich hierbei um eine zulässige Konkretisierung des Art. 2 Abs. 1 GG handelt. ***Parteien*** sind hiernach Vereinigungen von Bürgern, die dauernd oder für längere Zeit (vgl. § 2 Abs. 2 PartG) für den Bereich des Bundes oder eines Landes auf die politische Willensbildung Einfluss nehmen und an der Vertretung des Volkes im Deutschen Bundestag oder einem Landtagmitwirken wollen (⇔ Rathausparteien), wenn sie nach dem Gesamtbild der tatsächlichen Verhältnisse eine ausreichende Gewähr für die Ernsthaftigkeit dieser Zielsetzung bieten. Allein der Umstand, dass die „Autofahrerpartei" bislang noch nie in einem deutschen Parlament mit Abgeordneten vertreten war und dies auf absehbare Zeit auch nicht sein wird, hindert ihre Qualifikation als Partei nicht. Es ist entsprechend der Angaben im Sachverhalt auch davon auszugehen, dass die „Autofahrerpartei" – da sie bereits in der Vergangenheit zahlreiche Wahlkämpfe bestritten hat – eine ausreichende Gewähr für die Ernsthaftigkeit ihrer Zielsetzung bietet. Nicht ausreichend wäre es, wenn die „Autofahrerpartei" lediglich für ein bestimmtes politisches Einzelinteresse (Bsp.: Abschaffung der Kfz-Steuer) eintreten würde;[437] tatsächlich ist jedoch davon auszugehen, dass die „Auto-

437 Vgl. BerlVerfGH, NVwZ-RR 2001, 5.

fahrerpartei" zwar eine einseitige politische Richtung verfolgt, die jedoch mit verschiedenen Interessen einhergehen kann.

> **Beispiel:** Neben der Abschaffung der Kfz-Steuer der Wunsch nach Ausbau der Autobahnen, Verhinderung der Einführung eines Tempolimits, Regulierung der Benzinpreise, Abschaffung von Fußgängerzonen usw.

Fraglich ist, ob vorliegend gegen den Grundsatz der Gleichbehandlung **verstoßen** wurde. Dieser verlangt grundsätzlich keine Ungleichbehandlung ohne sachlichen Grund. Insbesondere wird er durch § 5 Abs. 1 S. 2 PartG (**Prinzip der abgestuften Chancengleichheit**) modifiziert, wonach der Umfang der Gewährung nach der Bedeutung der Parteien bis zu dem für die Erreichung ihres Zweck erforderlichen Mindestmaß abgestuft werden kann.

[§ 5 Abs. 1 S. 2 PartG ist sowohl mit **Art. 3 Abs. 1 GG** als auch mit Art. 21 GG vereinbar, da ein sachlicher Grund für die unterschiedliche Behandlung (d.h. die unterschiedliche Bedeutung der Parteien) für die Willensbildung des Volkes besteht. Es würde gerade gegen Art. 3 Abs. 1 GG und Art. 21 GG verstoßen, wenn kleine, für die Willensbildung des Volkes weniger bedeutende Parteien den gleichen Anspruch auf Leistung hätten.][438]

Die Bedeutung der Parteien bemisst sich insbesondere auch nach den Ergebnissen vorausgegangener Parlamentswahlen. Mit 0,1 % der Stimmen konnte die „Autofahrerpartei" in der Vergangenheit weniger als ein Hundertstel der Stimmen auf sich vereinigen, welche die großen Volksparteien im Durchschnitt erhalten. Eine Zuteilung von Wahlwerbezeit im Verhältnis 1 : 7 (4 Minuten pro Tag im Verhältnis zu 4 Minuten pro Woche) erscheint daher durchaus angemessen und begünstigt die „Autofahrerpartei" sogar im Verhältnis zu ihrem Parlamentsergebnis. **Die „Autofahrerpartei" hat daher keinen Anspruch auf eine weitere Zuteilung von Wahlwerbezeit. Die Abstufung ihrer Werbezeit im Verhältnis zu den großen Volksparteien erfolgt in Übereinstimmung mit § 5 Abs. 1 S. 2 PartG aus sachlichem Grund.**

Die **NPD** ist der Auffassung, sie hätte einen Anspruch auf Zuteilung von 4 Minuten Sendezeit pro Woche (entsprechend der Sendezeit der anderen kleinen nicht im Bundestag vertretenen Parteien). Dieser Anspruch könnte sich aus § 5 Abs. 1 S. 1 PartG ergeben. Der Tatbestand der Norm verlangt wiederum, dass es sich bei der NPD um eine **Partei** i.S.d. § 5 Abs. 1 S. 1 PartG handelt. Es sind keine Anhaltspunkte ersichtlich, dass die Tatbestandsmerkmale des § 5 Abs. 1 S. 1 PartG nicht erfüllt sind. Insbesondere bietet die NPD eine ausreichende Gewähr für die Ernsthaftigkeit ihrer Zielsetzung. Es kann der **NPD** nicht entgegengehalten werden, dass sie (möglicherweise) verfassungsfeindliche Ziele verfolgt. Zwar legt Art. 21 Abs. 2 S. 1 GG fest, dass Parteien, die nach ihren Zielen oder nach dem Verhalten ihrer Anhänger darauf ausgehen, die freiheitliche demokratische Grundordnung zu beeinträchtigen oder zu beseitigen, verfassungswidrig sind. Entsprechend Art. 21 Abs. 2 S. 3 GG entscheidet über die Frage der Verfassungswidrigkeit jedoch (allein) das BVerfG (sog. **Parteienprivileg**). Es steht also nicht im Ermessen der öffentlich-rechtlichen Rundfunkanstalten, die NPD als verfassungsfeindliche Partei einzustufen.

438 BVerfGE 24, 300 (354) – Wahlkampfkostenpauschale.

Das Recht auf **Gleichbehandlung** verlangt daher zumindest, dass die NPD mit den anderen nicht im Bundestag vertretenen Parteien gleichgestellt wird.

Die „NPD" hat Anspruch auf eine Zuteilung von mindestens vier Minuten Wahlwerbezeit pro Woche.

Fall 19 [Schwellenwerte Vergaberecht – nach BVerfGE 116, 135]

Die an der Auftragsgröße ansetzende Differenzierung der Ausgestaltung des öffentlichen Auftragswesens verstößt gegen Art. 3 Abs. 1 GG, wenn es sich hierbei um eine nicht zu rechtfertigende Ungleichbehandlung im wesentlichen gleicher Sachverhalte handelt.

Fraglich ist zunächst die Anwendbarkeit des Art. 3 Abs. 1 GG. Es ist umstritten, ob Art. 3 Abs. 1 GG gebieten kann, auch für die von europäischen Richtlinien nicht erfassten Sachverhalte die gleichen Regelungen wie die europarechtlich vorgegebenen zu schaffen, oder ob Art. 3 Abs. 1 GG insoweit nicht anwendbar ist.[439] Das BVerfG hat diese Fragestellung mangels Ergebnisrelevanz offen gelassen, da es im Ergebnis an einer Verletzung des Art. 3 Abs. 1 GG ohnehin fehlt.

Die Regelungen des GWB führen in zweifacher Hinsicht zu einer **Ungleichbehandlung** von öffentlichen Aufträgen, deren Betrag den jeweils maßgeblichen Schwellenwert erreicht gegenüber Aufträgen unterhalb des Schwellenwerts. Zum einen wird den Unternehmen nur im Anwendungsbereich des GWB-Vergaberechts ein subjektives Recht auf Einhaltung der Bestimmungen über das Vergabeverfahren gewährt. Zum anderen steht nur in diesen Fällen dem Bewerber um eine Auftragsvergabe ein besonderes Rechtsschutzverfahren zur Durchsetzung seines subjektiven Rechts hinsichtlich der einzelnen Vergabeentscheidung zur Verfügung. Dagegen bleibt ein Unternehmen, das gegen eine Vergabeentscheidung unterhalb der Schwellenwerte vorgehen will, auf die allgemeinen Rechtsschutzmöglichkeiten verwiesen. Diese bleiben hinter dem Verfahren nach den Vorschriften des GWB hinsichtlich des Primärrechtsschutzes zurück. Regelmäßig wird ein Primärrechtsschutz faktisch ganz ausscheiden, da zwischenzeitlich der Zuschlag erteilt worden ist.

Die Ungleichbehandlung zwischen Auftragsvergaben oberhalb und unterhalb der Schwellenwerte ist jedoch durch **hinreichend gewichtige Gründe** gerechtfertigt. Nach Auffassung des BVerfG ergeben sich aus dem allgemeinen Gleichheitssatz je nach Regelungsgegenstand und Differenzierungsmerkmalen unterschiedliche Grenzen für den Gesetzgeber, die vom Willkürverbot bis zu einer strengen Bindung an Verhältnismäßigkeitsanforderungen reichen.[440] Ein strenger Prüfungsmaßstab wird insbeson-

439 Zum Meinungsstr. *Epiney*, Umgekehrte Diskriminierungen, 1995, 426 ff.; *Osterloh*, in: Sachs (Hrsg.), GG, 5. Aufl. 2009, Art. 3 Rn. 71.
440 BVerfGE 101, 54 (101) – Schuldrechtsanpassungsgesetz; BVerfGE 103, 172 (193) – Kassenärzte.

dere dann angelegt, wenn eine gesetzliche Regelung zu einer Differenzierung zwischen Personengruppen und nicht lediglich zwischen Sachverhalten führt.[441] Weiter ergeben sich aus dem Gleichheitssatz umso engere Grenzen für den Gesetzgeber, je stärker sich die Ungleichbehandlung von Personen oder Sachverhalten auf die Ausübung grundrechtlich geschützter Freiheiten nachteilig auswirken kann.[442] Nach diesen Kriterien wird von Seiten des BVerfG in der vorliegenden Konstellationen nur eine Willkürkontrolle zugrunde gelegt.[443] Die Unterscheidung im Rechtsschutz gegen Vergabeentscheidungen knüpft nicht an die Zugehörigkeit zu einer bestimmten Personengruppe an, sondern an die Höhe des finanziellen Betrags des zu vergebenden Auftrags. Dies ist ein rein sachverhaltsbezogenes Kriterium, dem auch eine mittelbare Ungleichbehandlung von Personengruppen nicht immanent ist. Zudem wirkt sich die Ungleichbehandlung von öffentlichen Aufträgen oberhalb und unterhalb der Schwellenwerte nicht auf die Ausübung grundrechtlich geschützter Freiheiten aus. Insbesondere die Berufsfreiheit (Art. 12 Abs. 1 GG wird durch eine Nichtberücksichtigung bei der Vergabe grundsätzlich nicht berührt.[444]

In seiner Ausprägung als Willkürverbot verlangt Art. 3 Abs. 1 GG nicht, dass der Gesetzgeber unter mehreren möglichen Lösungen die zweckmäßigste oder vernünftigste wählt. Das BVerfG beanstandet vielmehr nur dann einen Verstoß gegen den allgemeinen Gleichheitssatz, wenn offenkundig ist, dass sich für die angegriffene gesetzliche Regelung und die durch sie bewirkte Ungleichbehandlung kein sachlicher Grund finden lässt. Nach diesem Maßstab ist die Differenzierung anhand der Schwellenwerte nicht zu beanstanden:[445] Das öffentliche Beschaffungswesen dient der wirtschaftlichen Verwendung öffentlicher Mittel, sodass sich die Regeln über die Beschaffung vor allem an wirtschaftlichen Gesichtspunkten orientieren. Die Verleihung des subjektiven Rechts an den unterlegenen Bieter dient zugleich der Durchsetzung des objektiven Rechts, das wiederum auf das Ziel der Wirtschaftlichkeit ausgerichtet ist. Auch wenn die Verleihung eines subjektiven Rechts mit Nachteilen für die Wirtschaftlichkeit verbunden ist, so bleibt die Abwägung der Vor- und Nachteile dem Gesetzgeber überlassen, der einen weiten Spielraum genießt. Nach Auffassung des BVerfG hat sich der Gesetzgeber bei der Entscheidung über die Zweiteilung des Vergaberechts nach Maßgabe der Schwellenwerte innerhalb dieses Spielraums gehalten. Angesichts dieser Sachlage durfte der Gesetzgeber den Zugang zu dem formalisierten Kontrollverfahren in einer typisierenden Regelung davon abhängig machen, dass ein bestimmtes Auftragsvolumen erreicht wird.

Eine willkürliche Ungleichbehandlung liegt daher nicht vor.

441 BVerfGE 99, 367 (388) – Montan-Mitbestimmung; BVerfGE 100, 195 (205) – Einheitswert; BVerfGE 116, 135 (151) – Schwellenwerte Vergaberecht.
442 BVerfGE 105, 73 (110 f.) – Pensionsbesteuerung.
443 BVerfGE 116, 135 (151) – Schwellenwerte Vergaberecht.
444 BVerfGE 116, 135 (151) – Schwellenwerte Vergaberecht.
445 BVerfGE 116, 135 (152 f.) – Schwellenwerte Vergaberecht.

Annex

Die Verfassungsbeschwerde

Fälle

Fall 20

Ladenschluss II – nach BVerfG, *Urteil* vom 1.12.2009 – 1 BvR 2857/07 u. 1 BvR 2858/07

– Beschwerdebefugnis; subjektive Rechtsstellung; Rechtswegerschöpfung –

Wäre eine Verfassungsbeschwerde der öffentlich-rechtlich verfassten Religionsgemeinschaft R zulässig?

Der Antrag auf Durchführung einer Verfassungsbeschwerde nach Art. 93 I Nr. 4a GG, §§ 13 Nr. 8a, 90 ff. BVerfGG hat Erfolg, wenn er zulässig und begründet ist.

A. Zulässigkeit

I. Beschwerdefähigkeit: „Jedermann"

„Jedermann" i.S.d. Art. 93 Abs. 1 Nr. 4a GG, § 90 Abs. 1 BVerfGG sind: jede natürliche Person; jede juristische Person des Privatrechts oder des öffentlichen Rechts gem. Art. 19 Abs. 3 GG.

Die **Personeneigenschaft** ist im Regelfall unproblematisch und nur ausnahmsweise bei der Grundrechtsgeltung „vor der Geburt und nach dem Tod" zu diskutieren.[446]

II. Prozessfähigkeit

Das BVerfGG regelt die Prozessfähigkeit nicht. Daher nimmt das BVerfG eine Teilanalogie zu sonstigem Verfahrensrecht vor.[447] In anderen Gerichtsverfahren bedeutet Prozessfähigkeit, die Prozesshandlungen selbst oder durch einen Prozessbevollmächtigten vorzunehmen (§ 173 VwGO i.V.m. § 51 ZPO). Problematisch ist die Prozessfähigkeit daher bei Minderjährigen und juristischen Personen.

Die Prozessfähigkeit fehlt grundsätzlich allen, die noch **nicht voll geschäftsfähig** sind oder für die gerichtlich eine Betreuung gem. §§ 1896 ff. BGB angeordnet ist. Für diese handelt der gesetzliche Vertreter, bei Minderjährigen: in der Regel die Eltern (§ 1629

446 Hierzu *Sachs*, VerfassungsprozessR, 2. Aufl. 2007, Rn. 448.
447 BVerfGE 51, 405 (407) – Beschwerdebefugnis.

Abs. 1 S. 2 1. Hs. BGB). In Einzelfällen liegt allerdings eine gesetzliche Erweiterung der Prozessfähigkeit vor: §§ 112 f. BGB; § 5 S. 1 RelKErzG; § 12 AsylVerfG; § 229 BGB; § 36 Abs. 1 S. 1 SGB I.

Hierbei handelt es sich nicht im engeren Sinne um eine Frage der Grundrechtsmündigkeit (!); hierzu unter Kap. 2 Abschn. 1, A.IV., S. 43.

Rechte **juristischer Personen** sind durch den (gesetzlichen) Vertreter geltend zu machen.

III. Beschwerdegegenstand: Jeder Akt der öffentlichen Gewalt

Zulässiger Beschwerdegegenstand der Verfassungsbeschwerde ist **jeder Akt der deutschen öffentlichen Gewalt**, etwa auch Vollzugsakte supranationalen (EU-) Rechts.

Ggf. können mehrere Akte der öffentlichen Gewalt in der gleichen Sache vorliegen: Verwaltungsakt, Widerspruchsbescheid, verwaltungsgerichtliches Urteil. Sofern der Beschwerdeführer nach Erschöpfung des Rechtswegs nur gegen das Urteil Verfassungsbeschwerde erhebt, schränkt er den Beschwerdegegenstand nicht ein. Vielmehr ist davon auszugehen, dass der Beschwerdeführer alle Akte der öffentlichen Gewalt angreift. Allerdings liegt nur *eine* Verfassungsbeschwerde vor (objektive Beschwerdehäufung).

IV. Beschwerdebefugnis

Die Beschwerdebefugnis ist gegeben, wenn der Beschwerdeführer glaubhaft geltend macht, dass er selbst unmittelbar und gegenwärtig in seinen Grundrechten oder grundrechtsgleichen Rechten verletzt ist.

1. Möglichkeit einer Grundrechtsverletzung (vgl. Art. 93 Abs. Nr. 4a GG, § 90 Abs. 1 BVerfGG)

Behauptet werden muss die Verletzung in einem Grundrecht oder grundrechtsgleichen Recht nach Art. 93 Abs. 1 Nr. 4a GG, § 90 Abs. 1 GG. Abzugrenzen sind diese insbesondere von **organschaftlichen** Rechten (etwa aus Art. 38 Abs. 1 S. 2 GG).[448]

Die behauptete Grundrechtsverletzung muss auch **möglich** erscheinen. Daran fehlt es insbesondere, wenn offenkundig der Schutzbereich nicht eröffnet ist oder kein Eingriff vorliegt. Im Einzelnen ist zu prüfen:

Bei **natürlichen Personen**: Sind sie Träger der in Betracht kommenden Grundrechte (insbes. Deutschengrundrechte)?

448 Vgl. aber BVerfG, NJW 2003, 3401 f.

Bei **juristischen Personen** (Art. 19 Abs. 3 GG): Ist das Grundrecht *seinem Wesen nach* auf die juristische Person anwendbar?[449]

Bei **Gemeinschaftsakten bzw. deren Vollzug**: Sind die deutschen Grundrechte anwendbar? Nur, wenn der betreffende Akt das vom Grundgesetz geforderte Maß an effektivem Rechtsschutz „generell und offenkundig unterschreitet".[450]

2. Betroffenheit des Beschwerdeführers

Nach st. Rspr. des BVerfG muss der Beschwerdeführer „selbst, unmittelbar und gegenwärtig" betroffen sein. Hier ergeben sich in der Regel nur Probleme bei Verfassungsbeschwerden gegen Gesetze. Wird der Bürger hingegen als Adressat eines Aktes der Exekutive oder Judikative beschwert, liegen die genannten Kriterien offensichtlich vor.

Eine **eigene Beschwer** liegt vor, wenn der Beschwerdeführer geltend macht, in **seinen** Rechten verletzt zu sein, und diese geltend gemachte eigene Rechtsverletzung nicht offensichtlich ausgeschlossen ist.

Keine **unmittelbare Beschwer** liegt vor, wenn es noch eines staatlichen Vollzugsaktes bedarf, um eine gesetzliche Regelung greifen zu lassen.

Gegenwärtig ist die Beschwer, denn der Beschwerdeführer **schon** oder **noch** betroffen ist.

Im Rahmen einer **Urteilsverfassungsbeschwerde** muss der Beschwerdeführer zudem geltend machen, gerade durch den Richterspruch in einem seiner Grundrechte oder grundrechtsgleichen Rechte beschwert worden zu sein (sog. spezifische Grundrechtsverletzung).

V. Form (§ 23 Abs. 1 S. 1, S. 2 1. Hs., §§ 92, 93 Abs. 1 S. 1 BVerfGG)

VI. Frist (§ 93 Abs. 1 S. 1, Abs. 3 BVerfGG)

VII. Rechtsschutzbedürfnis

Das Rechtsschutzbedürfnis besteht nur, wenn der Rechtsweg erschöpft und auch im Übrigen die Subsidiarität der Verfassungsbeschwerde beachtet wurde.

449 So *Pieroth/Schlink*, Grundrechte, 25. Aufl. 2009, Rn. 1122; *Sachs*, VerfassungsprozessR, 2. Aufl. 2007, Rn. 450. Nach a.A. erfolgt diese Prüfung bereits im Rahmen der Beschwerdefähigkeit (*Schlaich/Korioth*, BVerfG, 7. Aufl. 2007, Rn. 207; *Benda/Klein*, Rn. 441 ff.; *Pestalozza*, § 12 Rn. 19; *Stern*, in: Dolzer/Waldhoff/Graßhof (Hrsg.), GG XII, 140. Lfg. 2009, Art. 93 GG (1982), Rn. 426 ff.

450 *Möller*, Jura 2006, 91 ff.; *Walter*, AöR 129 (2004), 39 ff.

1. Rechtswegerschöpfung (§ 90 Abs. 2 BVerfGG)

Als **Rechtsweg** gilt der Weg, der den Einzelnen mit dem Begehren, die behauptete Rechtsverletzung zu überprüfen und auszuräumen, vor die deutschen staatlichen Gerichte führt.

Beispiel: *Widerspruch, Klage.*

Erschöpfung des Rechtswegs bedeutet, dass der Beschwerdeführer alle zulässigen und ihm zumutbaren prozessualen Möglichkeiten zur Beseitigung der behaupteten Grundrechtsverletzung in Anspruch genommen haben muss.

Allerdings muss – nach Auffassung des BVerfG – nach erfolgloser Durchführung eines Verfahrens des vorläufigen Rechtsschutzes vor Erhebung der Verfassungsbeschwerde bei prognostiziertem gleichartigem Ausgang nicht noch das Hauptsacheverfahren durchgeführt werden.[451]

2. Subsidiarität

Daneben besteht ein **Subsidiaritätserfordernis**, welches das BVerfG als eigenständige und ungeschriebene Zulässigkeitsvoraussetzung betrachtet.[452] Danach muss der Beschwerdeführer vor Erhebung der Verfassungsbeschwerde alle zur Verfügung stehenden und zumutbaren Möglichkeiten fachgerichtlichen Rechtsschutzes in Anspruch nehmen.[453]

Einen eigenständigen – über § 90 Abs. 2 BVerfGG hinausgehenden – Anwendungsbereich gewinnt diese Voraussetzung bei der **Rechtssatzverfassungsbeschwerde**, die unzulässig ist, wenn der Beschwerdeführer noch die Möglichkeit einer fachgerichtlichen Inzidentkontrolle hat.

3. Ausnahmen (§ 90 Abs. 2 S. 2 BVerfGG)

Ausnahmen bestehen im Falle der allgemeinen Bedeutung der Verfassungsbeschwerde, eines schweren und unabwendbaren Nachteils für den Beschwerdeführer oder im Falle der Unzumutbarkeit des Abwartens.

Der Verfassungsbeschwerde kommt **allgemeine Bedeutung** zu, wenn sie grundsätzliche verfassungsrechtliche Fragen aufwirft und die zu erwartende Entscheidung über den Einzelfall hinaus Klarheit über die Rechtslage in einer Vielzahl gleich gelagerter Fälle schafft.

---

451 BVerfG (K), NVwZ 2002, 1230 (1231) – Dosenpfand.

452 BVerfGE 74, 69 (74 f.) – Subsidiaritätsprinzip; BVerfGE 77, 84 (100 f.) – Arbeitnehmerüberlassung.

453 BVerfGE 69, 122 (125) – Subsidiarität; BVerfGE 90, 128 (136 f.) – Privatschulfinanzierung; BVerfGE 92, 245 (256) – Asylfolgeverfahren.

Ein **schwerer und unabwendbarer Nachteil** für den Beschwerdeführer besteht nur dann, wenn gerade das Abwarten einer späteren Entscheidung den Nachteil begründet, etwa weil sie zu spät kommt und den Beschwerdeführer damit praktisch schutzlos stellt.

Die **Unzumutbarkeit** stellt eine ungeschriebene Ausnahme zu § 90 Abs. 2 BVerfGG dar.

B. Begründetheit

Die **Verfassungsbeschwerde** ist gem. **§ 95 Abs. 1 BVerfGG** begründet, wenn durch die öffentliche Gewalt ein Grundrecht oder ein grundrechtsgleiches Recht verletzt ist. Zu prüfen sind also grundsätzlich Schutzbereich, Eingriff und verfassungsrechtliche Rechtfertigung.

Zu beachten ist aber die Rechtsprechung des BVerfG zu **Urteilsverfassungsbeschwerden**. Prüfungsgegenstand ist hier die letztinstanzliche fachgerichtliche Entscheidung. Prüfungsmaßstab ist daher, ob im Rahmen dieser Entscheidung Grundrechte verletzt sind. Über den in Art. 20 Abs. 3 GG verbürgten Vorrang des Gesetzes wird allerdings jeder Gesetzesverstoß zu einem Verfassungsverstoß.

> **Beispiel:**[454] Die Verurteilung zu einer Freiheitsstrafe aufgrund eines falsch ausgelegten oder angewendeten Strafgesetzes verstößt gegen Art. 2 Abs. 2 S. 2 i.V.m. Art. 104 Abs. 1 GG.

Das BVerfG ist jedoch **keine Superrevisionsinstanz**. Es überprüft also nicht das streitgegenständliche Urteil auf Richtigkeit, sondern beschränkt seine Prüfung auf die Frage, ob **spezifisches Verfassungsrecht** verletzt wurde.[455]

▶ **Klausurhinweis:** In dem einleitenden Obersatz ist darauf hinzuweisen, dass eine Grundrechtsverletzung durch das Gerichtsurteil vorliegt, wenn in den Schutzbereich des Grundrechts des Beschwerdeführers in verfassungsrechtlich nicht gerechtfertigter Weise eingegriffen und *dabei spezifisches Verfassungsrecht* verletzt worden ist.

Eine spezifische Verfassungsverletzung liegt vor, wenn das Fachgericht grundrechtliche Normen und Maßstäbe missachtet, also übersehen oder falsch angewendet, hat. Das ist der Fall, wenn es

- selbst Grundrechte oder grundrechtsgleiche Rechte verletzt hat (z.B. Art. 103 Abs. 1 GG),
- seine Entscheidung auf eine grundrechtswidrige Norm gestützt oder
- bei der Auslegung und Anwendung einfachen Rechts grundrechtliche Wertungen nicht beachtet hat (vgl. *Fall 7*).

Aufgrund der genannten Selbstbeschränkung des Gerichts ist allerdings die letzte Alternative **einschränkend** zu begreifen:

> „Die Schwelle eines Verfassungsverstoßes, den das Bundesverfassungsgericht zu korrigieren hat, ist erst erreicht, wenn die angegriffene Entscheidung Auslegungsfehler erkennen läßt, die auf einer grundsätzlich unrichtigen Auffassung von der Bedeutung eines Grundrechts, insbesondere

454 Nach *Pieroth/Schlink*, Grundrechte, 25. Aufl. 2009, Rn. 1173.
455 BVerfGE 18, 85 ff. – Spezifisches Verfassungsrecht.

vom Umfang seines Schutzbereichs, beruhen und auch in ihrer materiellen Bedeutung für den konkreten Rechtsfall von einigem Gewicht sind."[456]

Das BVerfG stellt also darauf ab, „ob bei Auslegung und Anwendung einfachen Rechts der Einfluss der Grundrechte **grundlegend verkannt** ist",[457] weil die einschlägige Verfassungsnorm übersehen oder grundsätzlich falsch angewendet worden ist **und** die gerichtliche Entscheidung darauf beruht. Die falsche Anwendung kann sich insbesondere auf den Umfang des Schutzbereichs, die Voraussetzungen des Vorliegens eines Eingriffs, die Rechtfertigungsanforderungen oder die Schutzzwecke einer grundrechtlichen Schutzpflicht beziehen.[458] Die **Prüfungsintensität** bemisst sich in Abhängigkeit von der Bedeutung des Grundrechts und der Schwere des Eingriffs.

Beispiel: Einer strafrechtlichen Verurteilung wird für sich allein betrachtet schon größere (Eingriffs-)Intensität als einer zivilrechtlichen Verurteilung zu Unterlassung, Widerruf oder Schadensersatz zugesprochen (BVerfGE 67, 213 (223) – Anachronistischer Zug).

Weiterführende Literatur: *Pieroth/Schlink*, Grundrechte, Rn. 1172 ff.; ausf. hierzu *Schlaich/Korioth*, BVerfG, Rn. 280 ff.

c. Entscheidung (§ 95 BVerfGG)

Die Entscheidung des BVerfG (§ 95 BVerfGG) umfasst die Feststellung, welche Grundgesetz-Vorschrift durch welche Handlung oder Unterlassung verletzt wurde (§ 95 I BVerfGG), ggf. die Aufhebung der angegriffenen Entscheidung(en) (§ 95 Abs. 2 BVerfGG) – wobei „Entscheidungen" in diesem Sinne Gerichtsurteile, Verwaltungsakte und sonstiges Verwaltungshandeln sind – sowie ggf. die Nichtigerklärung geprüfter Normen (§ 95 Abs. 3 BVerfGG).

Weiterführende Literatur: *Erichsen*, Die Verfassungsbeschwerde, Jura 1991, 585 ff.; *Erichsen*, Die Zulässigkeit der Verfassungsbeschwerde (II), Jura 1991, 638 ff.; *Erichsen*, Die Verfassungsbeschwerde (Schluß), Jura 1992, 142 ff.; *Gusy*, Die Verfassungsbeschwerde, 1988; *Hartmann*, Die Möglichkeitsprüfung im Prozessrecht der Verfassungsbeschwerde, JuS 2003, 897 ff.

Lösung

Fall 20 [Ladenschluss II – nach BVerfG, Urteil vom 1.12.2009 – 1 BvR 2857/07 u. 1 BvR 2858/07]

R ist als juristische Person ungeachtet ihrer öffentlichrechtlichen Organisationsform hinsichtlich der Religionsfreiheit *beschwerdefähig* und auch *beschwerdebefugt*. Sie macht geltend, durch die angegriffenen Normen in einem verfassungsbeschwerde-

456 BVerfGE 89, 214 (230) – Bürgschaft.
457 BVerfGE 89, 276 (285) – geschlechtsbezogene Diskriminierung.
458 BVerfGE 85, 248 (258) – ärztliches Werbeverbot; BVerfGE 89, 276 (286) – geschlechtsbezogene Diskriminierung; BVerfGE 95, 96 (128) – Mauerschützen.

fähigen Recht, nämlich in Art. 4 Abs. 1 und 2 GG i.V.m. Art. 140 GG und Art. 139 WRV selbst, unmittelbar und gegenwärtig verletzt zu sein. Es erscheint zumindest möglich, dass R in einem durch die Gewährleistung des Art. 140 GG i.V.m. Art. 139 WRV konkretisierten Grundrecht aus Art. 4 Abs. 1, 2 GG durch die gesetzliche Erweiterung der Ladenöffnungsmöglichkeiten an Sonn- und Feiertagen verletzt ist.

R ist zugleich *selbst betroffen*, obwohl sie nicht unmittelbar Adressatin der Regelungen über die Verkaufsstellenöffnung ist. Geöffnete Läden und eine Inanspruchnahme des Sonn- oder Feiertages seitens der R zum Zwecke der seelischen Erhebung schließen sich zwar nicht gänzlich aus. So können auch während der Ladenöffnungszeiten Gottesdienste oder andere religiöse Veranstaltungen abgehalten oder diese gegebenenfalls auf Tageszeiten verlegt werden, zu denen die Geschäfte noch nicht oder nicht mehr geöffnet haben. Eine Selbstbetroffenheit der R kommt aber unter dem Gesichtspunkt in Betracht, dass sich durch die in Rede stehenden Ladenöffnungszeiten generell der Charakter der Sonn- und Feiertage als Tage der Arbeitsruhe, aber auch der Besinnung verändert, weil diese Tage auch in ihrer Ganzheit als Tage der Ruhe und der seelischen Erhebung religiöse Bedeutung für die Beschwerdeführer haben.

R ist durch die in Rede stehenden Normen zudem *gegenwärtig* betroffen, weil das Berliner Ladenöffnungsgesetz in Kraft ist. Die *unmittelbare* Betroffenheit der Beschwerdeführer folgt daraus, dass die angegriffenen Vorschriften über die Möglichkeit der Verkaufsstellenöffnung an den Adventssonntagen (§ 3 Abs. 1 Alternative 2 BerlLadÖffG) keines weiteren Vollzugsaktes bedürfen, also so genannte selbstvollziehende Gesetzesnormen sind (vgl. BVerfGE 109, 279 (306 f.) m.w.N.). Soweit die Regelung des § 6 Abs. 1 BerlLadÖffG jeweils noch einer Umsetzung in Form einer Allgemeinverfügung bedarf, steht dies der Annahme unmittelbaren Betroffenseins nicht entgegen. Angesichts der Kumulation der im Gesetz an verschiedenen Stellen angelegten Ladenöffnungsmöglichkeiten an Sonn- und Feiertagen ist eine unmittelbare Betroffenheit auch durch § 6 Abs. 1 BerlLadÖffG kraft Sachzusammenhangs gegeben.

Das Gebot der Rechtswegerschöpfung (§ 90 Abs. 2 Satz 1 BVerfGG) und der Grundsatz der Subsidiarität stehen der Zulässigkeit der Verfassungsbeschwerden nicht entgegen. a) Gegen die „selbstvollziehende" Bestimmung der § 3 Abs. 1 Alt. 2 BerlLadÖffG, welche die Öffnungen an den vier Adventssonntagen betreffen, ist für die Beschwerdeführer kein wirkungsvoller Rechtsschutz außerhalb des Verfassungsbeschwerdeverfahrens gegeben. b) Wegen der Möglichkeit, vier Sonn- und Feiertage durch Allgemeinverfügung aufgrund des § 6 Abs. 1 BerlLadÖffG für die Verkaufsstellenöffnung freizugeben, ist der R eine Verweisung auf den fachgerichtlichen Rechtsweg nicht zumutbar. Sie erstrebt eine verfassungsgerichtliche Überprüfung des Normenkomplexes der § 3 Abs. 1 2. Alt. und des § 6 Abs. 1 BerlLadÖffG insgesamt; die anderen Vorschriften können aber nicht ohne den damit im Sachzusammenhang stehenden § 6 Abs. 1 BerlLadÖffG erschöpfend beurteilt werden.

Stichwortverzeichnis